汉语国际教育两岸教师研讨集

张旺熹 何景贤 主编

上

北京语言大学出版社
BEIJING LANGUAGE AND CULTURE
UNIVERSITY PRESS

图书在版编目 (CIP) 数据

汉语国际教育两岸教师研讨集.上 / 张旺熹，何景贤主编. -- 北京：北京语言大学出版社，2014.9
ISBN 978-7-5619-3934-5

Ⅰ. ①汉… Ⅱ. ①张… ②何… Ⅲ. ①汉语—对外汉语教学—教学研究—文集 Ⅳ. ①H195-53

中国版本图书馆 CIP 数据核字 (2014) 第 207989 号

书　　名：汉语国际教育两岸教师研讨集（上）
HANYU GUOJI JIAOYU LIANG'AN JIAOSHI YANTAO JI（SHANG）
责任编辑：李佳琳　陈　静　张　莹

出版发行：北京语言大学出版社
社　　址：北京市海淀区学院路 15 号　　**邮政编码**：100083
网　　址：www.blcup.com
电　　话：发行部　82303650 / 3591 / 3651
编辑部　82301016
读者服务部　82303653
网上订购电话　82303908
客户服务信箱　service@blcup.com
印　　刷：北京中科印刷有限公司
经　　销：全国新华书店

版　　次：2014 年 9 月第 1 版　　2014 年 9 月第 1 次印刷
开　　本：787 毫米 × 1092 毫米　1/16　**印张**：16
字　　数：280 千字
书　　号：ISBN 978-7-5619-3934-5 / H · 14206
定　　价：50.00 元

前　言

随着汉语快速走向世界，汉语作为第二语言教学正在向汉语国际教育转型。学科内涵扩大了，研究对象、研究内容和研究方法也必将随之调整，只有有针对性地开展研究，才能使学科建设向着更为健康、有序的方向发展。

2013年10月，北京语言大学校务委员会主任李宇明教授与台北中华语文研习所董事长何景贤博士共同倡议，在北京语言大学和台湾高校教师中征集论文，共同探讨汉语国际教育中的教学理论、教材编写、教学方法、文化教学与传播等方面的问题。经过半年多的准备，共征得两岸一线教师的论文60篇，定名为《汉语国际教育两岸教师研讨集》。这些论文涉及汉语国际教育的学科理论与实践关系的探讨、语言习得研究、汉语要素与文化要素教学、汉语技能教学以及教材、教学模式、教学管理和测试研究等各个方面。

此次入选论文集的论文具有如下一些特点：

1. 理论与实践相结合。论文作者都是在教学第一线的汉语教师，他们有着丰富的教学经验和实践感悟，但是在行文中不再是经验的描述和操作步骤的简单介绍，而是在理论指导下对教学规律进行的探讨，使其教学实践成果具有了一定的应用性和可推广性。

2. 涉猎的教学领域广泛。这些论文除了上面提到的几大类内容以外，也体现出一些具体的、独特的研究视角。比如，两岸词汇发展研究、简体汉字教学研究、繁体汉字教学研究、闽南语教学、网络教学、一对一教学等等。这些内容有的在以往的研究中并不多见，而且都是作者本人教学实践的积累和提升，因此这些成果可以说填补了以往研究中的一些空缺。

3. 展示的教学模式和方法具有可操作性。从入选的论文来看，大多是作者在一线遇到的具体问题，通过研究和实践加以解决，并形成研究成果。因此所提出的解决问题的方案或教学思路、教学模式，拿过来就能用，可以说是立竿见影，会给读者很多启发。

4. 相当数量的论文不仅体现出了21世纪新的教学理念，而且在选题和论证方式上，都更加科学和注重实践性，提高了本领域一线教师科研的规范性和实用性。

本论文集所收的60篇论文中，大陆方面的30篇均出自北京语言大学汉语国际教育学部的一线教师之手，台湾方面的30篇来自中华语文研习所的语言学顾问和10所分校的汉语教师。为了阅读方便，我们依主题划分为：语言要素教学篇、文化要素教学篇、语言习得篇、教学理论与实践篇、教材编写篇、技能教学篇和教学评价、测试与管理篇，共七个板块。前三个板块共29篇论文，构成上卷；后四个板块共31篇论文，构成下卷。

本论文集是海峡两岸教师在向世界教授汉语、传播中华文化的过程中共同努力的成果，也是两岸教师学术交流互动的平台。它的出版向我们呈现出了两岸一线汉语教师学术研究的崭新风貌，是值得一读的。

编者

2014年8月

目　录

语言要素教学篇

文化要素教学篇

语言习得篇

语言要素教学篇

零起点语音教学模式研究
——以《HSK 标准教程》语音教学部分为例

王　芳

北京语言大学汉语国际教育学部汉语进修学院

一、总体思路及设计

汉语语音教学是零起点汉语教学的第一教学内容和教学重点，语音学习也是零起点汉语学习者接触、学习、使用汉语的第一步。

长期以来，不少汉语教师和学习者都有语音难教难学、反复机械练习枯燥无味的感觉，而针对重难点音的语音课堂教学效果，特别是声调教学的效果也往往很不明显，学生提高慢，而且教学效果常常因学习者自身的因素而存在显著差异，也就是我们常常说的“会的不用教就会，不会的怎么教也不会”。这说明我们以往的语音教材、教学模式和教学方法并没有充分调动起全部学生学习语音的积极性，教师的课堂教学指导并没有高效地促进全体学习者语音面貌的提高，教师和教材对于汉语语音知识的介绍并没有转化为大多数学习者实际的汉语发音能力。因此，如何使零起点汉语学习者在接触汉语之初对语音学习产生浓厚的兴趣，如何提高语音教学的课堂教学效率、提高语音教学的实用性，如何使初级阶段的语音教学在学习者日后的汉语学习和发展中更具指导性，成为我们在设计、编写《HSK 标准教程》的语音部分时贯穿始终的思路和原则，有趣、高效、实用、有指导性也是这套教材语音部分最突出的特点。

《HSK 标准教程》是顺应新 HSK 考试的发展趋势、满足广大学习者和考生的实际需要而问世的一套“考教结合”“以考促教”的新型教材。自 2009 年国家汉办推出了新汉语水平考试（新 HSK）以来，随着汉语学习者数量的不断增加，新 HSK 考生也急剧增多。2012 年全球考生人数达到 31 万；2013 年第一季度考生已达 7 万人左右。随着汉语国际教育学科的不断壮大，海外孔子学院的不断增加，未来参加考试的人员将会越来越多。面对这样一个庞大的群体，如何引导他们有效地学习，使他们在学习的过程中既能全方位地提高汉语综合运用能力，又能在新 HSK 考试中取得理想成绩，一直是我们思考和研究的问题。《HSK 标准教程》根据新 HSK 考试的级别设计 1—6 级，其中 1—2 级设有语音教学部分，为新 HSK 3 级考试开始的口语测试部分打下基础。我们本着语音训练贯彻始终的原则，在 1—2 级相对系统地安排了基本的语音知识和语音练习。语音讲解以简单、形象为主，语音训练无论是单音节的训练，还是词语的训练、句子的朗读等例词、例句大多都出自本级教材或 HSK 真题词语和真题句，目的是使学习者尽早熟悉听力理解的内容，为 HSK 考试做准备。

《HSK 标准教程》1 级、2 级共 30 课，除了 1 级第 1、2 课专门介绍汉语语音声母、韵母、声调等基本知识外，其余各课也均设有语音教学板块，系统介绍汉语语音知识，并结合本课教学内容进行练习。

1 级语音部分的教学重点是介绍汉语拼音的基本知识、声母、韵母、声调和双音节词语、三音节词语的声调组合模式。

2 级语音部分的教学重点是汉语的词重音、句重音和汉语的句调。

二、特点及创新

2.1 音义结合，注重实用性、交际性、趣味性

2.1.1 入门阶段，语音知识介绍与交际性并重

零起点汉语学习者入门阶段的设计至关重要，关系到学习者语音面貌的基础和汉语学习的兴趣，因此，我们采取声韵调等知识介绍并辅以常用交际用语介绍的方式安排教学，使学生在熟悉汉语语音的同时，图文并茂地学习汉语的问候、告别、致谢、致歉等表达方式，提高入门阶段学习的实用性和交际性。

2.1.2 以词语练习为基础，音义结合练习语音

入门阶段语音教学的知识介绍包括汉语的声母、韵母、声调、音节、轻声、

两个三声音节的连读变调等多项内容，如何把这些繁多的教学内容以简单易学有效的方式让学生习得，是入门阶段语音教学要首要考虑的问题。学习语音的目的是为了说话，因此我们不能让学生为了练习语音而练习语音，比如机械地每个音节四个声调逐一练习一遍，而是一定要结合意义来练习语音，语音练习的材料就是学生下一步开口说话的语言材料，这样语音教学才能有的放矢。因此，我们选择使用频率高、可直观化、在教材后续部分出现早或者有一定中国文化承载作用的单音节、双音节词语作为教学材料，使学生在练习发音的同时学习常用词语，了解中国文化。音义结合地练习语音，可以大大提高学生的学习兴趣。如《HSK标准教程 1 级》第 1 课的双音节词语练习，如下图：

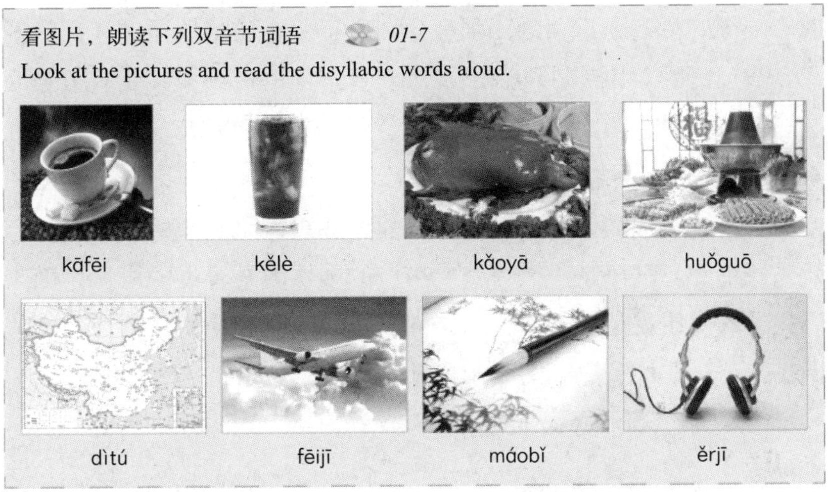

2.2 声调教学的新思路

2.2.1 图示化和发音特征相结合的声调教学思路

声调教学一直是汉语语音教学中最大的重点和难点。在以往的教材和研究中，声调教学的思路大概分为两类，第一是知识介绍型，也就是教师给学生讲解声调的声学性质和发音生理特征，并带领学生进行模仿练习（王安红，2006；关键，2000）。第二类是图示辅助教学法，也就是教师利用手势（张拱贵，1988）或者给学生出示声调五度值图示或者五线谱图示（喻江，2007），通过直观的方式使学生理解汉语声调的音高变化并模仿记忆。贾琳、王建勤（2013）的研究指出，就零起点汉语学习者的声调感知的效果而言，视觉和听觉双通道的加工方式要优于单一听觉的加工方式，视觉加工方式辅助下的声调教学效果更好。也就是说，在教师手势或者声调图示的辅助下，学生通过边听边看的方式更容易习得汉语的声调。对于成年的汉语学习者来说，他们具有良好的理解能力，因此教师可以就汉语的基本声调归纳出最简单、核心的发音特征——第一声声带紧张、音高，第二声声带由松而紧、音升，第三声声带松弛、音低，第四声声带由紧放松、音降——以便学生在图示感性认识基础上建立起对汉语声调的理性认识，有助于学生进一步掌握汉语的声调，并为之后的双音节、多音节、短语、句子的声调掌握打下良好的基础。因此，我们认为讲解发音核心特征并辅助图示的声调教学是较为有效的声调教学模式。

2.2.2　设立双音节词语声调搭配“标准词”，确立声调模式的指导性

现代汉语常用词语中大部分为双音节词语，因此双音节词语的声调组合模式是单字调基础上的另一个重要的声调教学内容。双音节词语声调模式的重要性不仅在于双音节词语的常用性，而且还在于双音节词语声调模式具有很强的组合能力，它是三音节、多音节声调组合模式的基础。以往的双音节词语声调训练一般是按照双音节词语 16 种组合方式的排列顺序，分别给出例词进行朗读训练。这种练习方式容易流于形式，学生读完并不能对各声调组合模式产生深刻印象，因此教学效果并不好。汉语是声调语言，声调的本质就是音高的变化，因此双音节词语声调教学的本质就是双音节词语音高模式的确立和模仿。第一声音节开头双音节声调搭配“标准词”如下图所示：

如上图所示，我们的处理方式是给每个双音节声调模式找出一个“标准词”，也就是使用频率高、易于形象化、学生习得容易的例词，强调其声调的范式作用，让学生把它当作乐谱一样记忆保存，以后再学习相同声调模式的词语时，就以这个“标准词”的声调模式作为范本来模仿。这样长期练习会有效提高学生双音节词语声调水平，并能促使学生在课下有意识地、自主地练习声调。

2.3 注重实用性、趣味性的轻声、儿化教学设计

2.3.1 淡化语音规则，重视“标准词”的示范作用

轻声也是零起点语音教学的一个重要教学内容，轻声的发音规则描述复杂，也不利于学生理解记忆，因此我们还是建议采取使用“标准词”并辅以调型图的方式进行发音举例和练习，例如下图是含有轻声音节的双音节词语声调组合模式。学生在学习时结合图片提供的信息，听辨模仿教师的发音，可以非常容易、直观地理解发音要领和声调模式，在教师的引导下很容易归纳出轻声在第一、二、四声音节后音高较低，只有在第三声音节后音高较高这一核心语音特征，而对于“标准词”的记忆和掌握会在以后的轻声音节习得方面对学生起到重要的指导作用。

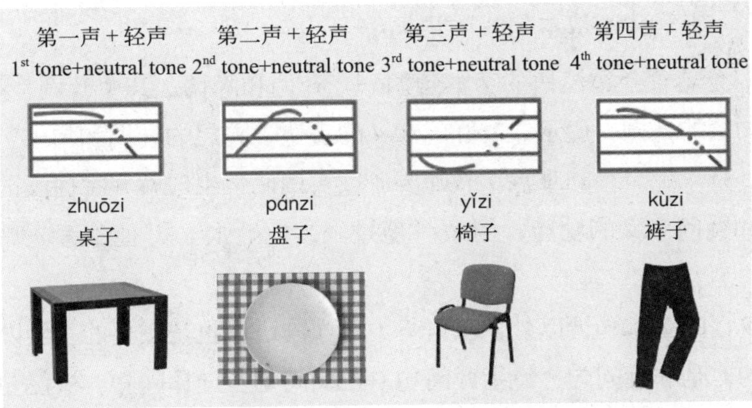

2.3.2 强化轻声、儿化的辨义作用，提高学生的学习能动性

轻声和儿化除了是音变现象之外，还具有区别意义的功能。轻声、儿化的辨义作用并不是传统零起点语音教学的重点，我们之所以强化轻声、儿化的辨义作用，目的是在于使学生进一步理解轻声、儿化这两种音变现象在词汇、语法、语义方面的功能和意义，使学生建立语音学习并不只是练练发音这么简单的意识，从而激发学生学习语音、练习语音持久的动力和兴趣，提高学生自主学习的能动性。例如，我们在说明儿化的辨义作用时可以选取“画—画儿”“头—头儿”“黄—黄儿”“眼—眼儿”等常用词进行比照，使学生在实际发音实践中理解和掌握儿化的音辨。

2.4 基于常用口语表达的重音、语调设计

2.4.1 循序渐进，基于语法、语义的重音练习

重音的教学设计遵循循序渐进的原则，介绍双音节、三音节和四音节词语的重音，以及句子的语法重音和逻辑重音。在学生所掌握的词汇量、语法结构数量增加的基础上，基于语法和语义的重音练习是对学习者语音学习的更高要求，也是学习者能否掌握地道自然的发音的关键因素。

重音教学和练习的主要方式是跟读和朗读，学生通过跟读和朗读标准例词例句，识记词重音位置的一般规律，理解并掌握句重音位置不同带来的语义差别，在大量的练习中逐渐培养汉语的语感，逐渐形成重音位置准确、发音自然流畅的语音面貌。

2.4.2 基于汉语基本句式的语调练习

语调部分着重介绍汉语的基本句调——升调和降调，其中升调是教学重点。作为基本句调的升调一般承载着疑问意义的表达，句尾的升调和句末字的字调重合在一起，是学生习得的难点。教师要通过实例使学生理解并掌握汉语用句调来区别陈述和疑问意义的功能，例如："他姓张。他姓张？""他不喜欢喝啤酒。他不喜欢喝啤酒？"。

除了汉语的基本句调以外，汉语基本句式的语调也是重要的教学内容。主要介绍陈述句、是非疑问句、特指疑问句、正反问句、选择问句、祈使句和感叹句的句调。每个句调的发音特点都给出三个跟课文内容相关的标准例句作为学习者模仿的范本，请学习者跟读、朗读，逐渐掌握发音规律，形成正确的语感。

三、结语

对零起点汉语学习者来说，语音教学是敲门砖也是铺路石。零起点语音教学的成败关系着一个汉语学习者日后汉语学习的成败和语音面貌的优劣。我们希望用一种轻松愉快、简单明了的方式进行零起点阶段的汉语语音教学，分散难点，音义结合，带领学生有意义地学习语音，使语音阶段的学习有趣高效，能实用会交际；并通过对标准词、标准句等发音范式的确立，使零起点的语音教学对学习者日后进一步学习语音产生指导作用。

参考文献

1. 关　键 . 声调教学改革初探 . 语言教学与研究，2000(3):51.
2. 贾　琳，王建勤 . 视觉加工对英语母语者汉语声调感知的影响 . 世界汉语教学，2013(4):548.
3. 王安红 . 汉语声调教学特征探讨 . 语言教学与研究，2006(3):70.
4. 喻　江 . 声调教学新教案 . 语言教学与研究，2007(1):77.
5. 张拱贵 . 声调教学和表声读 . 世界汉语教学，1988(1):25.

当理论遇上实际

——浅谈多音节上声连读

刘佩芳

中华语文研习所台中校

一、前言

在现代汉语的四个声调中，调值为21114（或记为214）的上声，比起调值为55的阴平，调值为35的阳平，或调值为51的去声，音长都要来得稍长，调型也略显复杂。当人们在一般谈话，或念读句子的时候，上声和其他声调交错并用，尤其是在连续上声音节出现时，说话者常常在不自觉的情形下即产生上声变调的情形。一般来说，人们因着说话语气、内心情感，或情绪变异的不同，甚或共同构音（co-articulation）现象，会出现发音或声调的改变；另一方面，在音节连读时，为顺应自然节奏，要求顺畅，也会改变原来的声调。在现代汉语的四个声调中，以上声的变化最多，最为复杂，也引发最多的讨论。虽说上声的变调有其基本规律可循，然而，在一般的日常生活会话中，人们是否会顾及上下文的音义而依照上声变调的原则来进行呢？这是一个非常有趣的问题，因此笔者设计了十个日常生活中常用的语句，并访谈了一百位受访者，期望能从访谈当中进一步了解实际生活会话中，说话者使用上声变调的情形，并且对照一下理论和现实之间有些什么样的差异。本文分为两大部分，前半部为上声变调的理论规律；后半部则是实际受访者的念读讨论。此外，本文只单纯探讨连续上声音节在一般生活中的变调情形，至于有些地方音的上声上飘情形则不在本文讨论范围之内。

二、上声的调值与其变调规律及用法

2.1 上声的调值可以归纳为三种

1. 全上：完完全全不折不扣地把上声的调值 21114（或记 214）读出来，就叫作“全上”，这是上声的本调。凡是读单个的上声字，或是读词尾句末的上声字，都该读全上。

2. 前半上：把全上调值的末尾上扬部分消去，调值为 2111。

3. 后半上：如果把上声调值的前半部略掉，就叫后半上。而后半上的调值，有不同的说法，有记作 3005 的，也有记为 14 的。

2.2 变调的规律

1. 凡上声字后面紧跟着非上声字（即上声 + 非上声），该上声字一律变为前半上，调值为 2111。

2. 两个上声字连读（即上声 + 上声），前面的上声字变读为后半上，或者说读作阳平，调值为 3005。

2.3 变调的用法

1. 上声下连阴平、阳平、去声、轻声——上声变为前半上，调值乃是记为 2111。

（1）上声 + 阴平→前半上 + 阴平

养鸡　纺纱　你说　表哥　给他　马车　海军　演说

（2）上声 + 阳平→前半上 + 阳平

水梨　语言　本来　也行　你来　找谁　海贼　旅行

（3）上声 + 去声→前半上 + 去声

暑假　以后　北部　赶快　等待　忍耐　笔墨　努力

（4）上声 + 轻声（非上轻或固定上轻）→前半上 + 轻声

老婆　伙计　尾巴　眼睛　里头　好的　椅子　宝贝

2. 上声下连上声：

（1）两个上声音节相连的变调：上声 + 上声→阳平 + 上声

很好　米粉　粉笔　保养　讲理　美语　保守　永远

（2）上声 + 轻声（比较上轻）→阳平 + 轻声

可以　所以　老鼠　老虎　小姐　跑跑　走走　哪里

2.4 连续三个上声音节的变调

三个上声字相连，除最后一个字读全上外，前两个上声字都会变调，而且如果中间没有停顿，也就是在说话速度较快的情况下，前面两个上声字都会读作“阳平”。但是若在说话速度较慢，也就是中间略有停顿的情形下，则视词语结构的分划情形来决定。

1. 若是前两个字成词，则前两个字都读“阳平”。例如：

总统府、补给厂、狗尾草、选举法、影响我、五斗米、水火险。

2. 若后两个字成词，则第一个字读“前半上”，第二个字读“阳平”。例如：

老古董、炒米粉、有老鼠、打草稿、买雨伞、小老板。

2.5 多音节上声连读

一连串的上声相连成句时，除句末必须读全上之外，其他上声字，应依照词义来断定将上声字变调读为前半上或阳平。

1. 四音节上声连读，可能有好几种读法：

（1）阳平＋前半上＋阳平＋全上→岂有 § 此理　老老 § 小小　彼此 § 彼此　找你 § 买酒

（2）前半上＋阳平＋阳平＋全上→饮 § 黍米酒　请 § 处理好

（3）阳平＋阳平＋阳平＋全上→好几把 § 伞　好几种 § 酒

2. 五音节上声连读，也可能有好几种读法：

（1）阳平＋前半上＋前半上＋阳平＋全上→老李 § 买 § 美酒

（2）前半上＋阳平＋前半上＋阳平＋全上→你 § 怎可 § 打我

（3）阳平＋前半上＋阳平＋阳平＋全上→我有 § 九种 § 酒

（4）前半上＋阳平＋阳平＋阳平＋全上→给 § 好几把 § 尺

上述情形为一般上声连读时变调的规律。然而，笔者发现一般人在说话时从三个连续上声音节开始即出现不同的变调情形。兹将笔者所设计的十个词句与实际访谈结果分述于后。

1. 打草稿

百分之九十五的受访者读成：前半上 ＋ 阳平 ＋ 前半上。只有百分之五的受访者将最后一个音节读成全上。

2. 你选举

有百分之八十五的受访者读成：前半上 + 阳平 + 前半上。此次有百分之十五的受访者将最后一个音节读成全上。

3. 踩死我

所有的受访者皆毫无例外地将本句读成：阳平 + 阳平 + 前半上。

4. 往里走

有百分之九十的受访者读成：阳平 + 阳平 + 前半上。有百分之十的受访者读成：阳平 + 阳平 + 全上。

5. 我有两个酒桶。

有百分之八十的受访者读成：阳平 + 阳平 + 前半上 + 轻声 + 阳平 + 前半上。有百分之二十的受访者读成：阳平 + 前半上 + 前半上 + 轻声 + 阳平 + 全上。

6. 我心里想你果然是电脑老师。

有百分之七十五的受访者读成：前半上 + 阴平 + 阳平 + 前半上 + 阳平 + 前半上 + 阳平 + 去声 + 去声 + 阳平 + 前半上 + 阴平。有百分之二十五的受访者读成：前半上 + 阴平 + 前半上 + 阳平 + 前半上 + 前半上 + 阳平 + 去声 + 去声 + 阳平 + 前半上 + 阴平。

很明显的，因为这个句子没有用标点符号断句，所以有百分之七十五的受访者读成：我心里想，你果然是电脑老师。却也有百分之二十五的受访者读成：我心里想你，果然是电脑老师。这部分的受访者总在念到一半之后发现断句有误，再重念一次，重念的结果即同于其他百分之七十五的受访者。

7. 你到底怎么了？

有百分之六十的受访者读成：前半上 + 去声 + 阳平 + 前半上 + 轻声 + 轻声。有百分之四十的受访者读成：前半上 + 去声 + 前半上 + 前半上 + 轻声 + 轻声。

8. 你想的一点儿也不错。

有百分之九十五的受访者读成：阳平 + 前半上 + 轻声 + 去声 + 阳平 + 前半上 + 阳平 + 去声。有百分之五的受访者读成：阳平 + 前半上 + 轻声 + 去声 + 前半上 + 前半上 + 阳平 + 去声。

9. 所以我觉得有五公里左右。

有百分之八十的受访者读成：阳平 + 阳平 + 前半上 + 阳平 + 轻声 + 阳平 + 前半上 + 阴平 + 阳平 + 前半上 + 去声。有百分之十五的受访者读成：阳平 + 前半上 + 前半上 + 阳平 + 轻声 + 阳平 + 前半上 + 阴平 + 前半上 + 前半上 + 去声。

有百分之五的受访者读成：阳平＋阳平＋前半上＋阳平＋轻声＋前半上＋前半上＋阴平＋前半上＋前半上＋去声。

10. 他喝了一口水就走了。

所有的受访者都读成：阴平＋阴平＋轻声＋去声＋阳平＋前半上＋去声＋前半上＋轻声。

其实笔者在设计这十个句子时，最主要的目的是想了解一般人们在自然的状况下，对连续上声音节的处理方式。然而在实际访谈的过程中却发现受访者对于手中的问卷有着许多不同的处理态度。有的人以非常正式的态度读出问卷中的句子；有的人似乎不太在意问卷上的文字，常常以自己的习惯修改问卷上的遣词用字；有的人边读边问自己念得对不对；还有的人将之视为苦差事，只求快快念完。

不过，做完这次问卷的结果却发现多数人都不太注意变调对句义的影响，只是依照自己的习惯读出句中的声调而已。兹将在笔者浅见下认为合乎句义的正确读法分述如下：

1. 打草稿

应读为：前半上＋阳平＋全上。“打”在句中作为动词使用，而“草稿”二字成词，作为宾语。整个为动宾结构，而且“稿”为最后一个音节，位于句点之前，理应读成全上。

2. 你选举

应读为：前半上＋阳平＋全上。“你”在句中作为主语使用，而“选举”二字成词，作为动词使用，故为一个完整的句子，其中“举”为最后一个音节，且位于句点之前，理应读成全上。

3. 踩死我

应读为：阳平＋前半上＋全上。“踩”为动词，而“踩死”二字成词，为动词结果词尾，“我”则是动词施以作用的对象，且为最后一个音节，位于句点之前，理应读成全上。其实如果将句中的“我”改成“他”“鹅”或其他非上声字，全句读成“阳平＋前半上＋阴平（阳平或去声）”，这“阳平＋前半上”的读法就会显得再自然不过了。

4. 往里走

应读为：阳平+前半上+全上。“往里”二字成词，指示动作进行的方向，“走”为动词，且为最后一个音节，位于句点之前，理应读成全上。若将“走”改成“开”“去”等非上声字，那么，同样的，句中的“阳平＋前半上”的读法也将显得是非常自然的事了。

5. 我有两个酒桶。

应读为：前半上+前半上+前半上+轻声+阳平+全上。本句中，“我”为主语，“有”为动词，“两个酒桶”为数词加量词加名词。大多数受访者都将“有两个”读成：阳平+前半上+轻声。其实若将动词“有”加上上声以外的数量值，例如，“有三个”“有六个”等等，人们便会很自然地念成：前半上+阴平（去声）+轻声。而不会出现将“有”读成阳平的情形。另外，“桶”为最后一个音节，位于句点之前，理应读成全上。

6. 我心里想你果然是电脑老师。

应读为：前半上＋阴平＋轻声＋前半上＋前半上＋前半上＋阳平＋去声＋去声+前半上+前半上+阴平。“我心里想”是我的看法，是我的见解，若读成“前半上+阴平+阳平+前半上”，则句义即可能变为“我新理想”；而“电脑”和“老师”是两个名词，若是念成“去声＋阳平＋前半上＋阴平”，则出现“脑老”一起读的现象了，然而“脑老”并不成词。

7. 你到底怎么了？

应读为：前半上＋去声＋前半上＋前半上＋轻声＋轻声？这是一个疑问句，笔者只是在“怎么了”之前加上“到底”二字，目的在观察受访者将如何断句。大部分的受访者都将“底怎”放在一起念，而形成：前半上＋去声＋阳平＋前半上＋轻声＋轻声？然而，“底怎”并不成词。

8. 你想的一点儿也不错。

应读为：前半上＋前半上＋轻声＋去声＋前半上＋前半上＋阳平＋去声。本句中的“你”须和“想的”断开来读，所以各自都读前半上，“一点儿也”则应将“一点儿”和“也”断开来，否则“点儿也”在句子中实在很难解释其意义。

9. 所以我觉得有五公里左右。

应读为：阳平＋前半上＋前半上＋阳平＋轻声＋前半上＋前半上＋阴平＋前半上＋前半上＋去声。“所以”二字成词，故应跟紧跟在后的“我”断开来，读成“阳平＋前半上”。而“有”应读成前半上而非阳平，若“有”之后接的是“八公里”或“六公里”等等，非上声字的数量值，那么，多数人就会将“有”读成前半上而非阳平了。另外，“五公里”也须和“左右”断开来念，不应将“里左”一起念，因为“里左”并不成词。

10. 他喝了一口水就走了。

应读为：阴平＋阴平＋轻声＋去声＋前半上＋前半上＋去声＋前半上＋轻

声。本句中，“他”为主语，“喝了”为动词，而“一口水”为宾语，因为“一口水”为数词“一”与量词“口”与名词“水”的组合，所以应当读成“去声＋前半上＋前半上”；若是将“口水”连读成“阳平＋前半上”，即成了名词“口水”了。然而，在此次的受访者中，全数均将“口水”连读，无一例外。当笔者在做完问卷后告诉受访者不同的念法代表不同的词义且表达出不同的句义时，大多数的受访者都觉得很新奇，几乎没听过这样的说法。

三、结论

就上声的变调而言，在理论和实际上的确存在着差异。就如同笔者在引言里所说，人们因着说话语气、内心情感，或情绪变异的不同，甚或为顺应自然节奏，要求顺畅，都会产生变调的情形。在这次访谈之后，笔者更发现有许多人在说话时，尤其是看着句子念读时，根本不管声调也不管标点符号，只是依照自己的习惯读出来而已；也许这就是造成理论与现实之间差异的最主要原因。那么，这种情形是否需要改善呢？又需如何改善呢？笔者认为这种情形的确需要改善。因为如果变调与不变调影响了词义甚或是句义，就实在有其改善的必要了。举个例子来说，没有人认为喝“口水”吧？有效的改善方式当从课堂上着手，上课时老师清楚说明变调的规则及其应用，并且从实际生活中开始要求大家谨守规范，久而久之，便形成一种习惯了，而且是正确的好习惯。此外，举办演讲比赛、朗读比赛等活动，更是一种鼓励大家说出标准发音与正确声调的有效办法。在现代社会中，有一项可资利用的管道便是媒体；其影响力之大、之广，真可说是无远弗届。尤其现代人的生活常离不开电视和电脑。若在欣赏电视节目与使用电脑时能广泛接触到正确的声调，让大家都以说出正确的汉语为乐，相信对于改正不重视声调的说话习惯一定大有裨益。

笔者从事对外汉语教学工作已有十数年时间。就这些年来的经验，笔者深深体会出，想要教出汉语学习成效良好的外国学生非得加强要求学生的声调不可。一旦学生能说出正确的声调，就算有时在发音上有小小的失误，依然是辞可达意的；反之，就算发音再清楚，但是声调不对，仍旧可能发生鸡同鸭讲，辞不达意，无法达到沟通目的之情形。所以，声调不但对本国人的日常生活沟通来说很重要，对于想要学习汉语的外国人来说，更是如此。因此声调之重要性自是不言可喻，尤其是在连读的情形下之变调更有其不可忽略的重要性，值得大家一起来关注。

参考文献

1. 台湾师范大学国音教材编辑委员会 . 国音学 . 台北 : 正中书局，2008.

2. 邵敬敏 . 现代汉语通论 . 上海教育出版社，2007.

3. 台中市政府 . 国语正音讲义 . 台中：台中市政府 .

4. 郑静宜 . 语音声学——说话声音的科学 . 台北：心理出版社，2011.

5. 钟荣富 . 当代语言学概论 . 台北：五南出版公司，2008.

6. 朱 隶 . 国音学 . 台中：学儒出版社，2001.

以实验语音学分析华语教学者的声调调值

徐丽兰

中华语文研习所台中校

一、前言

身为一位从事华语教学工作近二十年的教学者，因为语音学课认识了语音分析仪器 PRAAT，正确的说法是语音分析软件，很好奇地想知道，到底我们这一群自认为发音纯正标准的人，在仪器的检测之下会是何种样貌？是否我们自以为的标准，只是感知的错觉？仪器是否会让我们现形？因为囿于时间以及研究者对 PRAAT 的熟悉度，本文将只针对单音节字词的声调进行检验。

本文将针对三位台湾中部地区的资深华语教学人员所录制的三十个单字调 (citation) 的声调音档进行分析。所选取的三十个单音节字（如表 1）是采用 2007 年台湾“对外华语教学能力认证考试”口语与表达第二场试题的第一大题单音节部分。

表 1　字表（取自 2007 台湾“对外华语教学能力认证考试”口语与表达试题）

归	命	火	登	亮
热	冰	床	桶	出
船	苍	素	驶	于
桥	陈	烟	照	偶
尔	收	范	说	判
国	叶	谁	学	饼

二、研究内容、过程及结果

在许多华语语音的课程中，课堂上老师总是说华语是个声调语言（tone language），声调在华语中具有辨义功能。华语有四个声调，也就是我们常说的四声，第一声也就是阴平调，其调值是55，第二声阳平调的调值是35，第三声上声的调值是214，而第四声去声则是51。对于这个数值其实笔者一直是抱着怀疑的态度，因为以第一声55来说，不管是在正音课堂上或是汉语言学课堂中，无论是老师或同学，光以听觉辨析说，发现除了语文竞赛的训练外，少有人的第一声真的发到55，可是书上如是说，老师也如是说，对于听觉感知与理论的落差，唯一能解释的理由就是声调是相对值，不是绝对值，因此我们也就一直相信自己发的第一声调值是标准的55。

2.1 声调

声调这个名词是赵元任在《语言的问题》中提出，华语的五度制[①]是赵元任所创制，一般将华语的声调分为四个声调，依赵元任的五度制将调值定为阴平（或称为第一声），调值为55，阳平（或称为第二声），调值为35，上声（或称为第三声），调值为2114，去声（或称为第四声），调值为51。

2.1.1 声调的声学特征

声调也就是一般所认知的音高（Pitch），是指人耳对声音音调高低的感受度，但这个词一般被当作是基本频率（f_0）的同义词，严格说起来，这种说法并不恰当，因为基本频率乃是声音在声学频谱分析中的一个客观绝对的量测数据（每秒周波数，Hz），基本上它反映声源的振动频率；而音高却是属于主观之感知现象，是听者对音调高低的一种判别，我们可以把四个声调的发音录制成一个档案，然后用Praat加以分析并绘制成各类语图，如图1。

---

① 五度制调值表示法：一种记录汉语声调的方法。由赵元任发明。先画一个纵坐标，表示音高，后从最低到最高分成五个音高标准点。每点为一度，自下而上分别用“1、2、3、4、5”标记。各点名称依次为“低、次低、中、次高、高”五等。最低的音记1度，次低音记2度，次高音记4度，最高音记5度。声调如是直线型，只需记起点与终点的度数，如是曲线型，需加记曲折起落的度数。（取自台湾“国语辞典网”：http://dict.revised.moe.edu.tw/cgi-bin/newDict）

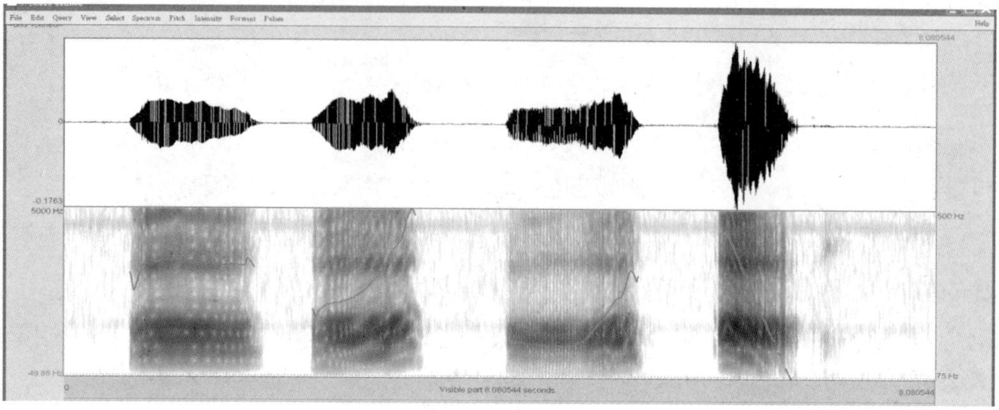

图 1　声调语图

2.2　录音人员与测试仪器

本研究共有三位发音人，分别以 A、B、C 代表。发音人 A，母语为闽南语，语文竞赛国语组朗读比赛县市级冠军、“对外华语教学能力认证考试”及格，“口语与表达”单科分数高达九十二分，专业正音及发音教学者，指导应试者从五十分提升至合格。发音人 B，其母语为客家语，国语、闽南语及客语流利，通过“对外华语教学能力认证考试”，专业正音及发音教学者，指导应试者从五十分提升至合格。发音人 C，母语为山东话，从事对外华语教学近四十年，专业正音及发音教学者，曾担任教材录音人。

本文采用语音实验法，使用工具为 Sony PCM M10 录音笔、Acer AspireS7-391 笔记本电脑以及语音分析软件 PRAAT。

电脑：Acer Aspire S7-391

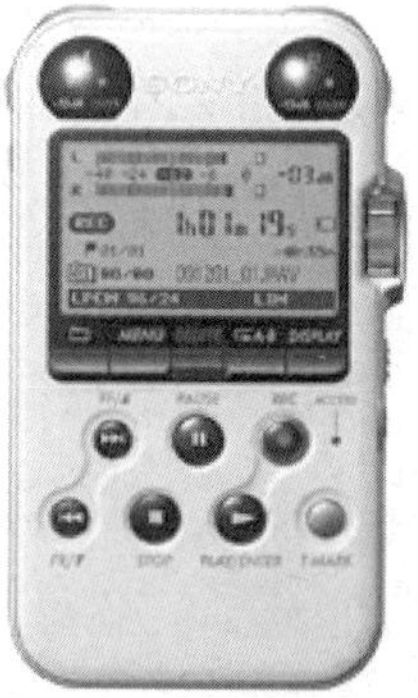

录音笔：Sony PCM M10

图 2　笔记本电脑及录音笔照片

2.2.1 PRAAT 简介

PRAAT 是由荷兰阿姆斯特丹大学语音科学研究所的两位教授：Dr. Paul Boersma 及 David Weenink 所发展的，主要用来在 PC 上进行语音分析，随着程序不断扩展，目前其功能已经扩及语音合成以及类神经领域。其原始码使用 C++ 语言撰写而成，由于具有平台可移植性，很容易编译成各种平台的执行档，目前在六种操作系统（Windows, Linux, Macintosh, Silicon Graphics,SPARC Solaris, HP-UX）上均可执行（PRAAT 初学者使用手册，黄耀煌编译，2003）。

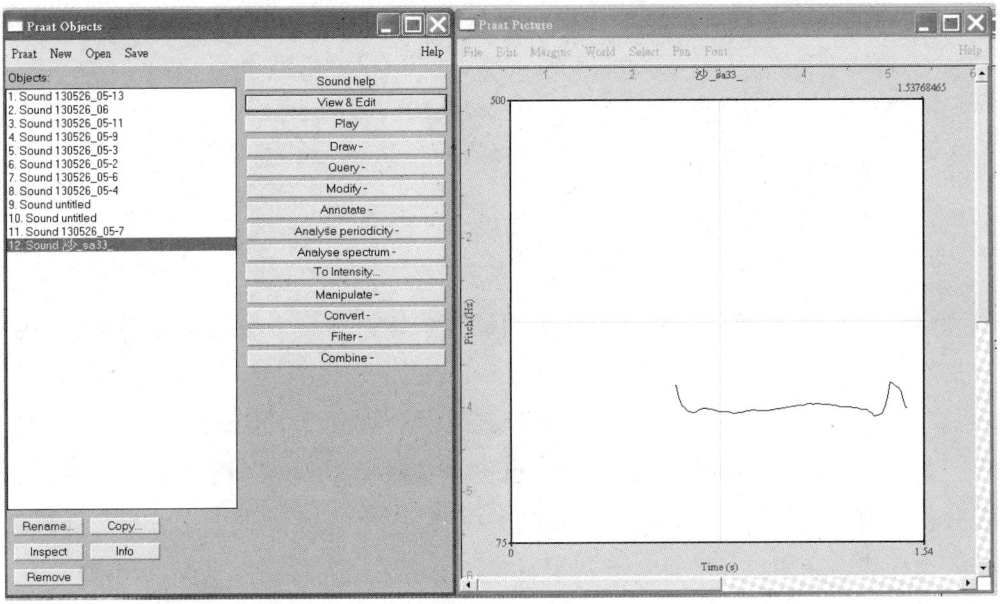

图 3 PRAAT 操作接口

2.2.1.1 PRAAT 的应用

对语音信号的分析与标注是 PRAAT 的基本功能。在 PRAAT 中录音或读取音频文件后，可以按用户要求显示以下多种语图：

- 三维语图（spectrogram）
- 频谱切片（spectral slices）
- 音高（即基频）曲线（pitch contour）
- 共振峰曲线（formant contour）
- 音强曲线（intensity contour）

所有的语图都可以绘制成精致的矢量图，也可以将相应的对象数据保存为磁盘文件。除直观的语图外，PRAAT 也能通过对信号数据的计算获得各种文字情报，比如音高、时长、第一或第二共振峰频率的数值等，也同样可以根据需要输出为适当的形式。

PRAAT 允许用户对语音数据进行标注，包括音段切分和文字注释，标注的结果还可以独立保存和交换。然而，PRAAT 本身缺乏自动标注功能，只能对有声段和静默段进行简单的识别，而不能对音节、节拍群等语流单位加以切分。

除了上述的应用之外，PRAAT 还具有如下的功能，包括：

- 语音实验：嗓音分析、多重强迫选择实验、滤波、声源滤波合成、发音合成等。
- 辅助教学：前馈神经网、优选论学习等。
- 统计分析：主成分分析、多维量表、判别分析等。

2.2.1.2　相关的研究

近年来 PRAAT 被许多研究者用于探讨语言学习者的语言表现，尤其在华语教学方面，例如：《从发音与声学的对比分析探讨美国学生的华语擦音》（钟荣富，2009）、《泰国学生初学汉语声母韵母偏误研究及教学建议》（马玉凤，2009）和《以 Praat 语言分析软件应用于华语语音教学法初探》（马宝莲、刘庆刚，2005）等。其中专门探讨声调教学方面的，也不遑多让，如《法语语者华语声调之偏误分析》（廖淑惠、廖南雁，2010）、《美国中级汉语学习者声调偏误分析与补救教学》（李佳倩，2010）、《针对意大利学习者华语声调之实验研究》（康品彦，2009）。PRAAT 也被使用于特殊教育中的语音矫治，如《以发声练习和声调觉识为主的音乐训练对听觉障碍儿童国语声调清晰度之成效研究》（简子欣、陈淑瑜，2007）、《以语音听力检测系统辅助听障儿童发音教学实验》（黄佩芬、黄桂君、王小川，2006）。前人的研究为本研究提供了许多的养分以及技术上的参考。

此外，另有《普通话与台湾国语声调对比分析》（邓丹、石锋、吕士楠，2006）是针对台湾人说国语时的声调表现分析的专文，本文也将把邓丹等人的发现与此次的语料样本加以比较，并进行讨论。

2.3　施测步骤

请三位发音人录下三十个单音节字的音档，完成录音之后将所有音档输入电脑中，使用 PRAAT 的编辑功能截取研究所需的音段，再以分析软件 PRAAT 对所录制的语料进行分析，取得每个声调样本的声调基频曲线 F_0，然后对每个样本曲线平均选取 11 个测量点，得出音高数据，如图 4。

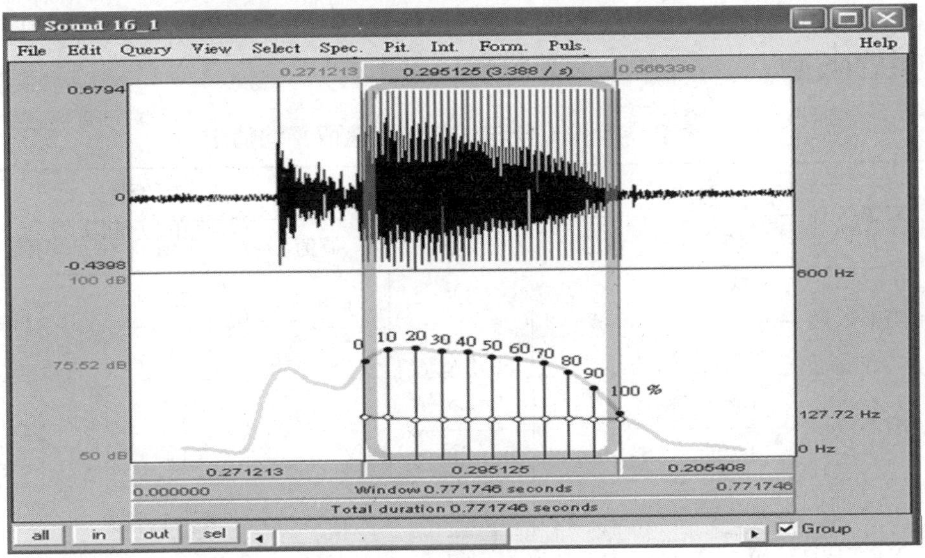

图 4　音高曲线图

接着使用五度值之间的对应关系，采用石锋（1986）声调的归一方法的 T 值公式来计算：

$$T= [(\log X- \log B) / (\log A- \log B)] X 5$$

上述公式中的 a 为调域上限频率，b 为调域下限频率，x 为测量点频率。所得到的 T 值就是 x 点的五度值参考标度（石锋，1986）。也可以写成下面的形式：T= [(logX- lgmin) / (logmax- logmin)] X5。将声调依五度制标示来审视以上三位资深华语教师的声调调值。

2.4　测试结果

本研究通过实验得到的声调的原始资料，如基频值和绝对调长，并不具有语言学的意义（Rose, 1993），必须对原始数据进行相对化处理，以消除个别发音人音高的差异性。本文采用实验测量出每一声调的各个时点的平均音高数据，把声调的音高数据和通常使用的五度值之间的对应关系，用如下的 T 值公式来计算：

$$T= [(\log X- \log B) / (\log A- \log B)] X 5$$

其中，A 为调域上限频率，B 为调域下限频率，X 为测量点频率。所得到的 T 值就是 x 点的五度值参考标度（石锋，1986）。以上述公式计算所得到的 T 值，其中的 $0 < T \leqslant 1.0$ 相当于五度值中的 1 度，$1.0 < T \leqslant 2.0$ 相当于五度值中的 2

度，2.0 < T ≤ 3.0 相当于五度值的 3 度，3.0 < T ≤ 4.0 相当于五度值的 4 度，4.0 < T ≤ 5.0 相当于五度值的五度。录音数据换算得到的数值如下面各表所列，再依照所得数据以 Excel 绘制成声调曲线图，如图 5。

表 2　声调 T 值与调值（T 值取平均值）

声调	发音人 A		发音人 B		发音人 C	
	T 值	调值	T 值	调值	T 值	调值
阴平	3.2	44	3.8	44	3.5	44
	3.2		3.9		3.6	
阳平	1.4	24	2.5	35	1.3	24
	3.7		4.8		3.1	
上声	1.0	214	1.4	214	1.4	214
	0.6		0.7		0.6	
	3.3		3.5		3.2	
去声	4.4	53	4.6	51	4.9	54
	2.2		0.5		3.5	

表 3　第一声

	A					B					C				
归	262	145	360	3.25286	4	304	131	351	4.270697	5	226	108	279	3.890101	4
	260	145	360	3.210727	4	297	131	351	4.152516	5	227	108	279	3.91336	4
登	288	145	360	3.773088	4	277	131	351	3.798846	4	217	108	279	3.676011	4
	288	145	360	3.773088	4	281	131	351	3.87158	4	213	108	279	3.577994	4
冰	290	133	382	3.694213	4	291	138	348	4.033032	4	223	108	280	3.805354	4
	295	133	382	3.775224	4	296	138	348	4.125124	5	225	108	280	3.852216	4
出	316	133	382	4.101111	5	290	138	348	4.014424	5	235	108	280	4.080446	5
	313	133	382	4.055906	4	290	138	348	4.014424	5	231	108	280	3.990342	4
苍	312	149	368	4.087086	5	277	159	394	3.058655	4	217	116	320	3.086075	4
	315	149	368	4.140007	5	277	159	394	3.058655	4	216	116	320	3.063316	4

（续表）

	A					B					C				
烟	307	136	386	3.902447	4	282	150	343	3.816198	4	227	115	310	3.428753	4
	315	136	386	4.025747	4	281	150	343	3.794723	4	224	115	310	3.361673	4
收	309	131	460	3.416099	4	283	141	397	3.365064	4	216	100	305	3.452962	4
	295	131	460	3.231525	4	286	141	397	3.415997	4	223	100	305	3.595963	4
说	306	131	460	3.377261	4	266	141	397	3.065837	3	225	100	305	3.635997	4
	307	131	460	3.390249	4	266	141	397	3.065837	3	223	100	305	3.595963	4

表 4 第二声

	A					B					C				
床	186	133	382	1.589454	2	184	138	348	1.555124	2	130	108	280	0.973083	1
	277	133	382	3.476866	4	306	138	348	4.304732	5	241	108	280	4.212768	5
船	192	149	368	1.402161	2	194	159	394	1.096229	2	127	116	320	0.446409	1
	291	149	368	3.701747	4	304	159	394	3.571138	4	208	116	320	2.877354	3
于	217	149	368	2.079061	3	252	159	394	2.537476	3	141	116	320	0.961682	1
	278	149	368	3.449008	4	382	159	394	4.829575	5	229	116	320	3.351292	4
桥	175	136	386	1.208471	2	220	150	343	2.315285	3	126	115	310	0.460599	1
	263	136	386	3.160996	4	313	150	343	4.446695	5	154	115	310	1.472411	2
陈	183	136	386	1.42272	2	224	150	343	2.424212	3	149	115	310	1.305989	2
	263	136	386	3.160996	4	266	150	343	3.46309	4	203	115	310	2.865323	3
国	194	131	344	2.033576	3	190	138	395	1.520353	2	138	112	276	1.157303	2
	251	131	344	3.367649	4	395	138	395	5	5	191	112	276	2.959161	3
谁	181	131	344	1.674357	2	205	138	395	1.881629	2	144	112	276	1.393247	2
	243	131	344	3.199895	4	328	138	395	4.116268	5	202	112	276	3.269584	4
学	185	131	344	1.787563	2	199	138	395	1.740395	2	144	112	276	1.393247	2
	243	131	344	3.199895	4	318	138	395	3.969058	4	198	112	276	3.158703	4

表 5 第三声

	A					B					C				
火	174	145	360	1.00246	2	174	131	351	1.440042	2	122	108	279	0.642147	1
	145	145	360	0	1	140	131	351	0.337083	1	108.1	108	279	0.004876	1
	164	145	360	0.677022	1	149	131	351	0.653158	1	111	108	279	0.144345	1
	224	145	360	2.391283	3	240	131	351	3.071471	4	133	108	279	1.096945	2
桶	203	133	382	2.003925	2	168	138	348	1.063358	2	137	108	280	1.248347	2
	135	133	382	0.070733	1	139	138	348	0.039031	1	109	108	280	0.048373	1
	151	133	382	0.601527	1	147	138	348	0.341526	1	131	108	280	1.013302	2
	262	133	382	3.213031	4	264	138	348	3.506656	4	173	108	280	2.472872	3
驶	187	149	368	1.256239	2	214	159	394	1.636855	2	139	116	320	0.891289	1
	156	149	368	0.253887	1	159	159	394	0	1	117	116	320	0.042296	1
	151	149	368	0.073736	1	160	159	394	0.034545	1	117	116	320	0.042296	1
	247	149	368	2.795164	3	244	159	394	2.35972	3	138	116	320	0.855712	1
偶	183	136	386	1.42272	2	165	150	343	0.576174	1	144	115	310	1.133885	2
	143	136	386	0.240561	1	150	150	343	0	1	116	115	310	0.043655	1
	136	136	386	0	1	150	150	343	0	1	120	115	310	0.214592	1
	255	136	386	3.012937	4	282	150	343	3.816198	4	184	115	310	2.36983	3
尔	184	131	460	1.352431	2	190	141	397	1.440644	2	149	100	305	1.788007	2
	143	131	460	0.348906	1	147	141	397	0.201283	1	101	100	305	0.044615	1
	131	131	460	0	1	163	141	397	0.700317	1	116	100	305	0.665476	1
	245	131	460	2.492223	3	273	141	397	3.191301	4	166	100	305	2.272436	3
饼	219	131	344	2.661336	3	236	138	395	2.551168	3	144	112	276	1.393247	2
	131.6	131	344	0.023666	1	138	138	395	0	1	112.2	112	276	0.009891	1
	131.5	131	344	0.019729	1	139	138	395	0.034329	1	125	112	276	0.608796	1
	251	131	344	3.367649	4	308	138	395	3.817143	4	203	112	276	3.296961	4

表 6　第四声

	A					B					C				
命	326	145	360	4.454531	5	351	131	351	5	5	273	108	279	4.885468	5
	164	145	360	0.677022	1	172	131	351	1.381393	1	196	108	279	3.139794	4
亮	322	145	360	4.38665	5	309	131	355	4.303974	5	278	108	279	4.981083	5
	264	145	360	3.294672	4	240	131	355	3.036559	3	225	108	279	3.866738	4
热	382	133	382	5	5	348	138	373	4.65114	5	279	108	280	4.981222	5
	276	133	382	3.459726	4	154	138	348	0.593	1	142	108	280	1.436485	2
素	368	149	368	5	5	394	159	394	5	5	309	116	320	4.82764	5
	161	149	368	0.428354	1	159	159	394	0	1	230	116	320	3.372762	4
照	386	136	386	5	5	338	150	343	4.911228	5	307	115	310	4.950967	5
	136	136	386	0	1	219	150	343	2.287744	3	232	115	310	3.538608	4
范	399	131	460	4.433671	5	367	141	397	4.620478	5	305	100	305	5.000441	5
	241	131	460	2.426694	3	146	141	397	0.168313	1	218	100	305	3.494287	4
判	465	131	460	5.043036	5	348	141	397	4.363713	5	288	100	305	4.742852	5
	237	131	460	2.360068	3	214	141	397	2.015193	2	258	100	305	4.249637	5
叶	338	131	344	4.908872	5	351	138	395	4.438494	5	275	112	276	4.979877	5
	195	131	344	2.060203	3	251	138	395	2.844147	3	215	112	276	3.615355	4

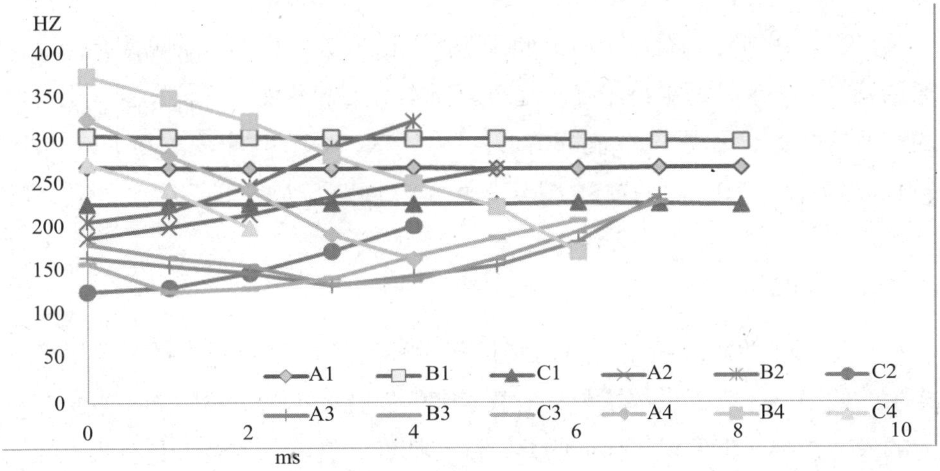

图 5　三位发音人的四个声调图

图例：A1=A 发音人第一声，B2=B 发音人第二声

2.5 讨论

此次研究所采用的单音节字表中有八个第一声，八个第二声，六个第三声，八个第四声。每个发音人的发音以录音笔录制后输入电脑，再以 PRAAT 分析每个发音人音高（pitch）的 HZ，然后以上述 T 值公式换算成 T 值，再依照 T 值与五度制之间的关系，将三位发音人所发的第一声、第二声、第三声及第四声以五度制之调值呈现。实验后发现第一声未达调值的情况较为普遍，字表中的八个第一声，A 发音人仅有一次达到 55 的调值，其余均为 44。B 发音人也只有两次达到 55，其中五次达到 44，一次达到 33。C 发音人几乎全部是 44，此结果几乎符合石锋等人（2006）的发现，台湾人的第一声不是 55 而是 44。

上节图表显示，三位发音人的第一声以中平的 44 或是 33 取代原来的高平的 55，可能是因为华语仅有一个平调，不若闽南语及客家话，除了高平调外，也有中平调或是低平调，因此在华语发音方面无论是高平、中平或是低平调均不会影响辨义功能，所以第一声的调值就常被任意移动，这点和邓丹、石锋、吕士楠（2006）所观察到的情况一致。

第二声高升调，除了发音人 B 在八个第二声字中有五次达到 35 或 25 的高升趋势以外，A 发音人与 C 发音人几乎都是 24 或是 23、12 的低升调，这个声调的表现也符合邓丹、石锋、吕士楠（2006）的论述。

第三声，ABC 三个发音人都没有出现邓丹、石锋、吕士楠（2006）所说的台湾人的三声是低降调，只有下降调而没有上升段的情况。虽然上升终点有时未达到 4，但是调型上还是先降后升的趋势。

第四声，在邓丹、石锋、吕士楠（2006）的实验中台湾人的第四声与北京的普通话发音人一致，都维持了高降趋势。但本研究却发现了三位发音人中有两位的四声非常短促，呈现了 54 高降情形，终点值仅到 4，这个现象与 Jeng（2000）（转引自郑静宜，2011）所描述的情况一致，女性发音人的四声下降得不够到位。

三、结论

从上节的相关研究看来，目前华语教学界透过声学分析的研究都用来分析外籍生的偏误，一般人也都认为华语教学者的发音是不需被检验的，本研究对自家人的发音检视，也发现了他们的共时演变情况。这三位发音人具有代表性，他们有不同的母语背景，但华语对他们来说是类母语的语言，他们的声调或可代表现在中台湾的华语教学者的声调共时演变现象。本实验中三位发音人虽然都从事华语教学，且他们的发音也都符合一般所认知的标准，但是用 PRAAT 分析出来的数据显示，调值并未达到预期的标准，换句话说，并非十分标准，然而从听觉辨析来说，他们却是被归为国语发音标准者。主要的原因是不管他们的阴平调是 55、44 甚或是 33，阳平调是 24 或是 35，上声或是 214 或是 325 以及去声是 51 或是 41 甚或是 52 乃至 54，都维持一定的调型，一般使用听觉辨析无法察觉偏误，由这项实验看来，一位华语教师是否达到学习者希望的标准，是否达到所谓标准的要求，人耳的认知无法完全辨析，因此应可将 PRAAT 应用于华语师资培训中的发音训练及发音测试的评分方面，因为华语教师的声调未到位可能会影响学习者的学习成效。

本研究仅就中部地区的三位华语教师的单音节部分进行研究，期望接续的研究可以扩展至双音节乃至句子与篇章的韵律中的声调共同构音，也可检视是否存在着所谓的中部腔①（吴淑娟，2003）或是台中腔（傅若玮，1999）的现象。本研究容或有所不足，然却希望本研究能引起台湾华语教学者的注意并能诚实面对语音在本地所产生的变化，无论是著书或是在课堂上都应该省思是否仍应人云亦云地说华语有四个声调，第一声调值是 55，第二声是 35，第三声是 214，第四声是 51。

参考文献

1. 邓　丹，石　锋，吕士楠．普通话与台湾国语声调对比分析．声学学报，2006.
2. 傅若玮．中文声调变异与社会网络——台中县潭子国中个案研究．静宜大学，1999.
3. 黄佩芬，黄桂君，王小川，刘惠美．以语音听力检测系统辅助听障儿童发音教学实验．特殊教育研究学刊，2006，95(31):115-137.
4. 简子欣，陈淑瑜．以发声练习和声调觉识为主的音乐训练对听觉障碍儿童国语声调清晰度之成效研究．特殊教育研究学刊，2007，32(2):93-114.
5. 康品彦．针对意大利学习者华语声调之实验研究．台湾师范大学，2009.
6. 李佳倩．美国中级汉语学习者声调偏误分析与补救教学．台湾师范大学，2010.

① 台湾中部地区的国语发音第四声与三声有上扬的现象。

7. 廖淑慧，廖南雁．法语语者华语声调习得之偏误分析．应华学报，2010.
8. 马宝莲，刘庆刚．以 Praat 语言分析软件应用于华语语音教学法初探．第四届全球华文网络教育研讨会，2005.
9. 马玉凤．泰国学生初学汉语声母韵母偏误研究及教学建议．高雄师范大学，2009.
10. 石　锋．实验音系学探索．北京大学出版社，2009:47-112.
11. 石　锋．语音格局——语音学与音系学的交汇点．商务印书馆，2008:95-144.
12. 吴淑娟．台湾南投县埔里镇国语第四声社会语言变异之研究．静宜大学，2003.
13. 郑静宜．语音声学——说话声音的科学．台北：心理出版社，2011:265.
14. 钟荣富. 从发音与声学的对比分析探讨美国学生的华语擦音. 华语文教学研究，2009，6(2):129-162.
15. Ross, Phil. A Linguistic-phonetic Acoustic Analysis of Shanghai Tones. Australian Journal of Linguistics, 1993, 13:185-220.

语块理论与对外汉语词汇教学 *

王　媛

北京语言大学汉语国际教育学部汉语速成学院

众所周知，“词汇”是语言系统的建筑材料，那么在语言教学中，词汇教学就是一个很重要的基础工作。在对外汉语教学中，如何提高词汇教学的效率，最大限度地在词汇教学这一环节中避免学生可能出现的偏误，是一个值得我们思考的问题。

语块理论的出现为我们的词汇研究及词汇教学打开了新的思路和视角，本文就试图以“语块”理论作为基础，探讨在对外汉语中如何更有效地进行语块的词汇教学。

一、语块的界定和分类

1.1　语块的界定

目前国内外已有大量学者从不同角度对语块进行界定和研究，也有大量文章进行了总结介绍（参见李慧，2008:2-5；周倞，2009:3），本文不再赘述。需要说明的一点是，我们所指的语块是词汇层面上的“formulaic language”，而不是语法层面上的“chunk”(参见苏丹洁、陆俭明，2010:559-560)。在这些研究的基础

*　本课题为中央高校基本科研业务费专项资金资助项目（项目批准号：SCKY1209）。

上，我们对语块进行如下的界定说明：某个词在交际使用时，惯常性地或者强制性地与其他特定的词进行搭配来共同完成某种话语功能的表达，这样由多词构成的句法语义组合结构整体，我们称之为“语块”。

由此看来，语块需要具备如下五个特点：

第一，语块中至少有一个词是“激发词”或者说是“启动词”。也就是说，语块的形成是由于某个词的使用，连带激活其他成分而形成的。或者说构成语块的单位成员之间有“相互期待性（mutual expectancy），即一个词的出现，很自然地使人预料到另一个词的出现”（余绮川，2008:194）。比如，语块“健康长寿”就是由“长寿”这个词的使用激发形成的，而不是由“健康”的使用激发形成的，因为“长寿”这个词在使用时，我们的表达习惯一般就是要和“健康”一起用，这是一个很优势的表达结构；反之，我们在使用“健康”这个词时，就有很多的表达选择。因此“长寿”是激发词。当然有的时候也可以互为“激发词”，如某些互相搭配使用的关联词语就是如此，如“虽然……，但是……”。尽管从线性形式上看，语块是多个词在一起组合搭配使用，但是有时其地位是不同的，如果语块结构更长的话，还会表现为语块的形成有层次性。比如“电话”这个词在使用时，我们很自然地就形成“打电话”这个语块，继而又很自然地形成“给……打电话”这样的表达方式。

第二，语块中词语的搭配具有“惯常性”或者“强制性”。也就是说语块中词的组合不是随机的任意的，而是受使用习惯制约的。有的表现为“惯常性”，意思是尽管这个词也可能会有别的表达，但是与某些特定的词的搭配是最经常的，或者说是使用频率最高的，如“问题”这个词，我们可以有“问问题、回答问题、提问题、想问题、写问题”等表达，但其中“问问题”和“回答问题”就是惯常性的表达，就可以看作是两个由“问题”作为激发词而产生的语块；有的词的搭配则表现为“强制性”，意思是这个词必须和其他某个词一起搭配才可以表达使用，如“睁”这个动词，就只能和“眼睛”一起使用，再比如“意味”这个词就必须和“着”一起使用。

第三，语块具有话语表达功能。词与词之所以搭配组合在一起使用，就是为了要完成某种表达功能。比如“体温”这个词，在使用中会经常与“高 / 低 / 正常”这些词一起搭配，就是为了描述体温特征而形成的表达。再比如“新年”这个词，经常会构成“新年好！”“新年快乐”这样的语块，这就是为了完成祝福这样的社交功能而形成的。

第四，语块是具有整体性的多词结构。尽管从形式上看，语块是一个多词搭配组合形成的结构体，但是这种搭配一旦形成，“是作为一个语言单位整体存储在心理词库中的，使用者可根据交际的需要快速整体提取，正确流利使用”(张荣丽，2008:111)。这一点也是语块区分于自由短语一个最重要的特征，自由短语尽管也是多词结构，但是它的组合是任意的，随机的，不可预期的，因此不可能进行整体存储和提取。正因为如此，语块被认为是最经济有效的语言单位，这也说明了语块存在的价值和必要性。

第五，语块兼有词汇和句法特征。“语块是在句法规则与语义规则的双重制约下形成的。”(李慧，2008:16) 一方面语块内的结构必须符合句法规则的要求，更重要的一方面是“由于其使用的频繁性或有效性，又常常被当做一个词或一个单位被记忆或使用”(罗庆，2008:41)。因此语块是处于词汇和语法两极中间的一种单位。

1.2 语块的范围和分类

通过上文对语块的界定和特征描述，我们可以看到语块的构成成分必须是具体的词，即使其中的某个构成成分可以替换，那么可以替换的词的数量也是非常有限的，因此那些可以进行码化的有一定能产性的句法结构形式都不在我们的所界定的“语块”范围之内，如“$V_{单}+N$”“在+N”等这样的结构形式。

综观目前国内外研究的情况，几乎都将相当于词的固定结构如成语、惯用语、歇后语等纳入语块的范围中，而我们认为这些也不在我们所界定的“语块”范围之内。因为这些固定结构相对来说高度定型，其内部词语一般不能有变动和选择，而且它们的整体意义相对来说是凝固的，往往不是由成员意义简单相加得出的，因此它们整体使用的强制性更强，可以说与词的功能是等价的。而语块作为“高度惯例化的搭配”(转引自严维华，2003:60)，在结构和意义上则没有如此严格的限制。因此本文研究的语块是将这一部分固定结构排除在外的。

就我们所研究的语块范围来看，可以从形式上根据构成成分是否相连将语块分为两大类：

第一类：构成成分相连的组合式语块。这一类语块指的就是构成语块的成分是相连组合在一起的，其句法构成是完整的，语义表达也是自足的，这种语块表达的是具体明确的词汇意义。因此这种语块一般是指由实词组合构成的那些高频习惯搭配，如“开玩笑、睁眼睛、河流干涸、体温正常、健康长寿”等这些表达结构就是这种语块形式（其中画线词为“激发词”）。

第二类：构成成分分离的框架式语块。这类语块指的就是构成语块的成分不是连续排列在一起，而是相互呼应构成一个可供表达使用的框架，其中缺失部分的成分需要在具体表达使用时填充，因此这种语块往往表达的是一种整体性的格式意义。根据框架构成的句法形式，我们又可以分为两个小类：

一是短语框架式语块。这种语块是指“有待嵌入具体成分形成短语的一类格式”，构成这种语块框架的单位成员之间具有“相互依存性”(mutual dependence)，即形成语块框架的词必须是同时出现，缺一不可，否则无法形成特定的格式意义。比如“从……到……”“先……再……”“又……又……”“连……带……”等就属于短语框架式语块。

一是句式框架式语块。这种语块是指“为整个句子搭建框架的语块”(余绮川，2008:194)。这种语块通常是由一些成对使用的关联词语组成，如“因为……，所以……”“如果……，……就……”“虽然……，但是……”“无论……，……都……”等。

二、语块的形成机制

通过上文对“语块”的界定和分类，我们基本可以确定一个多词结构是否为语块。那么语块在语言的发展过程中是如何形成的，有哪些因素限定了一个多词结构可以成为语块，只有搞清楚这个问题，我们才能确定出更多有意义的语块，从而促进语块系统的发展。

语块作为一个多词结构，但却可以被当作一个整体来记忆使用，这种合多种成分为一体的形式表现，必然是受语义、认知和语用三方面因素的制约形成的。因为语言的表达式具有“像似性”，意思就是“语言表达式在外形、长度、复杂性以及构成成分之间的各种相互关系上平行于这一表达式所编码的概念、经验或交际策略”(张敏，1998:148)。因此我们就从这三方面做进一步的解释说明。

第一，语义层面上，语块的形成受制于构成成分之间“概念联系”的紧密程度（参见张敏，1998:259)。我们知道，词和词之间只要符合语言规则就可以产生很多搭配组合形式，但是只有概念联系紧密的那种搭配形式才有可能成为语块，因为“紧密的关系是持久、稳定、较本质的关系，是在认知上较早建立起联系、认识得较充分的关系；松散的关系是临时、不稳定、非本质的关系，是在认知上较晚建立起联系、认识得不太充分的关系”(参见张敏，1998:259)。认识到这一点，我们就可以解释为什么“打电话”可以看作语块，而“接电话、买电话、修电话”等就是自由短语，因为“电话”所表示的实体概念和“打”所表示的某个动作概念的联系程度是最紧密的，而其他一些动作概念虽然可以有联系，但联系程度明显减弱。

第二，认知层面上，语块的形成则可以从“认知框架”的角度进行解释。所谓“认知框架”，指的是“人根据经验建立的概念与概念之间的关联模式，对人来说，各种认知框架是‘自然的’经验类型”(沈家煊，1999:5)。“认知框架是心理上的‘完形’(gestalt)结构，完形结构作为整体比它的组成部分在认知上反而简单，也就是容易识别、记忆和使用。”(沈家煊，1999:5)由此可见，根据认知经验把概念和概念之间的关联纳入到一个认知框架里进行一个完形的整体认知正是语块形成的认知基础。事实上我们在对一个词所表达的概念进行理解使用时，必然会激活一个认知情景，在这个激活的情景中必然包含或者涉及到其他概念要素，根据我们的认知经验，我们会确定出与这个概念关联度最高的概念要素，从而建立起一个最典型的认知框架，对这个认知框架进行描述的语言表达式就会被整体认知和使用，从而成为语块。与其他相关概念要素之间也是可以进行搭配表达的，但是由于关联度不高，因此表达这些概念关系的语言表达结构就不能当作语块来看待。如我们在使用“见面”这个词时，会涉及到见面对象、见面时间、见面地点、见面方式等很多相关要素，但是根据我们的认知经验可以很自然地确定“见面对象”是其中最重要的关联要素，因此“A跟B见面”就构成一个典型的认知框架，这个语言表达结构就被看作是一个语块，而“在哪儿见面”“几点见面”“怎么见面”这些表达形式就不被看作语块。

第三，语用层面上，使用的高频性和表达的经济性是语块形成的重要因素。一个多词搭配组合结构只有使用的频率高了，才有可能逐渐固化为一个整体性结构被记忆和使用，因此使用的高频性是语块形成的首要语用基础。除此之外，表达的经济性也是一个重要的选择因素，特别是存在几个表达功能相当而使用频率没有明显差别的搭配结构时，其中形式最为简短的搭配结构往往会优选为语块，因为这是符合语言表达的经济性原则的。“Leech（1983）在《语用学原则》一书中提出了‘经济原则’一说。他认为，语用中的经济原则指的是在所传送的信息内容不受影响的情况下减缩文本，并因此减少听者和言者在编码、解码时所花费的时间和精力，从而使言语交际变得快捷而轻松流畅。”(占彬，2007:136)如“脸色”这个词，我们可以构成“脸色很好，脸色不好，脸色苍白，脸色红润”等描述性的搭配，而且这些搭配都比较常用，但我们通常把“脸色”和“好”构成的相关搭配看作一个语块，因为“好”的肯定和否定形式就可以把其他脸色的具体情况都包括在内了，这是一个非常简洁有效的表达结构，所以首选为语块形式。

可以说语块是在各种因素的共同作用下形成的，这些因素之间也是相辅相成，相互呼应的。语义认知层面的因素是促使一个搭配结构可能成为语块的理论基础，那么语用层面的因素则真正促使这种可能变为现实。正因为如此，语块也是处于变化和发展过程中的，对于一些“准语块”我们也应该给予一定的关注，根据语言的发展变化及时地对语块系统进行丰富和补充。

三、语块词汇教学的意义

3.1 有效增加词汇量

作为语言学习来说，需要掌握足够的词汇。语块是多词结构，因此在对语块进行整体记忆和存储的时候，无形中就扩大了词汇量，而且不会增加记忆负担。“通过语块法增加词汇量不仅体现在语块记忆本身，而且在于建立在获得大量单词的基础上形成的良性循环，即伴随性词汇的增加。”(韩瑜，2007:21)

3.2 避免可能出现的偏误，提高语言表达正确性

第二语言学习者之所以会出现偏误，一个很重要的原因就是“由于许多学习者的记忆中还没有现成的能表达类似意义的地道语块，他们会受母语的影响，从记忆中提取相对应的英语单词并进行简单的组合，这样组合的结果必然会产生一些不地道甚至不可接受的语块”(李健民，2007:52)。比如留学生经常将“见面、结婚”这些词作为及物动词来使用，从而出现“我见面朋友。”“他结婚你。”这样的偏误，其出现偏误的原因应该就在于此。如果我们一开始就以“A 跟 B 见面（结婚）”这样的语块形式来教授，要求学生进行这种整体识记，应该可以大大降低这种偏误出现的可能性，从而提高语言表达的正确性。

3.3 提高言语交际的效率和话语表达能力

语块是以整体形式被储存，并在言语交际过程中被整体提取使用，这样就省去了学习者根据句法规则选择词语进行组合的过程，因此可以大大节省交际时间，提高交际效率。另一方面来说，语块不仅在形式上具有整体性，而且在语义上具有“约定性”和“习用性”(高燕，2008:10)，因此是一种语言中的地道表达形式。掌握和学会使用这些语块，自然可以提高他们言语交际表达的流利性、得体性和地道性，从而提高他们的整体话语表达能力。

四、对外汉语语块词汇教学的建议

4.1 在教材中提供语块材料

我们可以看到，目前的教材中对词汇的安排仍是以独立的单个词的形式出现的生词表，我们所能获得信息就是这些词的发音和本身的概念意义，至于这些词在语法语用方面的信息是没有任何体现的，而这些恰恰是生词学习需要最终掌握的内容，也是我们词汇教学需要讲解的内容。在教学过程中，我们都会有这样的体会，虽然每个词都是作为造句最小单位的音义形结合体，但是我们在讲解处理过程中的用力并不相同，根本原因在于这些词在语言使用过程中承担的功能是不同的。有的词偏重于语义功能，无需过多讲解，理解其概念意义即可，如“老师、学生、包子”等词，而有一些词是偏重于语法功能，我们常常需要以抽象的句法格式或规则来说明，如“得、比”等这样的词，还有一些词，我们常常是着重介绍它们与别的词的惯用搭配形式，比如“睁”这个词，我们一定是介绍“睁眼睛”这个组合搭配形式，因为这是它唯一可以形成的句法语义组合体，再比如“空儿”，我们一般都会介绍“有/没有空儿”，因为这是最惯用的搭配形式。很显然，词与词之间是存在功能性差异的，而这种搭配在我们的生词表中是没有任何体现的，因此对于学习者来说，就无法找到记忆的重点和要点。如果我们在生词表中就将这些搭配组合体表示出来，就可以更好地帮助学习者有效地理解和使用这些生词。

4.2 教师加强语块的讲解和操练

尽管目前教材中的生词表并未提供明确的和足够的语块材料，但是我们的对外汉语教师在生词讲解时还是体现了语块的思路和方法，基本上都是会把词语最经常搭配的形式告知学生，只是这种语块教学的方法还不够突出和强化，这就导致了学生对语块的关注度和重视度也不够。因此在以后的教学中我们应该更加有意识地采用这种方法，加大语块教学的力度，将词以语块的形式进行重点讲解和训练。当然，我们应该首先将其可能形成的语块形式告诉学生，然后结合具体的语境通过实例进行讲解，使学生加深对语块意义和表达功能的理解，在此基础上采取各种练习方法进行操练，除了控制性的练习以外，我们可以进行一些任务式的练习，使学生在输入的基础上可以正确地输出和使用。

4.3 学习者形成识记运用语块的习惯

学习者应该改变传统死记硬背单词的习惯，对于一些重要的词以语块的形式进行识记，在言语交际中也有意识地运用语块来表达。久而久之，就可以形成“自动化”的过程，逐步向目的语靠近。

五、结语

语块理论的提出，一个最大的贡献就是打破了传统的词汇范围，也就是说词汇的研究不仅仅局限在词和相当于词的固定结构，还包括这些“同现频率较高，形式和意义较固定的大于单词的结构”(罗庆，2008:42)，这样就进一步打开了词汇研究的视野。

语块作为语法、语义、语用的结合体，因其整体记忆和使用的特点，表现出了极大的优势，因此有必要在我们的词汇教学中引起重视。但同时我们也应该看到，并不是每一个词都可以形成语块表达结构，而且即使是可以形成语块的那些词，我们也应该是选择典型的语块进行讲解和介绍，而不是将语块无限扩大化。本文只是粗浅地介绍了语块的相关理论，并对语块在对外汉语词汇教学中的作用及操作进行了一定的说明，希望能够对我们目前的词汇教学有所启发和帮助。

参考文献

1. 邓之宇．二语语块的语用功能初探．琼州学院学报，2010(3):158-159.
2. 韩　瑜．语块法的对外汉语词汇教学．文教资料，2007(10):21.
3. 李　慧．现代汉语“V 单 + NP”语块研究．北京语言大学，2008.
4. 李健民．语块及其教学的认知研究．成都大学学报（教育科学版），2007(10):52-54.
5. 罗　庆．汉语口语常用语块的特点及其对第二语言教学的启示．湖北大学成人教育学院学报，2008(6):41-43.
6. 亓文香．语块理论在对外汉语教学中的应用．语言教学与研究，2008(4):54-61.
7. 沈家煊．转指和转喻．当代语言学，1999(1):3-15.
8. 苏丹洁、陆俭明．“构式—语块”句法分析法和教学法．世界汉语教学，2010(4):557-567.

9. 严维华．语块对基本词汇习得的作用．解放军外国语学院学报，2003(6):58-62.
10. 余绮川．认知框架下的语块研究．重庆科技学院学报（社会科学版），2008(7):194-195.
11. 占　彬．从语用学的角度看言语交际中的语言经济性．中南民族大学学报（人文社会科学版），2007(6):136-137.
12. 占　赢．论预制语块教学对二语习得的作用．黄石理工学院学报，2009(2):72-75.
13. 张　敏．认知语言学与汉语名词短语．中国社会科学出版社，1998:148，259.
14. 张荣丽．词汇的“语块”性特征及其对外语教学的启示．成都理工大学学报（社会科学版），2008(3):111-114.
15. 周　倞．对外汉语语块研究——以《汉语水平词汇等级大纲》为例．华东师范大学，2009.
16. 周正钟．语块教学法：语言教学新模式研究．外语艺术教育研究，2010(1):64-66.

从《两岸现代汉语常用词典》看近十年两岸语汇发展

黄小玉

中华语文出版社

一、前言

在绵延不绝的历史长流中，有些人掌握历史的脉动，有些人刻画近代中国的面貌，有些人则在改朝换代中继往开来。六十年在历史记忆中不过一瞬间，但对生活在海峡两岸的我们，却具有不平凡的意义。亲身经历六十年两岸风云际会的大时代，同时也见证了大陆国际化和台湾边缘化的矛盾、挣扎和抉择。

中国的近代史有两个很重要的年代，一个是 1949 年，一个是 1987 年。

1949 年是天翻地覆的一年，国民政府退守台湾，中共在北京建立中华人民共和国，形成以台湾海峡为界两岸分裂的两个政治实体。同年 5 月 20 日，台湾宣布戒严。

1987 年 7 月 15 日，台湾的蒋经国先生解除了长达三十八年的戒严，台湾恢复民主政治发展的常态。同年 11 月 2 日，经国先生宣布有条件开放两岸探亲。这一个重大政策，为两岸打开第一扇门，走出和解的第一步，也结束两岸长期隔绝的状态。

2001 年 11 月，开放大陆人民来台观光。

2003 年 10 月，中华语文研习所《两岸现代汉语常用词典》（简体版）在北京出版。

2006 年 10 月，中华语文研习所《两岸现代汉语常用词典》(繁体增订版）在台北出版。

2011 年 1 月，开放陆客来台自由行。

两岸社会交流，早期主要是台湾民众返乡探亲，后期扩大为旅游观光及学术交流；近年来，大陆民众来台旅游人数逐年增多，限制也逐渐放宽。另一方面，两岸人民通婚频繁，大陆地区配偶申请来台居留或定居的人次自 1987 年开始至 2013 年为止已逾二十万。大陆也修改大陆居民赴台湾地区旅游管理办法，逐步放宽大陆人士来台观光，使大陆人士来台旅游人数逐年增多。据台湾观光局 2013 年来台人士统计，大陆地区计 2,874,702 人；港澳地区计 1,183,341 人。

综观两岸际遇，经过六十年的试炼，血的代价，台湾从风雨飘摇中走向康庄大道，大陆历经动乱终于跻身于世界强国之林，举足轻重之国际地位更甚于中华民族历史上的任何一个朝代。能够身为一个中国人，是多么值得高兴和值得珍惜的事。无数英雄人物左右历史潮水的涨退，同时亦在动荡岁月中留下足迹。长夜无寐后，彷佛有一种声音，不断地回旋与询问：两岸的语言文字在历史的缺憾中，演化成繁体字和简体字、台湾用语和大陆用语，从文化的层面看，是喜？还是叹？如果将缺憾看成是局部的完美，离别的终要重逢；两岸的语言文字也在风云际会中蜕变她的繁华和美貌，如孔雀开屏般绚烂夺目。

二、《两岸现代汉语常用词典》编纂缘起

中华语文研习所创办人何景贤博士多年来从事汉语研究，接触两岸语文学术交流感受最为深刻。自 1993 年起，为致力促进两岸的语言融合四处奔走。1994 年，在台北圆山大饭店成功召开了第一届“两岸汉语语汇文字学术研讨会”。1995 年，在北京举办第二届语言文字研讨会。在研讨会的最后一天，有个经典画面，何景贤先生当着两岸三地全体教授说：“我已经看到《两岸词典》就在桌子上了。”

北京语言大学与中华语文研习所共同为这个宏大的愿望及增进两岸学术文化交流而努力，于 1995 年 12 月 18 日由两单位领导杨庆华先生与何景贤先生代表两校共同签署合作编纂《两岸现代汉语常用词典》计划，邀请两岸语文教育专家学者，分别于北京、台北设立词典编辑室，展开编写词条工作，其间历经多次协商沟通、交互审查；台北词典编辑室曾于 1997 年 7 月底派主编李鍌教授、副主编戚其璇主任访问北京，进行工作交流，沟通编纂意见；并于 1998 年 9 月 15 日

邀请北京语言大学杨庆华校长暨主编施光亨教授、副主编张维教授等一行三人来台参加《两岸现代汉语常用词典》终结审查研讨会。

本词典由两岸专家学者合作编写，涵盖了两岸词形、字形、字音、字义，确是一部科学的语文工具书，且有历史价值，堪称两岸学界智慧、魄力、远见的结晶，为世界华人与外籍人士提供文化交流的准绳。

回首来时路，在确定词目的过程中，两岸编纂人员秉持谨慎、客观的态度，大陆方面的收词依据是大陆最具权威的《现代汉语词典》、“HSK 汉语水平考试”频率词表、《新词新语新用法词典》以及中小学语文课本等各种信息数据；而台湾方面以《国语词典简编》及《国语日报词典》为主要蓝本，再参酌坊间出版之各大现代词典十余册与中华语文研习所出版的对外汉语教材等数据，制成词目表，最后两岸各自完成之词目表依据选词原则，经比对筛选、相互审订、增补删减之后，《两岸现代汉语常用词典》中的词目才告确定。

《两岸现代汉语常用词典》最终完成了 260 万字内容，涵盖 8000 个汉字、45000 条词条，大陆通用的有 1300 条，台湾通用的有 1000 条，加起来只占总词条的 5%。45000 个条目中有 42700 条完全一样的。也就是说 95%的条目是共同的、一致的。

三、2003 年大陆简体版与 2006 年台湾繁体增订版的差异

1. 为符合台湾的生活习惯和用语，台湾版增录本地汉字及词条，台湾读者可作为一般性国语词典使用。因此 2006 年版兼具双重功能，既是国语词典也是两岸对照词典，这是台湾版最大的特色。

【例 1】乂，惩戒。(P4)

【例 2】卬，姓。(P13)

【例 3】冬，状声词。击鼓的声音。(P315)

2. 大陆版和台湾版已同步收录的（台湾特有词条），大陆版中文解释简要，而台湾版的中文解释比较详细。此类词条甚多，余则类推。

【例 1】反圣婴现象

大陆版：圣女现象。(P286)

台湾版：一种大规模的海洋和大气相互作用的现象。由于东太平洋海水水温、水位较常年平均值下降，导致全球性气候异常变化，给人类带来一定程度的灾害。也叫圣女现象。(P373)

【例 2】飞弹

大陆版：同“导弹”。流弹（P297）

台湾版：装有弹头，并能依靠自身的动力装置推进，或由制导系统导引，射向预定目标的高速飞行武器。种类很多，按射程可分为近程、中程、远程、洲际飞弹。可从地面基地、舰艇、飞机上发射，攻击地面、海面、空中的目标。流弹（P388）

3. 2004 年开始，台北编辑室汇聚各方意见，尤其是国际媒体、学术团体及美籍汉学专家等的建议，重新增编两岸最新流行用语，并列出拼音及英文说明部分，为有兴趣及有需要的各界人士提供中英对照表。

4. 【增补词条范例】

▲【暗砍/暗砍】ànkǎn〈台语〉。私藏，掩饰，掩藏，蒙混，中饱。〈colloquial〉keep for oneself, keep from others [Taiwan Minnan dialect àm-khàm]

▲【拨机/拨机】bōjī 以调制解调器或网络服务器等设备拨号上网。〈Internet〉dial-up (e.g., Internet connection)

★【播客/播客】bōkè 透过网络最新技术（ipodder 软件及 MP3 播放器）将自己制作的节目上传，从而成为广播的主动参与者或群体。个人通过互联网发布信息的方式，需要借助于博客/播客发布程序（通常为第三方提供的博客托管服务）。podcast（网络自动广播）全英文是 personal optional digital casting。〈Internet〉podcast

【非典/非典】fēidiǎn 一种传染疾病，严重急性呼吸道症候群（SARS）。是由动物传染给人类，衣原体和冠状病毒可能在人与动物的接触过程中，发生交换、重组、杂交等，进而引发疾病，重则致命。atypical pneumonia, severe acute respiratory syndrome, SARS (abbreviation for 非典型肺炎)

5. 在词典的使用功能方面：大陆版以简体部首为检索，台湾版则同时提供注音符号及汉语拼音两种检索模式，方便不同需求的读者查询。

2006 年 10 月，《两岸现代汉语常用词典》(繁体增订版）出版之后引来众多产、官、学界的关注，因为台湾版词典增收的新词新义中，有不少来源于两岸的流行词汇，例如顶客族、蹦迪、做秀等。甚至“二奶”“不沾锅”“四不一没有”这样敏感的词条也一并收录到词典里，在两岸传统、严谨、正规的词典编辑体系中可谓为一种大胆的突破与挑战。

例如，“不沾锅”（见 1988 页）原指一种锅子。这种锅子不容易沾油、好刷洗，不会把肉、蛋烧焦黏在锅底。现在则把“不沾锅”的这种不沾东西的特性引申指人的性格，指某人对任何事情都不太关心、不会深入地去介入某事、不会明白地表达他的立场，不管好坏都跟他没关系。台湾甚至把这种个性特质与某些政治人物画上等号。“不沾锅”这个封号，对一个政治人物而言，不全然是称赞，甚至是略带着贬义和挖苦！“不沾锅”这个词条虽未被归类为学术殿堂正统规范的词汇，却是民间应用广泛的新流行语。台北词典编辑室为了反映社会的快速变化，大胆地收录了很多民间流行词汇。举例说明如下：

新事物：二奶、蹦迪、蹦极、做秀、叩应、网咖、信用卡、八点档、便利贴、打电动、电浆电视、因特网、液晶电视。

新观念：超～、保育、草莓族、达人、哈日、过气、机车、上线、E 世代、F 世代、W 世代、八年级生、白色污染、蝴蝶效应。

科技新发展：软件、拨机、播客、博客、部落格、彩信、短信、夹带、宽带、基因工程。

外来语：酷哥、欧吉桑、波波族。

简称 / 缩略：彩电、奥委会、董座、国亲、国科会、三个代表。

闽南语词汇：A、K、LKK、Q、拼、抓狂、鸭霸、硬拗、知影、阿达、阿嬷、暗砍、拗、伴手、绑桩、闭俗、角头、两光、碗公、啥米、雄雄、歹势、冻蒜、铁齿、透透、吐嘈、艋舺、澎风、撇步、呛声、秀逗、大稻埕、福佬人、好野人、活跳跳、水当当、死翘翘、五四三、皮皮剉、西瓜效应、有的没有的。

港台词汇：扁、挂、哈～、按揭、资深、爱玉、八卦、废省、冻省、跛鸭、唱衰、感冒、阁揆、狗仔、很瞎、花枝、龟毛、卡奴、乐透、民宿、铁票、推甄、援交、包二奶、不沾锅、火星文、基本盘、涮涮锅、甜不辣、王老五、压马路、钥匙儿、一夜情、紫微斗数、槟榔西施。

地方方言：买单、胡吣、歇菜、扎堆（儿）、排叉儿、姑娘儿。

专业术语 / 行业语：点击、定位、转轨、轧票、擦边球、核不扩散、金砖四国、京都公约、南水北调、全球暖化、新老交替、新文艺复兴、环境无害化。

外语借词：黑客、寻租、人气、IF 族、链接、～桑、西芹、血拼、野寇崽、粉丝、柏青哥、克隆羊、顶客族、荷兰豆、卡哇伊、西兰花、伊妹儿。

俚语 / 成语类：揣摩上意、从古至今、话中有话、杜悠悠之口、一个巴掌拍不响、一个头两个大、赔了夫人又折兵、船到桥头自然直、金玉其外败絮其中、哪壶不开提哪壶、搬石头砸自己的脚。

大陆新词汇：职介、正装、出台、到位、高发、怪圈、海待、海归、海选、瞒报、落实、蒙登、人均、设租、四化、堂吃、下发、套瓷、申奥、小蜜、小资、学段、硬盘、有戏、黄金周、会来事、解放军、公交车、纠风办、领头羊、驴打滚、什刹海、中关村、先农坛、一根筋、奔小康、一步到位、三资企业、政协委员、往心里去、数码相机、磁浮列车、竞争上岗、对不上话、经济适用房、油电混合车。

医药生化：煞、非典、奈米、伟哥、传染源、带原者、二恶英、干细胞、禽流感、威而钢、伪阳性、乌脚病、伊波拉病毒、人类基因工程。

政治性：反分裂法、黑金、换轨、蓝营、绿营、票仓、弃保、统独、小三通、江八点、海基会、海协会、两国论、三个代表、两弹一星、四不一没有、一边一国、一国两制、基本教义、靖国神社、九二共识、后冷战时期。

财经类：涨、配股、减仓、看盘、寻租、央行、交易日、金管会、金融卡、现金卡、卡债族、套头交易、外汇存底、夏普指数、衍生交易、亚太经合组织、永久性正常贸易关系。

《两岸现代汉语常用词典》的出版正如AIT美国在台协会中文学校麦恒溢校长于2006年10月新书发表会上的评论：本词典为华语词典编纂中的一次大跃进，它为世界上两个主要华人社会提供更精确、更完善的沟通平台，两岸专家学者的合作是一个划时代的里程碑。

四、近十年两岸语汇的发展与融合

《两岸现代汉语常用词典》自2003、2006年简体、繁体版相继面世之后，随着两岸交流日益频繁，两岸词汇也不断在融合，越来越多的台湾词语也进入了大陆的常用词汇中。另一方面，台湾也吸收了不少大陆的词汇。自1995年12月18日由两单位领导杨庆华先生与何景贤先生签署编纂两岸词典合作意向书迄今，18年前两岸词典编辑群的主要目标是“求同存异、异中求通”，时序走入2014年，面对两岸语言文字“大同小异”的现实，编辑群已具体落实了当年编纂两岸词典的理想与精神。

特别是最近几年，两岸新词语通过各种渠道被对方吸收了一小部分，随着不同意识形态的存在和社会发展，两地的新词语还在不断地产生。另一个可喜的现象是，近年来海峡两岸的新词新语通过各种渠道在互相渗透，而“软件”“光盘”“落实”等大陆人非常熟悉的词语也常见诸于台湾书报。

语言，是人类交流的工具。语汇永远在变化中，不可能只停留在某一时空中不发展。汉语热，反映了世界各国对中国的浓厚兴趣。中国于1979年实施改革开放政策后，正百里跃进走向世界，在国际社会政治、财经、文化、艺术、教育、科技、体育等各领域发挥着举足轻重的影响力。2008年北京奥运会、2010年上海世博会更成功地将中国往前推进，全球正在聆听及关注中国所发生的一切。很显然想要更深入理解中国，学习汉语是一条必要的路径。

汉语的基本词汇，无论两岸四地或其他华人社会，都大致相同。两岸词汇因各具特色，相对也丰富了华人共同语言。两岸的交流日益进步，人民沟通与往来也日益频繁，地区性词汇随着文化交流、观光旅游、信息传播等互相影响。

到目前为止，两岸语言某种程度的融合，主要是通过台湾和大陆两岸用语同时改变而实现的。两岸人民在语言交流时会产生一些误解也是很自然的。有些词条从字面上看不出差别，但内涵却有所不同。如“高考”在台湾指公务人员的考试，在大陆则指高等学校招收新生的考试。还有一些常见的，带有学术性或专业性的词语，两岸的理解角度与深度也不尽相同。

五、前景与未来

在两岸近十年的高度交流与密切合作中，我们发现了四个可喜的现象。

第一，五十年来两岸在全球推广普通话和国语方面都做了大量的工作，也取得了显著的成绩。普通话和国语是同一个事物的不同说法，它们各自展现自己的优点和全球影响力。

第二，两岸的词汇正透过各种渠道互相渗透、快速融合。大陆宫廷剧在台湾的流行和深化，活跃了语言的交流和社会化程度。台湾新闻媒体普遍大量引用大陆词汇，加速两岸语汇的传播与融合。

第三，网络的发达帮助了全球爱好中文的外籍人士理解两岸人民使用的共同语及地区语言不同的差别。

第四，出版文化的影响。为了增进台湾民众对大陆文化和用语的了解，近十年岛内两岸语文工具书出版活络，跃上了畅销书之列，两岸人民更有效融入彼此生活圈。两岸流行语不但是内地与岛内最真实的社会写照，而且已成为台湾国语辞书上的新增词汇。国语辞典增订“繁简体速查检索”及“国语注音、大陆拼音对照”，已是辞书必要之内容。其读者从社会人士到低中高三个年级的孩子皆有之，或者标注“本书依台湾‘教育部’审订编辑，内附简体字”、或“本书依台湾‘教育部’《一字多音审订表》标示，单字附注汉语拼音……”，以上在于说明两岸语言文字的互即互入如春雨润物细无声，正悄悄地深入老百姓的实际生活。

六、结语

两岸有历史的渊源、有文化的背景，文字虽有繁体、简体之别，部分词汇语意也有不同，例如台湾的“窝心”是指欣慰、舒服，大陆是指揪心；台湾的“脱产”语意为逃避债信，大陆却是离开生产单位。随着两岸交流日益密切，台湾和大陆常用词汇的差异性越来越小，也靠得更近一些。简化是汉字演变的历史规律，叶落九州、根同一处，无论是“由简识繁”或“由繁识简”都无碍于两岸血浓于水的民族情感和事实。

北京语言大学与台北中华语文研习所合编的《两岸现代汉语常用词典》从1995年走到2014年，新的词汇持续被创造，过时的会被摒弃，不准确的将被修正。期盼透过这些努力逐渐缩小两岸语言文字歧异，尽扫五十年来种种分离间隔，这些努力对世界华人和国际友人的寻根溯源与认同，更能产生莫大帮助。欣幸此辉煌巨典已为国家、社会与中华民族克尽历史性的文字薪传。

谨此对于所有曾参与《两岸现代汉语常用词典》编纂的语文教育学者、专家、相关工作同人多年来的支持、尽责与劳心劳力，致以由衷敬意，并欣见两校终能共同完成此一历史性的创举与使命。

参考文献

1. 清华大学、中华语文研习所合编．两岸对外汉教心得论坛．中华语文出版社，2011.
2. 陈 冰．最新简繁体字对照手册．德威（吴氏代理），2005.
3. 陈佳君，张孝裕．小学生国语辞典．三民书局，2014.
4. 陈琪琪，王南杰．一国两字，两岸用语快译通．大都会文化事业，2004.
5. 陈 慎．简繁体对照速查表．三远文化，2006.
6. 大陆委员会．大陆用语检索手册．1996.

7. 邓守信．远东汉字三千字典．远东图书，2013.
8. 方雅枌，王义忠．学生常用华文字典．企鹅图书，2008.
9. 龚恒姅．标准国语词典．西北国际，2009.
10. 光田编辑．国语辞海．光田出版社，2012.
11. 国语辞典编辑委员会．中华活用大辞典．世一文化，2012.
12. 何红年．实用繁简体字手册．台湾商务，1999.
13. 何景贤．两岸现代汉语常用词典．中华语文出版社，2006.
14. 黄　健．两岸三地随身查简繁体速询手册．万人出版社，2005.
15. 黄锦铉．中文繁简速查字典．旺文社股份有限公司，2008.
16. 康照祥．两岸词语实时通．原色文化，2008.
17. 李　刚．两岸三通，用语也要通．好的文化，2008.
18. 李行健，曹聪孙，云景魁．大陆新词新语 8000 则．五南出版社，1998.
19. 刘晓华．简体字一本通．大吉出版，2006.
20. 苏胜宏．两岸常用语汇对照表．华志文化，2012.
21. 王进祥，岳喜平．正编简体字手册．原色文化，2009.
22. 王晓寒．大陆流行语．正中书局，2004.
23. 王永兴．最新繁简体对照手册．俊嘉文化，2009.
24. 旺旺编辑．中华繁简辞典．旺旺出版社，2010.
25. 徐红进．最新两岸用词差异对照手册．灵活文化，2008.
26. 杨　萍，朱　宇．最新两岸用语速查 1600. 汉宇出版社，2008.
27. 张天惠．现代中国用语词汇．文经社，2008.
28. 竺家宁．词汇之旅．正中书局，2009.
29. 邹嘉彦，游汝杰．21 世纪华语新词语辞典．丽文文化，2008.

对外汉语成语教学

——以汉日同源成语为例

王　薇

中华语文研习所大连校

一、日本留学生汉日同源成语习得偏误分析

由于汉语成语本身在结构、语义、语法功能、句法功能、入句条件等方面的复杂性，加之受学生母语语内干扰产生的过度泛化现象，以及本族传统文化和思维方式的影响，在学生汉语成语的习得和使用过程中，尤其是高级学生的成语表达中，容易出现各种形式的偏误。从成语语料的整理和分析来看，日本留学生出现的成语偏误类型主要有语义偏误，语法意义、句法功能偏误和语用偏误。

1.1　语义偏误

准确理解和把握语义是正确运用成语进行表达的前提。汉语中有一小部分成语，其字面意义与实际表达的意义是相同的，这类成语易于理解，并且容易掌握及使用。但还有大部分成语在长期使用中其实际意义通过引申或者比喻的手法，变成了更为抽象、概括的含义。在汉语成语传播到日本的过程中，由于受到各种因素的影响，有些语义产生了偏离，有些则完全改变了原来的意义。语义偏离的句子中所使用的成语，虽然有时可以让我们明白学生的想法，但是却与学生要表达的客观对象不符。

1.1.1 语义有重合也有偏离的成语

1. 青天白日

例【1】今天我心里有青天白日的感觉。

汉：形容晴天白昼的景象。也指极其鲜明，谁都可以看到。

日：「青天白日」一、よく晴れ渡った天気。二、心にいささかも後ろ暗いところがないこと。三、無罪であることが明らかになること。（一、晴朗的天气；二、心里没有不安，没有隐藏的事情；三、无罪的，证明清白的。）

“青天白日”在汉语和日语里的原义相同，都是指晴朗的天气，但现在汉语里常用的意思是“谁都可以看得到”，例如：“这么一大把年纪了，还不熄火，搞什么搞？青天白日的，跑到我们公司来撒野，打了我们老总还不道歉。”而学生的句子所想表达的意思是心里没有隐瞒的事情，汉语中“青天白日”则没有这层含义。

2. 是是非非

例【1】他是个实在的人，对于什么事情，他意见一定要是是是非非的。

例【2】这件事情的违法性是是是非非的。

汉：把对的认为是对的，把错的认为是错的。比喻是非、好坏分得非常清楚。现在指世间纠结在一起的好的事物与坏的事物。

日：「是是非非」よいことはよい、悪いことは悪いと公平な立場で判断する事。（根据公平、公正的立场判断事情）

例【1】学生想表达的意义是站在公正的立场上判断事情，分清楚黑白，对是对，错是错。例【2】学生想表达的意思是违法性非常明显，而汉语中的“是是非非”现在不表示判断的含义，指世界上相互关联的好的和坏的事物。例：“加泰罗尼亚斗牛联盟等组织的强烈反对，再次在西班牙掀起讨论斗牛是是非非的波涛。”

3. 一刀两断

例【1】他很聪明，那么复杂的问题也一刀两断地解决了。

例【2】老板把他们一刀两断地开除了。

例【3】他是一个新来的老板，他过来后，他把腐败的规定一刀两断了。

汉：比喻坚决地断绝关系。

日：「一刀両断」一、ひと太刀で、まっぷたつに断ち切ること。二、すみやか、はっきりとした処置をとること。（一、切断；二、马上、干脆地处理。）

汉语中的“一刀两断”的词义重点不是动作，而是表示一种结果，强调一种态度。现在比喻坚决地断绝与某些人、某种状态的联系。

4. 千军万马

例【1】他已经来了，我们的形势有利展开，千军万马来了。

汉：形容兵马很多，队伍雄壮，或声势浩大。

日：「千軍万馬」一、多くの軍兵と軍馬。二、戦闘の経験が豊富であること。転じて、社会経験などを多くつんでいること。（一、大量的军兵和军马；二、战斗经验丰富，社会经验丰富。）

日语的「千軍万馬」有经验丰富的含义，因此学生想用“千军万马”来描述他经验丰富，但是汉语里“千军万马”并没有这层含义，如果要说一个人能力强、有经验，可以说“他一个人顶得上千军万马”。

5. 天衣无缝

例【1】她的性格算是天衣无缝，大家觉得又自然，又可爱。

汉：神话传说，天仙穿的衣服，不要针线制作，没有缝儿。比喻事物完美自然，没有破绽。

日：「天衣無縫」一、天人の衣服には縫い目がないこと。転じて、詩や文章などに、技巧のあとがみえず自然であって、しかも完全無欠で美しいこと。またそのさま。二、天真爛漫なこと。また、そのさま。（一、文章或诗写得自然、完美。二、指人天真烂漫。）

汉语的“天衣无缝”和日语的「天衣無縫」语义上有重合的地方，即都有完美、自然的意思，但是汉语的“天衣无缝”没有天真烂漫的意思。此处属于语义偏离的情况，即汉语成语的意义与学生所要表达的客观意义不相符合。

1.1.2 语义基本不同的成语

1. 朝三暮四

例【1】那个人很笨，相信了那件事变好了，可实际上没变，是朝三暮四的。

例【2】老板回答的内容朝三暮四，服务员的工资其实跟以前一样。

汉：原指玩弄手段进行欺骗。后比喻常常变卦，反复无常。

日：目の前の差異にこだわって、結果が同じになることに気づかないこと。また、ことばたくみにひとをだますこと。（只看眼前的差异而没有发觉结果的不变；巧妙地骗别人。）

汉语的“朝三暮四”原来的意思是欺骗，但现在已经淘汰了原有的含义，现常用来表示反复无常，例如“因为越来越多的人对伊战表示疑虑，但克里朝三暮四的言论却显示了其性格的软弱”。而日语里仍保留了原有的意义。

2. 落花流水

例【1】那幅画表达落花流水。

汉：落的花随着流水漂去。原形容衰败的暮春景象。后比喻零落残乱或惨败的情景。

日：一、散り落ちる花と流れる水。二、男女が互いに思う気持ちがあれば、両方に気持ちが生まれて、互いに思い合うことになるというたとえ。（一、凋落的花与流水。二、男女之间互相想对方的话，会互相萌发感情。）

汉语中“落花流水”原来的意思是凋谢的花和流水，但现在常用的是它的比喻义；而日语的「落花流水」虽然也有了引申义，但仍保留了该成语的原义。

1.2 语法意义、句法功能偏误

从一般意义上来说，成语也可以被看成词，因此成语也具有词性的问题。从语法功能上划分，成语大致可以分为体词性成语和谓词性成语。体词性成语一般表示某种事物，或者代替某种概念。谓词性成语可表示动作行为、性质、状态等。体词性成语和谓词性成语在句子中所充当的成分是不同的。体词性成语一般可充当主语、宾语和定语；谓词性成语又可划分为动词性成语和形容词性成语。动词性成语一般可充当谓语，有时做状语；形容词性成语一般可充当谓语、定语和补语。同时由于成语内部的组合关系、语义、语法功能都比词复杂，所以入句与其他成分组合时要受到诸多限制。成语的语法功能还具有一定程度的特殊性，比如一般的成语在句子中充当一种或几种句子成分，但是有的只能独立成句，有的只能做插入语，有的只能作为引证语使用。

1.2.1 搭配偏误

1. 主语和谓语搭配不当

例【1】那个客人的态度旁若无人，真让人不愉快。

例【2】他说在美国大家会这么随便说意见，可我想他的态度有的时候只是旁若无人的。

“态度”和“旁若无人”不能搭配。“旁若无人”的主语常常是人，而不能是态度。例：“10 岁的迪迪尽管在几位竞争者中年龄最小，却显得最沉稳，旁若无人地坐在地上喝水。”“他仿佛旁若无人，聚精会神地在看一本书。”

2. 修饰语和中心语搭配不当

例【1】指挥官用千军万马的军事力进攻敌国了。

“千军万马”不能修饰“军事力”，它常做主语，一般不做定语。例：“当大海涨潮时，如同千军万马奔驰而来，使人感受到大自然的威力。”

1.2.2 句法功能偏误

例【1】我和丈夫从小时候认识，是青梅竹马的。

“是……的”句属于判断句式，主要有两种：第一种“是……的”句用来强调过去的时间、地点、方式等；第二种用来表达主观评价，或者叙述、描写。由于要表达判断的含义，因此用在第二类“是……的”句中的谓语通常是动词性或形容词性的。

“青梅竹马”在句子中常做谓语。例：“四个人从小青梅竹马，结成夫妻在他们看来是顺理成章的事。”“他与前妻青梅竹马，小学、中学、大学，都在一起。”

例【2】大家都关心他的举手投足。

“举手投足”常用在“（在）举手投足间”结构中，或用在句子中做主语，一般不做宾语。

“才下跳台，又上领奖台，田亮举手投足间都流露出明星气质，赢得了观众的喝彩声。”[“（在）举手投足间”结构]

“除了学习舞蹈技巧，演员的举手投足，甚至每个眼神都要经过严格训练，最终成为标准的‘小白桦姑娘’。”（做主语）

例【3】他的性格比较豪爽，说话单刀直入。（此句把“单刀直入”当作了补语）

“单刀直入”在汉语中常做谓语，或在动词前做状语，很少用在动词后做补语。

“作者在某些章节中运思相当深刻，抓住问题核心，单刀直入，有以少胜多、举一反三之妙。”（做谓语）

“一些学员当着教官雷敏、兰飞燕的面单刀直入地问：‘反抓对方的一只手腕，另一只手难道就不能动？’”（做状语）

例【4】他的能力很强，自力更生重新开始了。

“自力更生”常做谓语，有时做宾语、定语，一般不做状语。

“大家也要发扬自力更生、艰苦奋斗的精神，依靠自己的辛勤劳动逐步改变面貌。”（做定语）

“在国家和发达地区的大力支持、帮助和支援下，发挥自身优势，自力更生，奋发图强，不断增强自我发展能力。”(做谓语)

1.3　语用偏误

我们在教学中经常发现，虽然学生已经理解了成语的含义和语法功能，但是造出来的句子仍不符合中国人的习惯，归根结底是对语用条件的不了解，即不知道在什么情况、什么场合下，用什么词语合适。语用偏误体现在语义轻重、褒贬色彩、以及语体色彩等方面。

1.3.1　语义轻重

成语体现了民族意识，也体现了文化背景的差异。不同文化背景下的同一成语，语义轻重有所不同。

例【1】他为了得到这个目标粉身碎骨地学习了。

例【2】为了故乡的发展，我甘愿粉身碎骨。

汉语的“粉身碎骨”常用于比较正式和庄重的为正义事业而牺牲的场合，语义非常强烈；而日语的“粉身碎骨”的语义比汉语轻得多，日常的学习、工作都可以用。

1.3.2　褒贬义色彩

成语中包含着丰富的历史和文化色彩，也反映了一个民族的价值观念，很多成语都具有明显的感情色彩。

例【1】我想向他学习怎么明哲保身。

例【2】大家都认为如果他当经理的话，他明哲保身地经营事业，公司安泰。因为他很聪明，判断很正确，知道防备危机的办法。

中国传统文化历来重视与人为善，助人为乐，“勿以恶小而为之，勿以善小而不为”，而鄙视那种为了自己的利益而不顾原则的人及行为，因此“明哲保身”在汉语里具有鲜明的贬义。而日语中没有这样的消极的感情色彩，如果教师在教学过程中没有提醒学生注意，或者学生忽视了它们感情色彩的差异，就会出现这样的偏误。

1.3.3　语体色彩的偏误

汉语书面语和口语的词汇差别经常会给留学生造成理解和掌握上的困难。汉语成语具有典雅的语体色彩，一般用于比较正式的场合，比如讲话、致词以及书面语体等。同一语境、同一句子，语体应该保持一致性。学生如果不了解成语语体的高低，就容易出现语体色彩方面的偏误。

例【1】同学们学得挺认真的，他们天天相互切磋琢磨。

“挺……的”“天天”常用于通俗易懂的口语语体中，而“切磋琢磨”通常用于书面语色彩较重的语境里。

从上述对成语偏误的类型分析中可以看出，日本学生出现的成语偏误中，数量最多的是语义偏误，其次是语法、句法功能偏误，语用偏误。究其原因，主要还是汉日同源成语大都字形相同或相近，越是相近的语言越不容易记忆，也正是这种形式的相近容易使学生忽略汉日成语的差异，从而产生偏误。

二、对对外汉语成语课堂教学的几点建议

通过上述的对比以及偏误分析，我们知道对于那些与日语意思相同或相近的成语，教学重点应该放在该成语的句法功能、使用条件上。而对于那些与日语成语语义有偏离或者完全不同的成语，则应把重点放在对语义差异的说明上。这样才能做到有的放矢，提高教学效率。因此我认为在汉日同源成语的对外汉语教学中应注意如下几个方面：

2.1 将对比分析和偏误分析贯穿始终

汉语和日语两种语言都使用汉字，这是最大的共同点。从学习汉字和词汇的角度来看，学生往往容易注意到两种语言的相同点，而忽视它们的差异，这是产生偏误的重要原因之一。通过对比，可以让学生了解到两种语言的共同点和不同点，引起他们的注意，使他们能够逐渐抵御母语的负迁移作用。而避免偏误的有效办法之一是先把学生可能出现的偏误列举出来，在对比的基础上进行偏误分析，有针对性地多做练习，巩固记忆。如果在讲授一个新成语时，能把该成语跟对应的日语成语的差异清楚地揭示出来，那么将有利于学生掌握和运用该成语，也将有利于减少偏误的发生。

2.2 加强语义分析

虽然我们在前面说过，大多数成语的字面意义不等于实际意义，但这并不是说成语的字面意义就不重要。成语的实际意义也都是在原义的基础上，通过引申、比喻得到的，因此，新产生的意义与成语本身的含义是存在着内在的联系

的。通过讲解成语中各个语素的意义，可以使学生更容易掌握整个成语的含义，也更容易理解它的引申义、比喻义、附加义等。

2.3 重视语法意义、句法功能

教学实践证明，由于对成语的语法意义不了解，学生常在语法结构、句法功能等方面出现偏误。在教学中，教师可以通过多给例句，把成语的句法功能以及入句条件、限制等揭示给大家，这样可能会达到事半功倍的效果，尽量避免偏误发生。也可以将一些相对固定的搭配介绍给学生，比如“举手投足”与“间”，“说话”与“颠三倒四”等。这样既有助于学生记忆，又能有效地避免偏误。

2.4 重视语用教学

语体有高、低之分，汉语成语一般属于高语体，常用在比较正式的场合中。教师在教学过程中，应该强调成语的“高语体性”，提醒学生注意成语的使用场合和条件。此外，成语的情感色彩也是一项重要的教学内容，要把褒贬义作为成语的一个主要方面来讲解，要避免出现学生只了解成语的概念意义，却不了解其情感意义的情况。

2.5 重视语境教学

由于成语本身的复杂性等一系列原因，要想学好和用好成语，不是一件容易的事情。单纯的语义讲解并不能明确成语的语法特点、搭配范围等，而这是学生容易出错的地方。因此教学中可以采用成语搭配的方法，指明某个成语常常和哪些词搭配，这样不仅便于记忆，而且也有助于推断成语的含义。通过例句阐明成语的语义也是一种好方法，这样不仅可以说明成语的语义，还可以揭示该成语的句法功能、搭配范围等。

针对成语意义复杂、与现实语境疏远的特点，课堂上还可以采用成语故事的方法讲解成语，这样做一方面可以提高学生的兴趣，减轻他们对成语的距离感。另一方面，由故事引出成语，更有助于理解和记忆。另外，课堂成语教学中涉及到文化知识的部分，应该有设计地导入文化背景知识，以帮助学生理解和把握成语的准确内涵。

2.6 重视学习者的学习策略

影响第二语言学习者个体差异的因素包括性格、态度、动机等。众所周知，日本人的民族性格比较内敛、含蓄，同时又具有强烈的“耻”的意识，也就是我们通常所说的“耻感文化”。在进行第二语言表达时，首先会考虑自己会不会说错，因此开口以前经过多番考虑，结果是能不说就不说，能不先说就不先说，也就是经常采取回避的学习策略。对于成语这样本身具有复杂性的词语，更是能不用就不用。所以教师在教学过程中应当积极引导、调动课堂气氛，想方设法帮助学生扫除心理障碍，热情耐心地鼓励学生用汉语表达自己的观点、看法。

三、结论

中华文化，博大精深。成语既是中华文化的精华，也是人类智慧的结晶。学习成语有助于提高学生的语言表达能力，同时也有助于培养学生对中国文化的兴趣。学生在习得成语的过程中，能够逐渐接触、适应中国人的思维方式并逐渐学会用汉语思维来思考问题、表达看法。以上通过分析日本留学生汉语成语偏误的主要类型，提出了对教学的几点建议，当然有些建议还需要经过教学实践的检验。希望本文能引起大家对对外汉语成语教学的进一步关注，切实提高成语教学在对外汉语教学中的地位。

参考文献

1. 冯　峰．中日同源成语意义的异同．日语学习与研究，2001(1).
2. 潘先军．简论对外汉语教学中的成语问题．汉字文化，2006(1).
3. 秦礼君．汉语成语的日译方式．日语知识，1997(2).
4. 沈　娟．对外汉语教学中的成语教学．安徽文学，2010(10).
5. 沈莉娜．近十年来对外汉语教学中的成语教学综述．语文学刊，2007(7).
6. 石　琳．留学生使用汉语成语的偏误分析及教学策略．西南民族大学学报，2008(6).
7. 王　菲，刘旭宝．日汉成语对比研究．西南交通大学学报（社会科学学报），2002(4).
8. 新编成语词典．中国大百科全书出版社，2004(6).
9. 郑亨奎．汉日成语对比研究．天津外国语学院学报，2006(1).
10. 郑丽芸．日汉对应成语对比研究．语言教学与研究，2004(3).
11. 朱祖延．汉语成语大词典．河南人民出版社，1985(7).

从认知语言学角度探讨中日词汇“心”的意义比较

苏群婷

中华语文研习所台中校

一、前言

语言除了传递讯息之外，也隐含着人们对于世界的认知，例如中文所述：时间就是金钱。而这句话的英文写法为：“Time is money.”在中、英文中，虽然句法的表达有所不同，但两种语系的民族皆认为时间是有限的且其重要性不亚于金钱。

曹逢甫等人（2001）指出，认知学派认为人们利用多种譬喻方式表达于语言之中，是因为人在成长过程中，都先经历过具体的经验，直到一定年纪才有能力思考抽象事物，例如：在汉语中，我们会把人体的上下顺序映证于山，因而有一系列“山顶”“山头”“山腰”“山脚”等用法。由此可知，人类会利用先前的具体已知概念，引申至抽象的事物表达，而人类最为具体的经验便是对于身体的使用了。

在中文里，也有不少词是从人体部位衍生而出，从中可发现人类对世界的看法。因此，本研究想借由人类对于身体的认知，了解在华语中，对于人体最重要的器官“心”一词的多义的认知，希望在华语词汇教学上能有所帮助。故而，本研究将借由认知语言学的角度，试图对华语与日语中含有“心”词素的复合词及成语进行归类和分析，以期了解中日“心”一词的认知异同，本文欲探讨问题，详列如下：

1. 中日“心”一词的多义特征为何？

2. 中日“心”一词的多义，有何异同之处？

二、研究内容

认知语言学认为，语言使用规律体现人类基本认知规律，主张对语言的研究应当基于我们对世界的体验、感知与概念化（李福印，2008:214）。认知语言学与传统语言学的主要区别在于词义范畴属于原型范畴时，词义通过像是隐喻、转喻等认知机制连结而成。故本小节将从语言与认知的关系、隐喻与转喻对多义的影响以及现有文献对于“心”的研究之三方面探讨，并说明研究方法及其限制。

2.1 语言与认知的关系

认知语言学家认为，语言是一种认知活动，其结构与功能是人类经验的产物(郑仲春，2007)。也就是说，人类的认知来自于人类的经验，而无法从人类的经验直接产生的相对应的概念，便利用隐喻、转喻的思维方式进行理解。因此，语言中大多数的词是多义的。其中心意义有可能是任意的，非中心意义主要是通过隐喻或转喻而衍生出来，除了拟声词与象形字外，在语义上还有一词多义的现象。

而语言的隐喻化是语言迁移中一个重要的因素，这也是一词多义产生的原因。由认知语言学家的观点可得知，语言除了传达人们想表达的讯息，也隐含着人类对世界的认知与看法，这其中也涵盖了不同民族的文化观。

2.2 隐喻、转喻对多义词的影响

说明语言多义现象的产生，不得不提及隐喻与转喻的用法。黄萍（2003）提及人类赖以生存、思考与行动的日常生活系统，在本质上也是具有隐喻性的。李树新（2002）认为，隐喻是主体对客体做出的最主要也最基本的价值评价方式，是直接运用具体的、个别的形象，喻指抽象、深奥的道理，这也是隐喻的象征。也因此，中文里人体的词语借由模拟推理、人体器官间的关系特征、人的动作行为三种方法，也都有了转义的用法。例如（范例为笔者整理，引述自李树新，2002）：

1. 骨：原为人体的支架→没骨气、硬骨头。(模拟推理)

2. 手、脚：人体活动量最大的部位→情同手足、笨手笨脚。(相互关系)

3. 眼：视觉感官→睁眼说瞎话、大眼瞪小眼、翻白眼。(人的动作行为)

“骨”是人体的支架，在人体中具有重要的功能与作用，因此骨又成了人的精神象征，可模拟推理出“没骨气”“硬骨头”。人体部位词也不乏常见两个器官的相互关系用词，像是“手”与“脚”。手脚是人体的四肢，是活动量最大的部位，两者相互结合，也蕴含了相当的文化意义，像是“情同手足”。在人体的器官部位隐喻基础上，人体的动作与行为也成为喻指的对象，因此产生出与五感相关的用词。

隐喻与转喻虽然都是造成多义词产生的原因，但被视为不同认知机制。卢卫中（2003）提出，人体词主要投射于称呼、语言、描写、动作等抽象概念，向称呼域投射的过程就是种转喻。从文献中可知，多义词可经由隐喻与转喻的方式产生，并经由这样的方式，可以知道人类对于世界的看法，但是转喻与隐喻两种认知方式的分隔线，很难明确地界定出来，此外辨别隐喻或转喻的差别也不是本研究所欲探讨的范围，故将两种方式统称为“譬喻”，以便于后续研究。

2.3 现有文献对“心”一词的研究

曹逢甫等人（2001）在著作中提及，“心”虽然不在人体的最中央，却是最重要的器官，因此“心”字的具体投射为凡是在物体中央位置，皆可称为“心”。例如：“手心”“脚心”“眉心”等。此外，经由概念譬喻的方式，“心”有以下几种形象认知：

1. 是固体，具有重量、是三次元物体，具有长宽高，例如：“语重心长”“心广体胖”“心浮气躁”等。

2. 是容器，例如：“心存善念”“心中期待”等。

3. 是食物、易碎品，有温度，例如：“豆腐心”“破碎的心”“心凉了一半”等。

4. 是金钱，例如：“有劳你费心”“白花心思”等。

5. 是有生物体，例如：“心想事成”“随心所欲”等。

而王文斌（2001）则强调“心”除了指身体内推动血液循环的器官外，还因为常被人认为是人的“灵魂”所在，所以也衍生出思想、情感、性格、态度等意涵。例如：

6. 这件事让我心寒。（情感）

7. 他心地善良。（性格）

此外，吴恩锋（2004）从身体经验、社会经验这两个方面归类“心”的隐喻认知。身体经验就是用心和五种感官的搭配表达感知，社会经验则包含了生产劳动、日常生活与社会团体。例如：

8. 身体感官：“丹心”（视觉）、“心声”（听觉）、“芳心”（嗅觉）、“甜心”（味觉）、“心痛”（触觉）。

9. 生产劳动：

“心田”“心地”（农业社会里，土地是最重要的资产）。

“心月”“春心”（农耕常和天气、季节相关）。

“花心”“心花怒放”（植物）。

“心猿意马”“狼心狗肺”（在劳动中，和动物产生密切关系）。

“心如止水”“心急如焚”（农耕所需水、火、金属工具）。

“操心”“担心”“劳心”（劳动的特点）。

10. 日常生活：

“心房”“心室”（空间）；“心门”“心窗”（内外空间的区隔）。

“居心”“留心”（可居住）。

“虚心”“空心”“偏心”（容器）。

11. 社会团体：

“君心”（封建制度）。

“心法”（法律规定）。

“忠心”“奸心”（人臣的是非功过标准）。

“良心”“善心”“贪心”“负心”（道德评价）。

“省心”“费心”（经济活动）。

从到目前为止的研究来看，可发现关于“心”词的认知归类并不一致，并充满各式趣味，从譬喻的方式、从空间的看法、从身体与社会经验等，这样的分歧可以说是因为人类对于事物的看法具有多元性，是从各个面向去观看。而在前人的研究中，虽各有区分“心”一词多义的方法，但并没有说明中日关于“心”一词的认知途径，因此本研究将立足于前人的研究基础之上，试图归纳中日含有“心”的词汇之间意义之异同。

2.4　研究方法与限制

本研究旨在从认知角度探讨中日身体部位“心”一词的多义特征及中日对其认知的异同，利用中研院的现代汉语平衡语料库与日本的国语语料库，取得含有“心”词的例句，不管其在句中所具有的词性，删除重复出现的使用方式与句子，分析范围限定于书面语，并从文句的前后文判别“心”一词所代表的义涵，进行归类，参照前人之研究结果，确定中日“心”一词的多义特征属性。之后分析中日“心”一词的多义认知异同之处与原因。

接着，利用台湾《重编国语辞典修订本》与日本《广辞苑》第五版的电子字典，查询两辞典对“心”词的定义，以此为分类基础，进行语料多义词的特征分析。然而，日语语料库主要的语料来源分为四大部分：国会会议纪录、小说书籍、知识家以及政策白皮书，用词年代为 1970 到 2000，皆为现代日文用法。基于此要素，本研究以书面语料为主要分析对象。此外，碍于日本语料库权限，因此所得到的数量较汉语语料来得少，这也成了本研究的最大限制。

三、结果与讨论

3.1 中文“心”一词的多义特征与认知

中文语料采照中研院现代汉语平衡语料库，删除重复出现之“心”的词语与用法，共有 306 条不同的“心”词语料。再将其分为 7 类与其他，分别有：

1.“心”的原义：心脏以及其相关状态。例如：“强心润肺”“心跳”。“强心润肺”意指为增强心脏机能，滋润肺脏。“心跳”为心脏跳动之意。

2. 中心点：心脏为人体最重要之器官，维持所有生命机能。进而引申为物体的中心，说明其重要性。例如：“市中心”“炉心”。“市中心”是都市机能最重要的地区。“炉心”为机器运转与否的关键区域。

3. 脑：也就是思维层面，最初中国人因为没有脑的观念，因此把心当作思考的主体，后来才有用“脑”思考的概念。例如：“心想”“心算”。此外，将语料中的“刻骨铭心”与“耿耿于心”归类于此，原因在于我们的记忆是存放于大脑里，而不是存放在心脏里。

4. 精神、心理层面：可以说是思维主体的生命化，代表人类的精神与心理活动层面。例如：“心神不宁”“心血”。“心神不宁”意为精神不集中，另有其他挂念的事情，显得不安的样子。“消耗心血”为精神与体力的耗费。

5. 感情、情绪：人类的七情六欲与喜怒哀乐。例如：“心心相印”“心乱如麻”。“心心相印”为两人之间互相爱慕，“心乱如麻”则为情绪像麻一样慌乱。

6. 性情、脾气：人类独特的个性。例如：“体胖心宽”“忠心耿耿”。“体胖心宽”描述人的温和性情，也表示我们认为体型与人的气度成正比。“忠心耿耿”则描述人的个性特征。

7. 思虑、想法、谋划、意念：人类的思考模式。例如：“下定决心”“心念一动”“处心积虑”“一心一意”。思虑与谋划的差别在于，虽皆为经过精密筹划的想法，但是思虑可有正向与负向的义涵，而谋划则只有负面含义。想法则是一个点子，不像思虑那般，经过缜密的思考。

8. 其他：有两条语料，分别为“背心式”与“点心”。“背心式”指的是衣服的样式，而“点心”则意指为“正餐以外的食物”，因此不算入此次研究的分类中。

扣除“其他”类的其余 7 类，笔者将“心”一词的意义，以最初的原义“心脏”为中心点，分散出三大类：人类抽象的“精神、心理”、人类的“思维”与“中心点”。再从这三大类分散出人类的“个性、脾气”、人类的“感情、情绪”与人类的“思绪、谋划、思想、意念”三类。以下用表 1 与图 1 表示“心”一词的多义特征与类别。

表 1　中文“心”一词语料类别

类别 / 心	心脏	物体中心	精神、心理	性情、脾气	感情、情绪	脑（思维）	思虑	谋划	思想	意念	其他	总数
个数	4	24	20	35	92	17	40	7	4	61	2	306
百分比（%）	1.3	7.8	48.0			5.5	36.6				0.6	100

由表 1 可知，在中文里，对于“心”最主要的认知为人类的精神、心理层面以及思考的表现，因而衍生出下图 1 的画法。“感情、情绪”与“性情、脾气”的不同在于，“感情、情绪”为人类共同的七情六欲、喜怒哀乐；“性情、脾气”也可以说是人的个性，独有的特性，此两种小类又归属于人类整体的精神、心理活动，因此呈现为辐射状。在人类的思维主体层次下，则包含着人类的思考模式，因此在思维主体与思虑、谋划等方面，呈现的是连锁状特征。

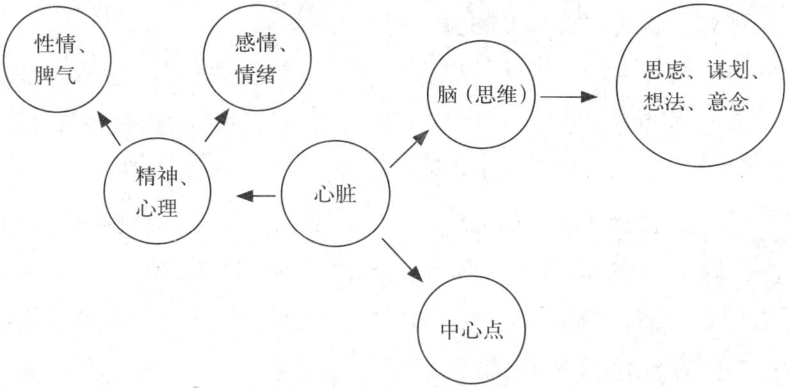

图 1　中文“心”一词多义特征：辐射性与连锁性

经由心脏这一人体重要脏器，投射出具体的“中心点”与抽象的“思维”与“精神、心理”这两个范畴。具体的“中心点”为物体的中心，包含：湖泊中心即为“湖心”，人体部位像是背的中心为“背心”，眉毛的中心点为“眉心”，还有先前所提的都市中心机能区“市中心”等。

而抽象的“思维”范畴，是将心脏与大脑画上等号后，再由具体的器官“大脑”，采用大脑的思考功能，进一步引申而出。在人体“精神、心理”的这一范畴里，则是经由隐喻方式，再区分出人的“情感”与“性情、脾气”两类。

3.2 日文“心”一词的多义特征与认知

日文语料利用日本的国语研究所语料库，删除重复出现之“心”的词语与用法，共有222条不同“心”词的语料，再将其分为9类与其他，在此所列举之范例，先以日文呈现，再加以中文意思说明。日文类别为：

1.“心”的原义：心脏，以及其相关状态。例如：“心不全”“心拍”。“心不全”是种心脏疾病的名称，“心拍”则为心脏脉搏。

2.“心”的所在位置——胸：以心脏所处的位置，隐喻人的气度。例如：“心が狭い”。“心が狭い”照字面的意思为：“心脏窄小”。但心脏的大小不具意义，实际为利用心脏所处的胸腔位置，隐喻胸襟狭小、气度狭小之意。

3.物的中心：在此的义涵与中文的“中心点”相同，皆是利用心脏在人体具有的重要地位，隐喻事物的中心，借以说明重要性。

4.精神、心理：人类的各种精神作用，无法用科学具体表达的部分。例如：“心的外伤”“心灵现象”。“心的外伤”就字面而言，是心脏遭受到外力而受伤，但是心脏是人体的重要内部器官，很难受到外力伤害，因此引申出像忧郁症等的精神疾病。而“心灵”意指科学所无法解释的抽象表示，像是人类的精神灵魂。因此“心灵现象”就是中文里说的灵异现象。

5.考え方：与中文的“想法、思虑”同义。例如：“心変わり”“不心得”。“心変わり”字面意思为“改变心脏”，实为将心引申为抽象的“想法”，所以其意为“改变念头、想法”。“心得”意为在学习过后，很自然地记住所学习的事物之意，因此，这里的“心”便是指人的思绪。而“不心得”的意思特指为不好的想法。

6.望み、欲望：是人类抽象的精神活动，“望み”意为“期待、盼望”，“欲望”与中文“欲望”同意。例如：“おしゃれ心”。“おしゃれ心”是指“想变漂亮的心”，在此“心”经由抽象喻化为“欲望”之意。

7. 感情：日文里说的“感情”一词，是中文的“情绪、情感”，利用“心”的抽象意义，引申为人的情感。例如：“心がもやもやします”“居心地悪い”。“心がもやもやします”，以思为心都是乌云，借用乌云灰濛濛的样态与心的抽象情感表达，隐喻为“心情低落”之意。“心地”这词并不是中文的“心肠”之意，而是指“感觉”，因此“居心地悪い”意为“对于自己的处境感到很不舒服”，也就是中文里说的“尴尬”。

8. 気持ち：意为他人对自己或是自己对于事物的观感。例如：“心遣い”。“心遣い”是“使用心”，意思是因为别人的想法或看法，而有各式各样的顾忌与担忧。

9. 思いやり：是关照别人的情绪或想法的自我内在想法。例如：“心配り”“小心”。“心配り”是“把自己的心分配出去”，也就是从人类抽象的“精神、心理”再引申出关照别人的情绪或想法的自我想法，其中文意思为“操心、关怀”。而并不是说“心很小”，是指“连枝微末节的事情都很在意”。因此，在日文中的“小心者”是“胆小鬼”之意。

10. 其他：在日文的语料中，有4条归类于其他类别的语料。其中两条因为前后文脉不完全，无法判别，因而归类于此。另外两条语料“初心者”“一家心中”，分别为“初学者”与“家族或恋人一起集体自杀”之意。但因笔者才疏学浅，不了解其用字之意，因而无法分析该“心”词的类别。

在7、8、9三类中，皆为人类的抽象精神活动范畴，其中的差异在于“感情”是指不需要经过思考，因为外界的事物刺激而产生的直觉反应，像是快乐、悲伤等的情绪。“気持ち”与“思いやり”是易为搞混之处。“気持ち”是他人对自己或是自己对于事物的观感。在中文里，因为台语的影响，常常把这词误为心情之意。而“思いやり”则像是中文所说的同理心，即为站在对方的立场，为对方着想，比起自己，别人的观感更为重要。此三小类的区别，其实很难清楚区分，还是有其重叠之处。因此在语料的统计上，以前后文脉为主要判断方式，将“感情”与“思いやり”归入于“気持ち”的范畴中。

扣除“其他”的其余9类，笔者将“心”一词的意义，以最初的原义“心脏”为中心点，分散出四大类：人类抽象的“精神、心理”、人类的“思维想法”、“中心点”以及心脏所处位置“胸”。再从抽象的“精神、心理”范畴，分散出“気持ち”与“望み、欲望”两个类别。以下用表2表示“心”一词的类别。

表 2 日文“心”一词语料类别

类别 / 心	心脏	胸	中心	考え方	精神、心理	望み、欲望	感情	気持ち	思いやり	其他	总数
个数	7	1	14	37	30	7	43	76	3	4	222
百分比（%）	3.1	0.4	6.3	16.6	13.5	3.1	54.9			1.8	100

由表 2 得知，日文“心”词的认知着重在于人类的抽象“精神、心理”的方面，包含人类的情感、欲望、他人对自己或自己对外界的观感等范畴。经由心脏这一人体重要器官，投射出具体的心脏所在位置“胸”与物体的“中心点”，以及抽象的人类“思虑”与“精神、心理”的精神活动。因此，第一层次为以本义的“心脏”为中心，成放射状分散出“胸”“中心”“考え方”与“精神、心理”四范畴，再以“精神、心理”范畴为中心，辐射分出“望み、欲望”与“気持ち”第二层面。故，借由下图 2 表示日文“心”一词多义的辐射性特征。

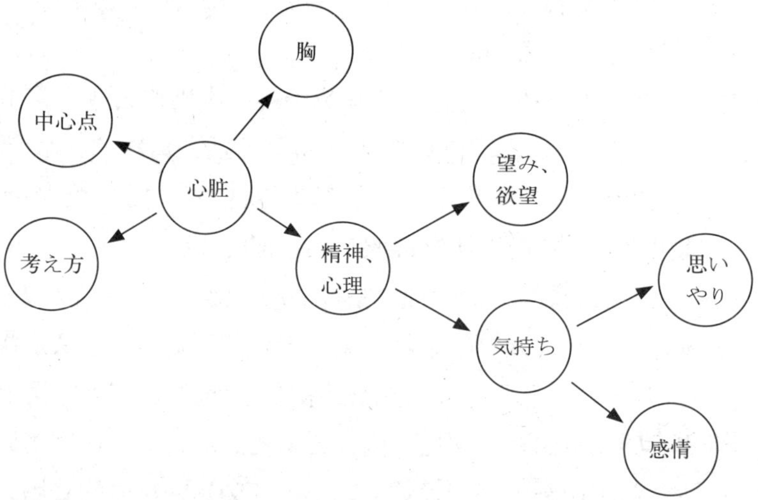

图 2 日文“心”一词多义特征：辐射性特征

中日文的“心”一词多义特征，同样具有放射性，但中文的表现上，同时还具有连锁性的特征。中文的连锁性特征显现于“思维”范畴，从思维范畴延伸出人类思考的模式。而日文的主要从“精神、心理”范畴，以人类抽象的精神作用为基础，放射出人类的“望み、慾望”与“気持ち”，并从“気持ち”的范畴更进一步放射出“思いやり”与“感情”两小范畴。

从“心”一词的多义分类来看，中日两种语言，对于“心”的看法皆偏向于抽象的“精神、心理”方面，其中差异在于中文对于“情感”与“性情”的表达偏向于个人的表现。而日文则是因为民族性因素，非常在乎别人的眼光，也很重视站在同理心的立场，为人着想，因此在“気持ち”这一方面的表现上，包含了自己与他人的心情与观感。几乎占有日文语料的五成五左右，因此可以大胆推估日文“心”一词的使用，与民族性的认知息息相关。

在中日文语料分析中，极为有趣的地方为：中文与日文“心”一词从具体的“心脏”投射到不同的具体人体部位时，中文“心”词先投射到“大脑”后，利用大脑的功能，引申出“思维”的领域。而日文则是从“心脏”投射到其所处位置“胸腔”，因而也具有“胸”的意义。但因为日文语料的限制，这部分的分析显得不够精确，因此日后的研究，在此方面可以做更为精确的比较。

另外，两种语言里皆具有“中心”这一词义，但是中文的“中心”范畴包含了人与物体的中心点，并经由转喻作用，引申出较抽象的叙述用法，例如“市中心”。日文方面，以物体中心点为主，另经由隐喻，而有“心外”“心当たり”的抽象“中心”表达方式。意思分别为“意外的事情”与“心里有数”。

将此归类于“中心”范畴，原因在于会感到意外的前提是，必须先有一预想设定，此预想设定便为想法的“中心点”，而超乎想象的事情便有远离预想、远离中心之感。“当たり”的意思为“猜中了”，像是猜谜题或是买彩券中奖，都可以用“当たり”这个词表示猜对谜题或获得奖金。因此“心当たり”这词的字面意义即为“猜中心中所想”，以自己所想的为基础，外在事物与之相符。故不管是具体的隐喻，还是抽象的转喻，为清楚表达研究结果，都归类于“中心”范畴里。

四、结论与建议

在本研究中，因日文语料库使用的限制，与中文语料数量相差近100条，无法更精准地分析与归类，也因此研究限制，中日文“心”词的意义比较，尚未透彻。故日后的研究，在日文语料的分析与资料的收集上，可再进一步深入、详细探究。此外，日文常因其前、后所接的词类不同，使其“心”词之意改变，但因日文黏着语的特性，在区分句意与断句选取“心”词的过程中，极需谨慎，以避免因断词错误，产生完全不同之意。

此外，在词汇教学上，需要注意的一点是，日本虽为汉字文化圈的国家，但是部分汉字意义早已转化成日本社会的文化意涵，若直接从字面判别其意义，容易产生错误。笔者在进行分析时，也曾犯下相同错误。因此汉字学习对于日籍华语学习者虽然容易上手，却必须注意其词汇含义的不同，避免学生在学习时，因先有的知识产生词汇上的误解。

参考文献

1. 曹逢甫，蔡立中，刘秀莹．身体与譬喻——语言与认知的首要接口．文鹤出版有限公司，2001.
2. 国语研究所语料库．日本：http://www.kotonoha.gr.jp/cgi-bin//search_form.cgi?viaTopPage=1
3. 黄　萍．论隐喻认知对多义词的形成产生的影响．湖南轻工业高等专科学校学报，2003，15(4):78-80.
4. 李福印．认知语言学概论，2008:213-226.
5. 李树新．论人体词语的文化意蕴．内蒙古大学学报，2002，34(5):58-63.
6. 卢卫中．人体隐喻化的认知特点．外语教学，2003，24(6):23-28.
7. 吴恩锋．论汉语心的隐喻认知系统．语言教学与研究，2004(6):49-55.
8. 新村出．广辞苑第五版（电子辞书）．岩波书店，2005.
9. 郑仲春．从认知角度看语言的理据性．安徽工业大学学报社会科学版，2007，24(5):105-106.
10. 《重编国语辞典修订本》：http://dict.revised.moe.edu.tw/cgi-bin/newDict/dict.sh?cond=%5E%A4%DF%24&pieceLen=50&fld=1&cat=&ukey=1266746247&serial=6&recNo=0&op=&imgFont=1
11. 中研院现代汉语平衡语料库．台湾：http://dbo.sinica.edu.tw/SinicaCorpus/index.html

汉语语法教学的“生成”观

韩玉国

北京语言大学汉语国际教育学部预科教育学院

一、生成式语法教学的理论基础

提到“生成”一词，语言研究与教学工作者会自然而然地想到乔姆斯基开创的“转换生成语法”及与之相关的诸如“深层结构”“表层结构”“转换规则”等相关概念、着重于以有限的（生成）规则生成无限的合乎语法的句子的理念。转换生成语法强调句法的自治性，而本文论述的“生成”指的是一种教学路向，更强调语句从局部意义到整体意义的达成，是从意义到（语言）形式的生成式语法教学过程。对于包含双重甚至多重主谓关系的句子，也意味着从零句到整句的生成。该语法教学方式在语法引导、讲练、活动等各个环节强调从意义到形式、从形式到功能这一生成路径，本文主要讨论语法引导与展示过程的“生成”观及其教学应用。

1.1 语言理论——规则即操作、规则即创造

通过有限的规则生成无限的话语，达成对语言的创造性使用，这正是外语教学的终极目标。正如一位前苏联学者所言：“对创造性的而不是机械性的这一点的坚持才是在生成语法原则的基础上组织外语教学时所应该考虑的基本因素”（Л. С. ЕархуААров.，1981）。同时，我们也应注意到，“转换”建立起相关类

型语句之间的桥梁，使相关句型、句式成为一个有机、互动的系统，在此过程中，规则的应用实质上是一种基于已有语言形式的“操作”(operation）行为，如删除（deletion）、插入（insertion）、附加（adhesion）、替代（replacing）、并联（association）、添加（adjunction）等等，从学习者已经学过的语言形式出发衍生出相关联的新的语言形式。因此，如果能够将“语法即操作”观念融入外语教学中，外语学习无疑就会成为一定程度上的推导活动、心理活动与智力活动。

1.2 教学法——化“讲解”为“消解”与“分解”

尽管“教无定法，贵在得法”，但我们相信，教法的形成总有不变的根基和固定的原则，而绝非无源之水、无本之木。作为对外汉语教学创建阶段的20世纪80年代，一批老教师在长期的教学实践中摸索、积累了丰富的教学经验。尽管不一定有明确的理论基础，但在教学中被证明是行之有效的。以下，我们以比较经典的“V过”的引导为例，具体展示和分析“消解”的达成。

北京语言学院（现北京语言大学）王德珮（1989）总结了基础汉语精读课一系列行之有效的教学方法，目前被广泛应用于教学的经验体“V过”的引导方法就是其中之一。王德珮老师这样概括引导法：“有一些语法点教师可以不直接给，而是通过其他方法，引导学生的思路向教师确定的方向发展，让学生自己体会、意识、说出某个要用的语法点。”具体引导过程主要通过问答来完成。首先是一串问题：“长城离这儿远吗？坐车要几个小时？长城高不高？长城好看吗？”等等，待学生回答后，教师再问：“你们知道长城离这儿很远，坐车要坐两个多小时，长城很高，长城很好看……你们怎么知道呢？”通过这一问题，学生自然会说出“我去过长城”或“我看过长城的照片”。至此，教师就成功地引导出了目标语句。王德珮老师本人对此的评价是：“通过这样的引导，使学生体会到要表示过去的某种经历时，就要在动词后用‘过’。这比直接给出‘过’字的用法更能调动学生的主动性、积极性。”返观王德珮老师“V过”的引导方法，我们认为这就是从教学内容的特点出发，从意义到形式的一种生成方式，我们对该过程分析如下：

语言点分析	汉语经验体“V过”表示某经历及这种经历对现在的影响，比如对所经历的事件有深入的了解、能够描述细节、具备某种经验、能够进行评价等。
教学目标分析	难点在于如何采用非讲解的方式，向学生传达“经历”“对现在的影响”等抽象概念。

（续表）

引导思路	采用“信息反推”的方法。既然某种经历使经历者形成经验，那么就从“经验”入手反推出“经历”的表达形式。
信息传递方法	采用问答方式。教师从学生已知的经历入手提问，如细节问题、评价等等，最后提问“你怎么知道？”，激发学生说出“V过”句。
效果评价	无讲解，通过教师精心设计的问答生成目标语句，同时通过问答自然传递相关信息，达成消解难点的目标。

以上我们以“V过”为例展示了目标语句由意义到形式的生成，可以看到，生成的过程也是化“讲解”为“消解”的过程。

二、“消解”的达成——从意义到形式

以下从语法操作具象化、语义图解、认知重建这三个角度出发，探讨“生成”观指导下，汉语语法教学难点的消解方式。

2.1 语法操作具象化——“吗”附加（*ma* adhesion）与特殊疑问代词替代（QPr replacing）

2.1.1 目标分析

汉语“吗”问句与特指疑问句的生成过程较之英语等语言有一个共同的特点，也即不需要移位，而是分别采用了“吗”附加（*ma* adhesion）和特殊疑问代词替代（QPr replacing）两种操作手段生成相应语句。由于这两个语法点在学习者学习初期出现，在不使用学生母语的情况下如何采用非讲授的形式传达相关信息，使学生感知该语法点并掌握其语法操作手段成为难点。

2.1.2 消解方式

将抽象的语法操作手段“附加”与“替代”具象化为可视、可感的动作。具体方法是使用写有“吗”和其他特殊疑问代词的汉字卡片，在已板书好的例句上进行操作。例如：板书例句“他学习汉语”，“吗”附加操作将汉字卡片“吗”放在例句句尾，同时将句号改为问号，生成语句“他学习汉语吗？”；特殊疑问代词替代操作将特殊疑问代词汉字卡片如“什么”盖住例句相应部分，同时将句号改为问号，生成语句“他学习什么？”。

2.1.3 效果评价

该方式化静态的语法构成为动态的语法操作，并使用可视可感的汉字卡片将

语法操作具象化，在不讲解的情况下将“附加”与“替代”信息传递给学习者，使其从生成角度理解汉语语句，并通过教师的动作给学生留下深刻印象。

2.2 语义图解——简单趋向补语句

2.2.1 目标分析

简单趋向补语句的难点在于“来”与“去”的选用。这关涉到两个因素：一个是言语者所在的位置，即谁在说话，言语者所在之处成为趋向的目标即参照点；二是趋向性，即趋向目标还是远离目标，趋向为“来”，远离为“去”。可见，简单趋向补语的语义模式有一定的复杂性，另外，处所宾语的插入也是一个难点。

2.2.2 消解方式——语义图解

有经验的汉语教师都知道用图示法消解简单趋向补语的难点，但引导过程必须紧扣上述两个语义要点。有几个问题必须要问：谁说话？说话的人在哪儿？听话的人在哪儿？听话的人上还是下（进还是出）？离说话的人近了还是远了？这个提问过程实际上是解构语义的过程，向学生传达简单趋向补语的语义信息。只有完全掌握了这些语义要素，学习者才能真正做到理解和内化。

关于处所宾语的插入过程，我们也可以将抽象的句法插入操作（insertion）转化为具象的动作。具体做法是制作汉字卡片。在白纸上写“回北京来”，然后用折纸的方法将“北京”隐去，问学生“他回来了吗”。学生按汉字卡片提示回答“他回来了”。教师展开隐去的部分，使“北京”两字出现，再问“他回哪儿来了？”，学生会被教师的小动作吸引，根据卡片提示回答“他回北京来了”。

2.2.3 效果评价

生成式语法教学同样需要教师的引导，其引导方式一般是借助情景、图片、图示等信息进行递进式的师生问答，通过一问一答引导学生去发现和感受，所呈现出的课堂教学效果是关键的信息总是由学习者而非教授者表达出来，做到从学习者的角度构建语法，使语法教学具有人本主义色彩。

折纸操作的运用将汉语语法的“插入”操作具象化，处所宾语通过折纸方式或隐或现，给学生带来新鲜感并使之形成深刻的印象。实际上其他插入操作如汉语的状语等也可以采用这种方式展现。

2.3　认知重建——存在句：汉语处所、方位的个性表达

2.3.1　目标分析

英语等语言使用不同的介词指示具体方位，因此其后只需添加名词即可。与之完全不同，由于表处所方位的介词贫乏，汉语处所方位表达由“名词＋方位名词”构成，具体方位由方位词指示。不少汉语语法论著已经对有关的现象有所注意，并视其为汉语的一个特点。如赵元任（1979）认为：“方位词表示事物的位置，本身是体词性的，但是翻成外语时往往跟一个介词相当，因而有人管它叫‘后置词’。”由此可见，汉语存在句教学的第一步是如何使学生感知汉语关于处所方位的认知，以防负迁移现象的发生。

2.3.2　消解方式

不同的语法形式代表着不同的认知和思维方式，与其从语言对比入手，不如重构汉语认知模式，具体操作方式是认知重建。首先设定参照点，如板书“图书馆”，在相应位置板书“东边”“西边”“南边”“北边”，进而组合成“图书馆北边”等短语，同时用画圈的方式画出大致范围，形成认知；在方位处所短语讲练充分后，使用汉字卡片或图片引导存在句的生成。例如，将“教学楼”汉字卡片放在“图书馆北边”圈内，同时引导：“这是哪儿？”“图书馆在哪儿？”最终引导出“在”字存在句。“有”字存在句和“是”字存在句也可使用同样方式引导。

2.3.3　效果评价

汉语思维的形成源于汉语式认知，引导生成的方式在生成语句的同时也生成了汉语认知与思维，学习者通过认知重建自然理解了母语与目的语的差别所在，有效避免了负迁移的发生。从处所短语的引介到存在句的讲练也体现了教学的循序渐进性。

三、“分解”的途径——从局部到整体

难点的分解主要体现在汉语补语句等包含双重甚至多重主谓关系的复杂句教学中，除此以外，一些特殊句式也由零句整合而来，如汉语“除了”句。采用“分解”的方式不但能使学生理解目标语句的语义特点，更能从句法结构上降低难度，达成“化讲解为分解”的目标。

3.1 补语句的“分”与“合”

3.1.1 目标分析

程度补语也被称为情态补语或“得”字补语，其结构形式较为复杂，由于动词带宾语时需要重复动词再加“得”，因此也被称为“动词拷贝句”或“重动句”。“得”字补语句中的SVO表达一种背景信息，补语是基于这种背景信息的一种描述，因此宜于分解，也可以降低难度。

3.1.2 操作方式——先分解后组合

“得”字补语句首先引出的当然是不及物动词“得”字补语句，因其结构和语义相对简单，而对于带宾语的“得”字补语句我们往往需要首先引出SVO结构，为此，教师需要设计问题，如“你们常常做什么？”“你会做什么？”“你会什么运动？”等，以期得到“我游泳”“他打羽毛球”等SVO结构，此后的任务是对VO进行评价，如“游得快不快？”“打得好不好？”等，最后通过问答引导学生组合出完整的句子，如“他游泳游得很快”“他打羽毛球打得不太好”等。生成表格如下：

做什么?	做得怎么样?	做什么做得怎么样
他/她游泳。	游得很快。	他/她游泳游得很快。
他/她打羽毛球。	打得很好。	他/她打羽毛球打得很好。

3.1.3 效果分析

先分后合的传授方式是对补语句本源的一种回归，通过分解，学习者能够掌握“事件”与“评价”的语法意义，进而掌握补语句的语用价值，为后续的语言能力生成做好了准备。这种“先分后合”的分解方式同样适用于时量补语和结果补语的讲练。

3.2 “除了”句的解构与整合

3.2.1 目标分析

“除了”句的教学难点大致有二，第一是语义上的“包括”与“排除”，第二是包括式中副词“还”与“也”的使用。由于其间的关系相对复杂，因此采取讲解的方式不但费时费力，学生的理解也不见得清晰。

仔细观察，“除了”实际上是两个以上零句的整合，具体情况分为以下几种：

语义类	零句		整句
排除式	张三不会说英语， 别的同学都会说英语。		除了张三以外，别的同学都会说英语。
包括式	多项主语 对单项宾语	张三会说英语， 李四**也**（还）会说英语。	除了张三以外，李四**也**（还）会说英语。
	单项主语 对多项宾语	张三会说英语， 张三**也**会说法语。	张三除了英语以外**也**会说法语。
		张三会说英语， 张三**还**会说法语。	张三除了英语以外**还**会说法语。

从表格可见，排除式“除了”句相对简单。包括式“除了”句的复杂性在于其零句分为“多项主语对单项宾语”和“单项主语对多项宾语”两种情况，前者零句中只能使用副词“也”，不能使用“还”；后者零句中既可使用“也”也可使用“还”。从上表中不难看出，包括式“除了”句“也”与“还”的使用限制是从零句带来的，这些信息必须在教学过程中传达给学生。

3.2.2 操作方式——先解构后整合

根据上述分析，操作方式必须从零句入手，向学习者展示“除了”句的生成过程。我们只讨论问题较多的包括式“除了”句，具体方法是图解语义和“先分后合”。

	多项主语 对单项宾语	单项主语 对多项宾语
语义 模式	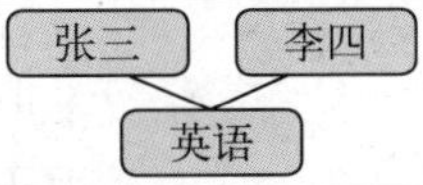	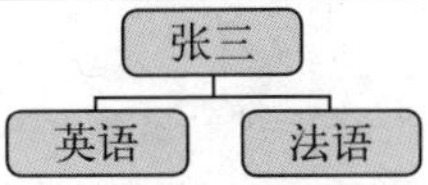
生成 引导	1. 张三会说英语吗？李四呢？ 2. 除了张三以外，李四也会说英语。 3. 他们都会说英语吗？ 4. 他们都会说英语。	1. 张三会说英语吗？也会什么语？ 2. 张三除了英语以外也会说法语。 3. “张三还会说法语”，行不行？ 4. 张三除了英语以外还会说法语。

3.2.3 效果评价

尽管都是采用了先分后合模式，但补语句强调的是结构形式的“组合”，而“除了”句强调的是语义的“整合”，二者出发点与侧重点有所不同。语义整合的方式使得“除了”句的语义与句法结构更为明晰，副词“都”“也”“还”的使用情境和语义内涵得以揭示和突显，便于学生理解。

四、余论：生成式教学的应用全景

从学习者的角度看，“生成式”语法教学主要包括语言形式的生成和语言能力的生成两部分。前者突出体现在“语法导入”环节和“生成式练习”环节，希望学习者能够“感知”“领悟”语言，理解语言形式的生成情境，使他们成为语言生成过程的主动参与者而非被动的接受者，在此过程中自然获得语言形式的相关信息。这一阶段的教学目标集中在“语义”与“形式”上；后者突出体现在语法练习环节特别是课堂活动与任务环节，目标是语言交际能力的形成。本文讨论的内容集中于语言形式的生成、教学技巧的生成和教学方法的生成，语言能力的生成作为语言教学的最后一环将另文讨论。

参考文献

1. 王德珮．基础汉语精读课的课堂教学方法略述．语言教学与研究，1989(3):104-114.
2. 赵元任．汉语口语语法．商务印书馆，1979:278.
3. Л. С. ЕархуАаров.. 生成语法与外语教学．赵云中，译．国外外语教学，1981(3):18-20.

从情态补语的标记偏误谈汉语教学中语法意识的培养

贾　钰

北京语言大学汉语国际教育学部国际汉语教学研究基地

一、引言

“情态补语”指动词或形容词后由结构助词“得”引介的谓词性补足成分，它对“得”前动词、形容词所指的行为、变化、性状或所关涉的人、物进行评价或描述。情态补语句的基本结构为：动词 / 形容词 + 得 + 谓词性补足成分。如：

老师解释得很清楚。（对老师的解释做出评价）

小王变得大家都认不出来了。（对小王的变化进行评价）

观众听得如醉如痴。（描写观众的表现）

她的脸红得像天边的彩霞。（对她的脸进行描述）

最近事情太多，忙得四脚朝天。（描述忙的状态）

单纯表示程度、不可扩展的“得”后成分不在其中。如：好得很、高兴得要命。[①]

情态补语句是汉语特有的常用句式，结构、语义指向和表达功能都很复杂，

① 本文对“情态补语”的界定和划分主要依据《实用现代汉语语法》（增订本）（刘月华、潘文娱、故韡，2001）、《汉语语法教程》（孙德金，2002）、《汉语教学参考语法》（张宝林，2006）。

学习者掌握起来难度较大。对情态补语句习得情况的研究可以反映对外汉语语法教学中的重要问题。为此，作者对“HSK 动态作文语料库”1.1 版[①]（以下称“语料库”）中的情态补语句进行了考察。

二、情态补语的标记偏误反映出学习者汉语语法意识的欠缺

对“语料库”中情态补语句偏误的分类、统计显示，在总数为 763 例偏误中，有 382 例，即一半偏误，都属于标记偏误，其中包括标记“得”遗漏和“得”误用为其他句法成分。“得”误用为其他句法成分主要是“得”误用为定语标记“的”和“得”误用为状语标记“地”，其中“的”误代“得”所占比例最大，有 218 例。如：

（1）当然他说汉语说**的**不错，……。

（2）我们一家玩**的**开心极了。

（3）我跟同事们合作**的**很愉快。

（4）大家哈哈笑，笑**的**地上打滚。

（5）现代人不止要求要吃**的**饱，更要吃**的**健康。

（6）在这段时间里两人可以相互了解**的**深一点。

定语标记“的”误代情态补语标记“得”从某种意义上说是写了别字。这种情况在汉语母语者的书面作品中也时有发生，但母语者用“得”误代“的”的情况一般不会发生。而在语料库中我们发现了 73 个外国考生以“得”误代“的”的用例。如：

（7）现在科学发展**得**速度很快。

（8）但是我们也最近发现越来越多**得**污染问题。

（9）当然我和妈妈一起过**得**时间比一般人多得多。

（10）他们讲**得**北京话特别快，而且还经常卷舌头。

（11）不过在北京有很多的韩国留学生，所以他们给我很多**得**帮助。

（12）她非常关心她的学生，她曾为了一位逃学**得**学生，连夜找他。

对汉语母语者来说，状语标记“地”和“得”之间的误代同样不太可能，而

---

① “HSK 动态作文语料库”1.1 版是母语非汉语的外国人参加高等汉语水平考试作文考试的答卷语料库，考生来自 96 个国家和地区。该语料库收集了 1992—2005 年部分作文答卷 11569 篇，约 430 万字。

在语料库中也都存在。如下面例句，13—18 句为“地”对“得”的误代，19—24 句为“得”对“地”的误代：

（13）孩子们饿**地**大哭小叫。

（14）那时，我哭**地**一句话都说不出来了。

（15）到了美国之后，她把我们三个兄弟姐妹管**地**挺严。

（16）课外时间我们搞有趣的活动，大家相处**地**很和睦。

（17）因为跟这个男同学聊**地**开心，所以想跟他在一起玩儿。

（18）在混合式的学校，有些男生为了“招蜂引蝶”把自己打扮**地**又酷又帅。

（19）我实在太累了，不知不觉**得**睡着了。

（20）每个人都想需求开开心心**得**过日子，……。

（21）他的心情会变的不稳定，会慢慢**得**产生疑神疑鬼的状态。

（22）虽然人们明明知道吸烟对身体没有好处，他们不停**得**吸烟。

（23）俗话说“不到长城，非好汉”，有的朋友以前开玩笑**得**说：“你还没去过长城！”

（24）天气冷，街道黑黑，因下雪前面看不清，我心里不安，拼命**得**跟着父亲走。

可见，外国学习者在定、状、补标记偏误上表现出与汉语母语者的明显差异。对汉语母语者来说，定、状、补标记偏误只体现在定语标记对状语标记和情态补语标记的误代上，定语标记“的”对情态补语标记“得”的误代是单纯的“的”字泛化，这一泛化还导致了“的”对状语标记“地”的误代（他小心翼翼的抱过孩子）。而对于把汉语作为第二语言的学习者来说，三种标记之间的误代都不同程度地存在着，这些误代不能简单地归结为书写问题，实质上是由对句法结构的认知混乱或缺失引起的，属于语法偏误。在语料库中我们还发现不同的句法标记用在了相同的句法结构中，如例句 11，有两个定中结构，定语都是“很多”，却用了不同的标记，前一个是定语标记“的”，后一个误用为情态补语标记“得”。另外，同一篇作文甚至同一句话中，同一个句法标记又用于不同的句法结构，如：

（25）我们来画一条蛇，画**得**最慢**得**人去抬水。

（26）有时很严格**得**教育我，我非常喜欢你们严格**得**教育。

（27）一个星期，一个月，一年，十年时间过去了，我的记录本子上，重复又重复**得**只写得了三个项目：（一）抽烟，花钱与对身体健康不良（二）园艺，可以整个下午藏在他心爱的花园里种花与看花（三）洗车，每天下午风雨无阻的把他的汽车洗**得**亮晶晶，花了不少于干两个小时的时间。

例25中，“得”既用作情态补语标记又用作定语标记；例26和27中，“得”同时用作状语标记和情态补语标记。发生这种情况，也是由于对定语、状语和补语三个语法范畴以及三者的句法标记缺乏基本认知而引起的。

语料库中还有不少情态补语句遗漏了标记“得”，统计出70例。以下六例括号位置均应添加“得”：

（28）我吃（**得**）很快，吃完了就逃回了房间。

（29）我无疑地赞成父母的功劳高（**得**）像泰山。

（30）在蜜蜂王国里，蜂王、雄蜂、工蜂的工作分配（**得**）好，谁也不赖账。

（31）我们很轻易地看到，他们的手指，指甲都变（**得**）黄黄的，而且都是很沉的烟草味。

（32）回想我童年时候，我们玩得很愉快，不像今代小孩子整天都玩电脑，没有运动又长（**得**）很胖。

（33）房间里没有任何声响，我害怕（**得**）连呼吸都不敢，但我自己好像听到很大的心跳声、行走时关节的摩擦声和衣服的沙沙声……

标记“得”是情态补语的基本结构特征，此类偏误的原因显然也是对该语法范畴缺乏认识。

定语、状语和补语是汉语语法分析中六大句子成分中的三个，是最基本的汉语语法概念。情态补语标记“得”与定语标记“的”和状语标记“地”的相互误代，以及情态补语句标记遗漏，反映出外国学生汉语语法概念的欠缺。在教学中我们发现外国学生缺乏最基本的语法概念是普遍现象。很多人不但分不清定、状、补，甚至不知道主语、谓语和宾语指什么，对各种词类的概念也相当模糊。当老师借助这些语法概念，解释某种语言现象或分析学生偏误时，很多人一脸茫然，似懂非懂，因此无法从理性上认识汉语的语言现象，影响到其语言表达的正确性和汉语整体水平的提高。

语法概念欠缺的背后是语法意识的欠缺。难得有学生自觉而有意识地学习语法。很多人以为语法概念是抽象的，语法规则是繁琐乏味的，学语法的作用是间接、有限的。在口语和书面表达中，学生多关注意义的表达，而对输出的语言形式缺少监控。由于不注意汉语表达形式与母语的差异，他们容易受母语负迁移的影响。因为不具备基本的汉语语法概念和语法知识，即使明知表达有问题，也无法从理性的角度进行分析，找出偏误根源从而避免偏误的重复发生，最终导致错误的僵化。因此，语法意识的欠缺已成为保障表达正确性的绊脚石，严重阻碍学习者的汉语能力向高层次发展。

三、培养学生的汉语语法意识应作为语法教学的重要任务

要扭转这种状况，首先需要教学者对语法意识有正确的认识。有别于儿童习得母语，成年人学习第二语言，更多依靠有意识的思维活动，包含更多的理性成分。他们会自觉运用以往学习语言包括母语习得的经验，并凭借归纳推理、分析判断等抽象思维的手段对第二语言做出推断。同时也会利用所理解和掌握的语法概念和语言规则，提高语言输出的质量，加快学习第二语言的速度。

语法意识是第二语言学习中积极的思维活动，它指学习者有意识地注意目的语的形式特征。80 年代交际法推行之后，流行一种观点，认为语法在语言教学中的作用很小，甚至没有作用或者有副作用。对此，William Rutherford 和 Sharwood Smith（1985）提出了“增强语法意识（grammar consciousness raising）”的主张，目的是使学习者注意到所输入目的语的形式特征并且将其同自己输出的中介语形式进行比较，以达到提高语言表达正确性的目的。这种主张有认知心理学做理论支撑，认为学习者必须自觉注意目的语的语言形式及其体现的意义，习得才会发生。另外，研究者对课堂教学的调查也发现，单纯依靠自然的语言输入不能解决语言正确性问题，如果不注意语言的形式特征，第二语言学习者即使接触了大量的语言输入，仍避免不了大量的语法错误。很多学生到了高年级，表达中的语法偏误仍然层出不穷，有些偏误甚至是初学者易犯的低级错误，原因不是他们接触的语言材料不够，而是他们在某一阶段对某一语言形式缺乏注意而造成错误僵化。

“增强语法意识”对目前的对外汉语教学具有重要意义，可以为语法教学注入新的内容。汉语语法教学既要通过各种手段教授汉语的句子结构和语言形式，也要通过教师的引导，调动学生的认知能力，培养其汉语语法意识。作者认为汉语语法意识不应仅指自觉注意汉语的形式特征，除此以外，具备基本、必要的汉语语法概念和掌握相应的语法规则是先决条件。语法概念是语法范畴和语法内容的高度概括，是语法规则的表述基础。很难想象，没有语法概念可以从理性的高度认知第二语言的形式特征。而只有掌握了必备的汉语语法概念和语法规则，学生才能真正注意到汉语和母语的差异、自己的输出形式和语言材料的输入形式之

间存在的差异，才能够举一反三地分析偏误发生的原因，从而提高对语言输出的监控能力和表达的准确性，否则“注意”难以落实。因此，我们认为对外汉语语法教学理应包括基本、必要的语法概念和语法知识，比如说汉语的句子成分和汉语词类。一味强调语言教学的趣味性、屈就学生的畏难情绪而“淡化语法”的做法，从长远看有害无利。

培养汉语语法意识不是短期的教学行为，应延续到中高级教学阶段，但它在初级阶段显得尤为重要，因为这是学习语言基本结构的关键期，也是学习习惯养成的关键期，学习者的僵化错误往往也是在这个阶段形成的。因此，汉语语法意识的培养应该在初级教学阶段就给与重视，通过课堂教学的引导，帮助学生建立汉语语法意识、发展汉语语法意识，并将其贯穿于课内外学习中，最终有助于学生完善自我语法体系和形成自学语言的能力。

参考文献

1. 高　远．增强语法意识，加强语法教学——谈大学英语语法教学．外语界，2007(6).
2. 贾　钰．外国人汉语情态补语句偏误分析．首届汉语中介语语料库建设与应用国际学术讨论会论文选集．世界图书出版公司，2011.
3. 李大忠．外国人学汉语语法偏误分析．北京语言大学出版社，1996.
4. 李临定．带“得”字的补语句．中国语文，1963(5).
5. 刘月华，潘文娱，故韡．实用现代汉语语法（增订本）．商务印书馆，2001.
6. 孙德金．外国留学生汉语“得”字补语句习得情况考察．语言教学与研究，2002(6).
7. 张宝林．汉语教学参考语法．北京大学出版社，2006.
8. Sandra S Fotos. Consciousness Raising and Noticing through Focus on Form: Grammar Task Performance versus Formal Instruction. Applied Linguistics, 1993, 14(4):385-401.
9. Schmidt R. The Role of Consciousness in Second Language Learning. Applied Linguistics, 1990, 11(2):129-58.
10. William E Rutherford, Michael Sharwood Smith. Consciousness-raising and Universal Grammar. Applied Linguistics, 1985, 6(3):274-82.

认知理论在复合趋向补语引申用法教学中的应用

邹华丽

中华语文研习所上海虹桥校

一、认知理论

1.1 认知结构

认知心理学是对外汉语教学的理论基础之一。认知心理学是运用信息加工处理的观点来研究认知活动的。教师循着认知规律去施教，可以有的放矢地引导学生掌握知识。教师的责任就是要提供一切条件帮助学生对输入的信息进行加工，也要训练他们准确而快速的反应能力。学习汉语的外国学生接收汉语句子是以其母语和已学过的汉语知识为基础的。也就是说，新知为旧知所接纳，而旧知因为新知的介入得到了相应的改造和发展，这就是“认知结构”(李维，1998:1)。

1.2 认知层级

人类的认知具有不同的水平和不同的层级。一般分为简单的认知学习、复杂的认知学习和更高级的认知学习这样三个层级。简单的认知学习，获得陈述性知识；复杂的认知学习，获得程序性知识；更高级的认知学习，获得调节和控制自己认知过程的能力，即策略知识。三个层级正好反映了人类认知学习发展的阶段和过程（邵瑞珍，1992:123）。外国学生认知学习汉语就整体而言，也正是沿着这样的层级，一步一步向高处攀登。三个层级是连续的认知活动和过程，只是因汉语水平和程度的不同，各阶段的认知学习层级有所侧重而已。

二、复合趋向补语

2.1 趋向补语的意义

趋向补语的意义分为三大类：趋向意义、结果意义和状态意义。其中趋向意义为本义，而结果意义和状态意义则为引申义。全部的趋向补语都有趋向意义，即表示人或物体通过动作以后，在空间位置移动的方向。如“来”可以理解为动作靠近说话人，“去”表示动作远离说话人。大部分趋向补语都有结果意义，即表示动作有了结果或达到了目的。有的趋向补语的结果意义不止一个。少数趋向补语有状态意义，状态意义比结果意义更加虚化，它表示动作或状态在时间上的展开、延伸，与空间无关，如表示动作状态的开始、继续、停止等等。

2.2 复合趋向补语的引申意义

简单趋向补语加上动词“来/去”构成复合趋向补语。一般认为复合趋向补语主要有13个，它们是：上来/上去，下来/下去，进来/进去，出来/出去，回来/回去，过来/过去，起来。这13个复合趋向补语跟在动词后面都有引申用法。复合趋向补语的引申意义比较抽象，很难把握，连很多本族语者都是只知其然而不知其所以然。有的表示结果意义，有的表示状态意义，状态意义比结果意义更虚，加之一个复合趋向补语往往有几个不同的引申意义，它们所被认知的难易程度也不尽相同。

2.3 复合趋向补语引申用法的习得现状

研究表明，汉语学习者在学习复合趋向补语引申用法这个汉语语法难点时常常会出现各种偏误，有的是比较有规律性的，有的已导致“化石化”的现象。学生对引申意义的理解存在混沌不清的情况，表现在混淆趋向意义和引申意义、混淆动词用法和表引申义的趋向补语用法、混淆不同的复合趋向补语的引申意义等。

因此，本文主要是基于学生的认识和理解上的问题，从认知角度对复合趋向补语引申用法进行教学探讨，包括复合趋向补语引申用法这一语法点的引出、讲解和练习。

三、认知理论与复合趋向补语引申用法教学

3.1 复合趋向补语引申用法语法点的引出

“复习学过的旧语法点，把旧知或旧命题，从长时记忆网络中提取出来，让他们处于活动状态，可以勾联出词语，也可以勾联出有关句式，这就为讲解新的语法点铺平了道路，学生可以从旧的语法点节结联系、推知新的语法点，从而编结新的节结，充实网络结构。”（徐子亮，2000:206）复合趋向补语的引申意义以及趋向补语和宾语的位置关系，都是中高级阶段的教学重点和难点。这一阶段有三个方面增加了学习的难度，一是趋向补语从简单趋向补语到复合趋向补语，结构单位扩大了；二是趋向补语由基本意义到引申意义；三是宾语的位置问题。但是趋向补语的学习不是一个孤立的过程而是环环相扣的。根据认知心理学理论，新知为旧知所接纳，而旧知因为新知的介入得到了相应的改造和发展，这就是“认知结构”。中高级阶段，简单趋向补语的用法、简单趋向补语带宾语、复合趋向补语的基本意义都是学生已学过的，为中高级阶段的学习打下了基础，有了这个旧知和已知，学生在中高级阶段接触到的复合趋向补语的意义和形式就不是完全陌生的，会比较容易被接纳。

因此，我们不建议孤零零地讲解一个新语法点，而是以旧知为基础，以旧语法点导出新语法点。在对外汉语教学中，我们要考虑动词虚化现象，复合趋向补语都是由动词虚化而来的，在复合趋向补语的教学中，首先应该在学生掌握了这些词语的动词用法以后，进行空间位移趋向意义的教学，然后再进行引申用法的教学。

3.2 复合趋向补语引申用法语法点的讲解

在释词时，我们建议采用联想法。联想法是用联想的手段来进行释词（徐子亮，2000:195）。本义引申释词就是建立在联想的基础之上的。趋向动词本来表示空间位置的移动，后来又引申出了表示主观位移、时间、结果三种意义，这三种意义互相之间没有引申关系，它们都是从空间位移意义直接引申出来的，我们用图表示为（王国栓，2005:137）：

抽象位移 ← 空间位移 → 时间

↓

结果

既然结果意义和状态意义都是以基本意义为基础，因此我们对复合趋向补语引申用法的教学，就应该重视学生对基本意义即趋向意义的掌握，在引出表引申意义的复合趋向补语这一新语法点时，可以先带着学生回忆相应的趋向意义，这样为新语法点创造了认知条件，使学生能够较快地进入接收状态。

例如，“起”作为趋向动词，它表示的是由下而上的动作，它强调的是起点，“起”的引申义大多与这一特点有关。它可以引申表示时间的开始，也可以表示结果，还可以表示主观的由下而上，“起”的发展脉络可以用图表示：

开始 ← 由下而上 → 主观位移

↓

结果

“起来”表示从低到高的位置移动，学生在初级阶段已学习了“站起来”“跳起来”等，而“想起来”的“起来”并不表示由下而上的空间位移，原来认识一个人，后来把他忘了，也可以说把他放在了记忆的深处，后来想起来了，似乎是把他从记忆深处拿上来了，这是主观位移。由空间位移到主观位移，学生依靠联想等手段可以较容易地习得“起来”的这一引申用法。

在讲解引申用法时，很难用形象化的讲解法。我们建议采用陈述性讲解。“语法规则的陈述性讲解，从认知心理意义上来说，有规－例法和例－规法两大类。”（徐子亮，2002:210）

规－例法，即演绎法，指先呈现语法规则，然后给出例句来说明规则的教学方法。例如，学生已具备了“动词＋趋1＋宾语＋趋2（趋向意义）”的知识，然后再学习“动词＋趋1＋宾语＋趋2（引申意义）”的格式，在看到“唱起歌来”“打起篮球来”这些例句的时候，由于有认知机制上知识的同化作用，在接收时知识结构上有所积累和准备，可以很自然地推导到要学的语言项目上来，习得过程就得到易化。

例－规法，即归纳法，指先给出若干例子，让学生从例子中概括出一般结论的教学法。例如，在教“下去（继续）”的时候，我们可以先给出几个例句：

这个节目真没意思，我不想看下去了。

他说的意见很好，让他说下去吧。

你已经很瘦了，不能再瘦下去了。

从横向角度看，这些句子中都有跟表趋向意义的复合趋向补语“动词＋下去”相仿的格式。但是并非表示从上到下的空间位移。从纵向角度看，复合趋向补语“下去”的前面可以是动词，也可以是形容词。由此，可以总结出“动词/形容词+下去”表示动作或状态的继续（从现在到将来）。对学生来说，这是一种发现学习。这样习得的语义或规则，可以一下子进入长时记忆的网络，学生掌握得更牢固，以后在理解和表达时匹配和提取就更快更准确。

汉语学习者大多已是成年人，他们已经具备了概括和归纳的思维能力，因此我们采用陈述性讲解法就是充分利用学习者的思维能力，这样可以加速学生的汉语学习进程。

3.3 复合趋向补语引申用法语法点的练习

学生在课堂上所学的知识很大程度上只是陈述性知识。要使这些陈述性知识转化成动态的、有活动能力的陈述性知识，就要加强练习。学生即使可以说出一些复合趋向补语的引申用法，但是很多人还是觉得用起来很难，不知道怎么用，也不知道用得对不对。这说明，我们在教这一语法点时，练习得不够，知识在进入学习者的短时记忆后由于没有得到及时操练，就被后学习的知识排挤或替代了。练习对复合趋向补语引申用法的习得尤为重要。

课堂教学的关键是要让学生构建起汉语语言模式，并应用汉语语言模式。对于在中高级阶段教学的引申意义除了需要解释清楚趋向补语的引申义以外，还应该将趋向补语与动词搭配起来，让学生首先掌握那些最常用的形式，熟悉那些引申意义出现的语义环境和语用环境，在头脑里构建起相应的语言模式。我们可以在教材的练习中或课堂练习中安排一些组块性练习。“组块”1950年由美国心理学家米勒（Miller）和塞而弗里奇（Selfridge）提出，表示的是记忆对信息的加工过程——把单个信息组成更大的单位，这个过程的结果便是chunk（组块），也译作“语块”“意元”“词块”。例如，在教“出来（识别）”时，除了解释其识别意义，还要把“动词+出来（识别义）”中的常用动词告诉学生，或者作为一个新词完整地教给学生，如“认出来”“听出来”“看出来”等，进而扩展成句子，使学生在句子语境的帮助下更牢固地掌握这些动趋搭配中复合趋向补语的引申意义。再如，我们在教“起来”带宾语时，可以将其写为“起……来”，虽然只是一个省略号，但是学生会明白，“起来”不是不可拆分的，进而在教“动词+起+宾语+来（开始义）”时，我们把一些常用的搭配呈现给学生，如“下起雨来”“跳起舞来”等，使学生在习得时既掌握了规则和语义，同时也知道了怎么根据语境来使用这些搭配。

语言是一个层级系统，学习者在进行信息处理时头脑中也存在着相应的层级系统，其基本的单位便是一个个的组块，它是记忆、编码、思维等的基础。组块的大小不是固定的，而是随着学习者学习的深入不断变化的（宋祖德，2002）。组块性练习的好处是可以使留学生较为容易地对这些表引申义的复合趋向补语进行信息编码和存库，使学生头脑里语言网络中的一些词语节结同另外一些词语节结经常性地联系在一起，这样既便于理解语义，又帮助学生完成由词语模式到句子模式再到带有意念的思维模式的构建。一旦受到外部或内部信息的刺激，这种模式就会被激活、唤醒，经过组合后产生言语，省去了一个一个选取出来再进行搭配的时间。

除了组块性练习外，我们也要通过泛读等练习来提高信息的复现率，通过反复刺激使新知识在学习者的长时记忆中更加牢固、持久。因此，除了主干课阅读课外，我们可以在一些泛读、选读内容或是课堂教学补充材料中安排复合趋向补语引申意义的内容；而且，本文所研究的复合趋向补语有的是有多个引申义，通过泛读练习借助语境的作用就把引申意义限定为一个，而且由于是有语义和情景的双重编码，编码线索多了，以后学生在需要用时提取得就快；另外，中高级阶段学生已经具有了一定的汉语语感，因此这个阶段提高学生对复合趋向补语引申用法的理解能力和运用能力，也与学生语感的提高有关系。通过泛读练习中对这一语法点的多次复现，就可以培养学习者对于复合趋向补语引申用法的语感。

四、结论

复合趋向补语的熟语程度越高、实际生活中使用率越高，学生的习得情况就越好；而那些引申意义虚化程度较高、实际使用率低的复合趋向补语，不管是对中级水平还是高级水平的学习者来说，都是学习的难点，学生往往产生混淆。语言知识负迁移、回避的交际策略及汉语表达上重含蓄及理解上重悟性的特点都可以对复合趋向补语引申用法习得困难做出解释。

对外汉语教学中，我们要帮助学生快速高效地学习，除了要注重汉语知识本身的特点以外，也要重视学习者的认知特点和规律。我们从认知理论角度对复合趋向补语引申用法这一语言项目进行了较为深入的教学探讨，提出了旧知同化新知、本义引申释词、组块性练习等教学设想，希望能使汉语学习者从中受益。

参考文献

1. 李　维 . 认知心理学研究 . 浙江人民出版社，1998.
2. 邵瑞珍 . 学与教的心理学 . 华东师范大学出版社，1992.
3. 宋祖德 . 组块效应及其对外语教学的启示 . 外语与外语教学，2002(9).
4. 王国栓 . 趋向问题研究 . 华夏出版社，2005.
5. 徐子亮 . 汉语作为外语教学的认知理论研究 . 华语教学出版社，2000.

汉英对举构式比较及汉语教学 *

徐式婧

北京语言大学汉语国际教育学部孔子学院事业部

一、引言

Goldberg（2006）在《Construction At Work（运作中的构式）》中提出：任何一种语言形式，只要它的形式或者功能不能从其组成部分或者其他构式中推测出来，即其意义是带有不可预测性的，称之为构式。他对构式的界定非常广泛，小到是一个词素（如 -ing）、一个词（如 buy），大到一个结构（如双宾结构）、一个句子（如条件从句），都可以看作一个构式。他认为，构式比单一动词更能表达句子的准确意义。

对举是汉语中一个重要的语法现象，它在语法、语义和韵律方面都有其自身的一些重要特征，它既可以出现在词汇、成语和俗语中，也可以出现在句子和语篇中，我们可以将对举构式看作一个从词汇层面，到句法层面，再到语篇层面的连续统。在预测句子意义方面，对举构式可以表达出诸如夸张、极性、抽象等意义，这些意义往往是单个动词无法预测的，只有两个成分对举时才能表达出来。英语中是否存在对举构式？与汉语有何共性和差异？本文尝试对汉英两种语言中

* 本课题受北京语言大学校级项目资助（项目编号 13YBG16）。

的对举构式进行对比分析，在此基础上为对举构式的汉语教学提出一些可参考的建议。

二、汉语中的对举构式

2.1 对举构式的界定

汉语中的对举构式是指由两个或者两个以上的相似成分放在一起使用而形成的结构，两个或者多个成分往往句法结构相同，语义相近，字数相等。形成对举构式的两个成分对称整齐、和谐，体现了中国人“对称美”的认知风格和民族心理。在目前的研究中，对于“对举构式”的宽窄界定不一。有词汇层面的，句法层面的，还有语篇层面的。

2.2 对举构式的分类

汉语中的对举构式（刘云，2006）可以分为强制性对举和非强制性对举两类。强制性对举指的是，对举式中无法插入类似的结构，而且用来对举的两个成分也缺一不可，形式上常常有明显的“对举标”[①]。比如，“左一声对不起，右一声对不起”中的“左”和“右”。非强制性对举指的是，对举式由两个或者两个以上的成分组成，其组成部分是自由的，形式上一般没有明显的对举标，对举式中可以插入类似的结构。比如：“他们谈了很多，多得无法计量，谈得很深很深，深得无法测量。”除了以上的分类方式，还可以从对举标或者对举格式角度进行分类。比如，从对举标角度可以分为：方位词对举构式、代词对举构式、数词对举构式，存在动词对举构式等等。从对举格式角度可以分为：肯定否定对举构式、回环式对举构式、重叠式对举构式等等。但从目前的研究来看，这种分类并未穷尽所有的对举构式，还有待进一步研究。

2.3 对举构式的特征

汉语中的对举构式常常突破汉语中的一般规律，它在韵律、句法和语义方面都有自身的一些重要特征。

韵律方面，汉语中的对举构式结构整齐，对称平衡。两个或者多个小句的字

---

① 刘云（2006）提出有的对举式在形式上有一个比较明显的成对的标志，这种在语义上相反或者相对的成对标志称之为对举标。

数一样，常常通过“对举标”形成对举。在对举构式中，有一些“对举标”出现的频率较高，有一些则出现频率比较低，或为临时使用。常见的“对举标”有以下几类：方位词（如：东西、上下、左右、前后）、代词（如：你我、这那）、动词（如：有没）、形容词（如：长短、深浅）等等。在这些“对举标”中，代词、方位词在语料中出现的频率很高，使用非常广泛，对举能力很强；另外一些对举标比如形容词、动词，出现频率比较低，对举能力自然也比较弱。即使在没有明显“对举标”的构式中，也常常通过反义词、近义词、同义词或者类义词进行对举，形成一个韵律和谐的“对举空间”[①]。例如：

（1）上有天堂，下有苏杭，杭州美景真是不得不去。

（2）孩子们呢，这个也惦记着，那个也惦记着，这个给买个半导体，那个给买个电风扇。

（3）他深一脚、浅一脚在雪地里走着。

句法方面，汉语中的对举构式具有成句功能，它可以突破某些特定的句法规则。当两个小句对举时，句子成立，但如果单独使用其中一个小句，小句则不自足。例（4）中，如果只用对举构式中的一个小句，则句子是不成立的：

（4）他们对成人的婆婆妈妈式的絮叨和劝告特别反感，不愿意听成人吩咐或指挥，喜欢自己干这，干那。（“干这”不能离开“干那”独立使用）

汉语中的对举构式常常突破汉语一般的句法规律，能够形成句法省略，使一些特殊的语序成立，还能够出现非常规搭配。例如：

（5）我现在做生意飞机来飞机去的。（省略动词）

（6）这样吧，十一课我讲，十二课你讲。（非正常语序）

（7）这咸菜那咸菜的，摆好几个碟儿，好像他挺讲究的。（代词与名词直接搭配）

从语义和语用效果来看，汉语中的对举构式的语义并不是原有两个小句意义的简单相加，而是在其基础上的语义增强和变异；语用上则有增强句势的作用。

（8）一个部门、一个企业的领导，不能怕这怕那。（“不能什么都怕”之意）

（9）他改名换姓，东躲西藏了 17 载。（“四处躲避”之意）

具体来看，不同的对举构式在语义方面，存在着差异。对举构式可以看作一个构式范畴，在这个范畴中，包含很多不同的子构式。如：指示代词、人称代

---

① 甘莅豪（2010）认为，对举构式能够形成一个相对闭合对举空间，对举由于相邻单位在结构上的一致性和对称性造成相互吸引，由此形成一个内部具有高于寻常的稳定性的整体。

词、方位词、数词、肯定否定、回环式对举构式等等。这些子构式之间既存在共性，又存在差异。共性方面，不同的子构式在韵律上都表现为对称平衡，句法上常常突破汉语的一般规律，语义上都是在两个组成成分意义基础上的增强和变异；差异方面，不同的子构式表达的意义有所不同。指示代词对举构式常常用具体、生动的语言表达相对抽象的道理。例如：

（10）这验收，那验收，都要县乡干部筹。这达标，那达标，上面从不掏腰包。这大办，那大办，都是农民血与汗。（表达“无论县乡做什么事，好事还是坏事，遭殃的都是农民”）

此外，温锁林（2010）认为某些对举构式能够表达极性意义。铃木庆夏（2006）认为有些对举构式可以表达事物或者事件的范畴化，例如：

（11）鲁班门前弄大斧，关公面前耍大刀。（表达：在顶级高手面前玩弄自己的小把戏或小聪明是最不自量力的举动）

（12）那天，与一位白领女士聊天，她职位稳定，收入颇丰，夫君更称得上成功人士，早已过上一套房子一辆车，一个孩子一条狗的优裕生活。（表达：“她”是一个属于成功人士或小康人士范畴的人）

三、汉英对举构式的共性

英语中的对举构式广义上可以包涵 Antithesis 和 Parallelism 两个方面的内容。叶定国（1998）对两者下过定义：

Antithesis：指的是将意义相反的两个句子（或者句子成分）排列在一起，互相映衬对照。类似于汉语“对偶”中的“反对”。例如：

（13）There is honor among thieves, but none among gamblers.

Parallelism：指的是由两个或者两个以上结构完全相同或者非常类似的句子构成，并且句子与句子之间的联系由于语义上的一致和句法关系的相关得到加强。既包括“正对”，也包括“反对”。例如：

（14）Where is your time, where is your achievement.（正对）

（15）Now that I loved Caesar less, but that I loved Rome more.（反对）

汉语和英语对举构式虽然不能完全对应，但存在着许多相似的地方，主要体现在以下几个方面：

3.1 使用情况

汉语和英语中的对举构式不仅仅是在句子层面存在的，它们还都可以出现在词汇层面和语篇层面。例如：

（16）He plays good tennis day in and day out.（词汇层面）

（17）Remember what should be remembered, and forget what should be forgotten.（句子层面）

（18）The eye of man hath not heard, the ear of man hath not seen, man's hand is not able to taste, his tongue to conceive, nor his heart to report, what my dream was.（语篇层面）

（19）打开开关！（词汇层面）

（20）我在黑板写，你在地上写。（句子层面）

（21）这验收，那验收，都要县乡干部筹。这达标，那达标，上面从不掏腰包。这大办，那大办，都是农民血与汗。（语篇层面）

3.2 句法

汉语和英语中的对举构式在句法上都有一些特殊性。如前文所述，汉语中的对举构式常常可以突破一般的语言规律；英语中的对举构式，虽不能突破句法规律，但也常常可以出现省略，第二小句可以省略与第一小句相似的动词，还可以出现一些倒装句序。例如：

（22）Deeds show what you are; words, what you should be.（省略句）

（23）My paintings the visitors admired, my sculptures they disliked.（倒装句序）

（24）所以，嘿嘿，这么聊没法儿记，这儿一句，那儿一句，非得具体按着什么先提什么呀。（省略句）

（25）至于提这样口号，那样口号，这样方针，那样方针，只有有了基层工作，有了经常工作，才有希望落实。（非常规搭配）

3.3 语义和语用效果

汉语和英语中的对举构式由于其较为特殊的句法形式，与常规句相比，在语义和语用效果上都有强调、突出语义和加强语势的功能。例如：

（26）A wise man thinks all he says, a foolish man says all he thinks.

（27）他天不怕，地不怕，就是怕老鼠。

四、汉英对举构式的个性差异

作为不同类型的语言，汉语和英语中的对举构式有着相似的地方，也存在着诸多差异。汉英对举构式的不同之处主要体现在以下几个方面：

4.1 使用情况

根据我们对母语者语感的调查，汉语中的对举构式由于其形象生动的表达，无论在成语、俗语还是一般的句子中都能够大量使用，尤其在日常口语中经常使用这种构式；对英语母语者来说，对举构式主要在书面语中使用，日常言语中并不多见，在古英语中常有这样的句子：

（28）When he is best, he is a little worse than a man; and when he is worst, he is little better than a beast. —William Shakespeare, *The Merchant of Venice*

陈程（2010）调查了词汇层面汉英两种语言中对举构式的使用差异。文章统计了《朗文英语词典》和《现代汉语词典》中收录的对举反义词的数量，认为汉语对举反义词的数量远远高于英语。

4.2 句法

汉语的对举构式较为严格，不仅两个小句字数相等，而且小句相对应的成分在词性上往往是一致的。句法上的整齐、和谐，以及对“形”的严格要求，反映了中国文化中“对立统一”的观念及“和谐美”的民族心理。英语中的对举构式则相对较为宽松，只要求结构或者句法上相似，两个小句字数常常不相等，有一定的灵活性。这与西方人崇尚个性、自由的民族文化相关。例如：

（29）The eye of man hath not heard, the ear of man hath not seen, man's hand is not able to taste, his tongue to conceive, nor his heart to report, what my dream was.

（30）鲁班门前弄大斧，关公面前耍大刀。

汉语中的对举构式，常常省略句子成分，谓语动词时常被省略；英语中的对举构式，一般两个小句不能同时省略谓语动词，第二个小句可以省略与第一个小句相似的动词。汉语中的对举构式则是要么两个小句同时省略动词，要么均不省略。例如：

（31）Deeds show what you are; words, what you should be.（第二小句的动词“show”承前省）

（32）所以，嘿嘿，这么聊没法儿记，这儿一句，那儿一句，非得具体按着什么先提什么呀。（两个小句同时省略动词“聊”）

英语中的对举构式，两个成分之间常常可以插入其他成分，尤其是一些连词、介词等，英语需要形式手段作为两个成分的连接，是“形合”；汉语中的对举构式，两个成分间一般不插入其他成分，不需要形式手段，往往靠“意合”。这种情况尤其在词汇层面更为明显。例如：

（33）come and go, Ten to one, Thousand and one, on and off, In and out

（34）来回、开关、左思右想、东奔西跑

4.3 语义和语用效果

汉语中对举构式表情达意的功能是英语远远不及的，如前文所述，汉语中“对举构式范畴”所表达的含义非常丰富，不同的子构式可以表达不同的意义。英语中的对举构式在语义和语用上也有强调和加强语势的作用，但并没有汉语那么丰富的语义内涵。例如：

（35）Economy the poor man’s mint; extravagance the rich man’s pitfall.

（36）他在公司里工作了五年了，但总是三天打鱼，两天晒网的。

五、对举构式与汉语教学

对举构式是汉语里一个重要的语言现象，但在一般的汉语教材中并未涉及。对举构式不是基础语法的一部分，但它在很大程度上反映了中国的文化和民族心理，因此对举构式的教学可以与文化教学相结合。

在汉语教学课程中，针对初级水平的汉语学习者，不需专门对对举构式进行介绍，但遇到一些由对举构式所引发的非规范的语言现象，可以适当运用对举构式进行解释；针对中高级水平的汉语学习者，可以引导学习者逐步发现这一类语言现象，通过提供大量的实际例子，引导学习者归纳对举构式的句法特点。在此基础上，让学习者从实例中理解对举构式的语义和语用功能，并将这一语言现象与中国文化中的“和谐美”和“韵律美”相联系，在跨文化理解的基础上进一步深化学习者对语言的使用和把握。

在文化教学课程中，在对传统的诗歌文化进行教学时，可以与学习者讨论传统诗歌的特点。中国古代诗词歌赋韵律和谐、朗朗上口的风格深深地影响了汉语的语言风格，体现在现代汉语中，就是对举构式的语言特色。这种语言风格与英语亦有很大的不同，教师可以引导学习者进行汉英对举构式的语言对比，从文化到语言、从语言到文化，通过语言的使用加深对文化的理解。

参考文献

1. 陈　程．英汉语反义对举词汇的语法化比较．齐齐哈尔师范高等专科学校学报，2010(2):146-147.

2. 甘莅豪．对举空间中“非法句”的合法化．华东师范大学学报，2010(2):107-113.

3. 郭富强．形合与意合的辩证法及翻译策略．中国科技翻译，2004(2):12-15.

4. 铃木庆夏．论对举形式的范畴化功能．世界汉语教学，2006(2):45-53.

5. 刘　云．现代汉语中对举现象及其作用．汉语学报，2006(4):75-85.

6. 温锁林．汉语中的极性义对举构式．汉语学习，2010(4):16-24.

7. 叶定国．谈谈汉语对偶句的英译．西安外国语学院学报，1998(4):58-62.

8. 殷志平．对称格式的认知解释．语言科学，2004(3):89-95.

9. Adele F Goldberg. Constructions at Work. Oxford University Press, 2006.

副词“可”的语义语用研究

王俊毅

北京语言大学汉语国际教育学部汉语进修学院

“可”是一个口语中常用的副词，也是一个功能复杂的副词。在对外汉语教学中，这个副词往往被忽视，不把它作为一个语法项目来讲解。比如《高等学校外国留学生汉语教学大纲（长期进修）》的语法项目表中就没有将其列出。即使在教材中提到，也往往以“表示强调语气”[①] 做一个粗略的解释。这一方面是由于副词“可”本身用法的复杂性，另一方面也反映出对这一副词本体研究方面的不足。

在汉语教学中，一个语法点的解释与教学应该兼顾“总”和“分”两个方面，在两者之间找到一个适当的度。如果一个语法点按照语义语用分项过细，就会割裂各项之间的联系，不利于掌握。但是一个语法点如果过于重视其共同点，对内部差异重视不够的话，学生同样会感到疑惑，在具体应用时无所适从。另外，过于追求对核心意义的探求而忽视其内部差异，往往会造成过多的例外情况，对教与学两方面都造成麻烦。因此，本体研究中对于复杂的语法项目，既要力求寻找该项目的核心意义，也要对其用法进行适度的分项。

对副词“可”的研究，吕叔湘（1980）较为笼统地从语气方面把它分为两大

① 参见《现代汉语八百词》，第 299 页。

类，一类是“表示强调语气，程度由轻到重都有”；另一类是“表示疑问”。北大中文系 1955、1957 级语言班（1982）则将其用法较为细致地分为六项：用在感叹句中、叙述句中、祈使句中、询问句中、复合句后一分句中、独立语“可不”“可不是”中，分别表示不同语气。杨惠芬（1993）基本承袭了后者的结构，从“可”在陈述句、感叹句、祈使句、疑问句、复句中的使用分析其语义情况。

一些较新的研究则更注重对副词“可”的核心用法的研究，希望在其内部复杂性的基础上找到一致性，找出它的基本语义或语用核心。比如刘丹青、唐正大（2001）从语用功能探讨，把“可”作为“话题焦点敏感算子”，认为“可”对它前面的成分施加影响，使其成为话题焦点，同时使它后面的焦点成为对比焦点。罗晓英、邵敬敏（2006）将“可”的核心语法意义总结为两个：“可（重读）”表示程度的强化，“可（轻读）”表示语气的转折。张旺熹、李慧敏（2009）认为“可”的语义核心是突显预期，并进一步探讨它在各个句类中突显预期的情况。这些对副词“可”的“‘差异性’和‘丰富性’背后的内部一致性”(刘丹青、唐正大，2001）的探讨是很有意义的，为汉语教学中副词“可”的基本意义解释提供了思路。但在实际教学中，我们认为核心意义的解释仍需进一步具体化、实用化，或者说是这个解释需要使这个词的使用条件更清晰，使学生更容易掌握、应用。

基于前人的研究以及教学的实际需要，本文希望能够对“可”的语用核心进行进一步探讨，并在此基础上对其进行语义情况的梳理和分类，探讨其内部差异性。

一、副词“可”的语用核心

张旺熹、李慧敏（2009）认为“可”往往出现在对话框架中，其核心语义功能是“突显预期”。我们觉得从另一个角度来考虑可能更有利于教学，那就是将“突显预期”这一说法改变为“消除预设”。

在副词“可”出现的句子中，有一个预设作为其成立的前提：

（1）你还别美，我看她对你也是先礼后兵，到时候可别怨我不救你。[①]

（2）慧芳也笑：“可知道自己给群众留下什么印象了吧？”

例（1）中包含的预设是“到时候你可能会怨我不救你”，“可别怨我”是在此预设前提下提出的提醒，如果没有这个预设，副词“可”就不具备出现的条

① 除注明出处外，本文例句均来自 CCL 语料库中检索出的王朔作品中包含副词“可”的句子。

件；例（2）中包含的预设是“你以前不知道自己给群众留下的印象”或者“你以前自己以为的形象是错误的”，现在知道真相了。

以上两个例子可以看出两点，一是“可”字句[①]使用语境中包含预设，二是“可”字句本身对这一预设进行了消除。

为了对以上两点进行验证，我们先对“可”字句语境中的预设进行一下梳理。

1.1 “可”字句预设的类型

我们通过北大CCL语料库对王朔作品中的包含副词“可”的句子进行了穷尽性分析，认为“可”字句中隐含的预设大约有这么几类：

1.1.1 说话者的既有观念或预期

（3）小杨站在一旁看我熟练地忙活，笑着说：“没想到你还有这一手，在学校你可光会蕃茄拌面。”

（4）“你可跟过去大不一样了。”我笑着对高晋说，……

例（3）所包含的预设是说话者小杨本来以为对方“光会蕃茄拌面”，而实际情况与此预设不同。

1.1.2 受话者的既有观念或预期

（5）何必起身鞠了一躬：“牛大姐，您还得准备一两分钟的发言，晚会开始前跟小朋友托咐托咐。”“哟，我可不会说话，当着那么些人我说什么呀？”牛大姐连连摆手。

（6）“真的，他亲口对我说的。他着迷了，你没白忙一早上。”

“我可一点没看上他。我早上只不过到得早点儿和他说了会儿话，都是同事，不理不睬也好。”

例（5）中何必提出让牛大姐讲一两分钟的话，按照会话中的合作原则，他的观念中牛大姐应该是有完成这一任务的能力的。牛大姐对这一预期进行了否定。例（6）的对话者中，前者的预期或者说已有观念是两人的某种关系，而后者对这一预期或想法予以否定。

1.1.3 第三者的既有观念或预期

（7）她还总要我说，第一眼我就看上了她。那可没有，我不能昧着良心，那时她还是个孩子，我成什么人啦。

---

① 为行文方便，姑且将包含副词“可”的句子称为“‘可’字句”。

(8) 要是有人说他是世界最大的傻瓜，你可千万别信！

例（7）中的“她”，例（8）中的“有人”都是作为对话的第三者，“可”字句对第三者提出的观点或预期进行否定。

1.1.4 说话者所认定的他人预期

(9) 大家对着照相机镜头并肩站着，七嘴八舌地催促高晋：“快点，我们可坚持不了多一会儿。”

(10) 钱康露头对孤零零站在街边的肖科平喊：“回头吃饭你可得去。”

例（9）中，“我们可坚持不了多一会儿”是对照相者的提醒，大凡提醒，都会有一个前提，那就是担心对方可能注意不到这一点，这同样是一种预期，不过是说话者自己为对方设定的预期。例（9）正是这种情况，说话者预设照相者考虑不到“我们坚持不了多一会儿”这个问题，或者说替照相者预设了“慢一点也没关系”这样一个前提，而“可”的使用正是基于这一个预设。

1.2 副词“可”的语用核心

我们将副词“可”的语用核心表述为“消除预设”，因为基于以上分析，“可”字句的表述正是以预设作为话语前提，对预设内容进行否定，打消这种预设，提出自己所确认的观念或预期。而“可”作为副词时给我们“强调”的感觉正是在这种消除与确认之间所产生的，也正是这种预设与真实状态之间的反差所形成的对比，使“可”具备了“话题焦点敏感算子”这样的语用功能。

二、“可”的语义语用情况分析

为进一步考察“可”字句中消除预设的情况，我们对CCL语料库中所检索到的王朔作品中的“可”字句进行了分析，将“可”分为以下几种情况：

2.1 用于对比

用于“对比”的副词“可”，事实上就是刘丹青、唐正大（2001）所分析的作为“话题焦点敏感算子”的“可”。比如：

(11) 你还是找韩劲那样的老实小伙子结婚好，一定会对你好一辈子的。我可就说不准了，即便现在喜欢你，一旦你老了，十之八九会去另觅新欢。

(12)“(这辆汽车[1])四千。”“不贵呀。”“是啊，现在可没这么便宜了，大摩托都三千多，我捡了个便宜，但也把我爸爸留下的那点钱折腾的差不多了。”

这两例中的对比意味很强烈。例（11）“韩劲”和“我”形成对比，例（12）以前和现在形成对比。

那么，能否将“可”算作是一个表示对比的副词呢？其实，“可”并不是单纯表示对比的副词，“对比”只是它所处的语境给我们的感觉。我们用一个简单的对比句来进行测试[2]：

(13) a 老李跟老刘是同一年的。——哪儿啊，老刘是五五年的，老李可是五七年的。

b 他们俩不是同一年的。——*对，老刘是五五年的，老李可是五七年的。

同是对比，但例（13b）不适合用副词“可”，其原因就在于，例（13b）没有消除预设的语用环境，对话的两个人都同意老李跟老刘不是同年，所以只是客观地列出了他们的年龄，单纯作为对比。例（13a）用“可”，因为交谈的一方预设了“老李跟老刘是同年”这一命题，另一方要用“可”来消除这一预设，并说明实际情况。“可”的语用意义正在于此。

回头来看（11）和（12）两例，（11）虽然表面上看来是将“我”与“韩劲”做对比，然而更深层次上的意义是在消除对方的预设：“‘我’会一辈子对‘你’好”。例（12）也不是简单地拿以前和现在对比，而是消除对方“这汽车真便宜”的预设，告诉对方这是以前的价儿。

2.2 用于否定

(14) 我可没这么说，你别往这套儿里绕我。这是不可分割的。

(15) 飞什么？我可没说过我要飞。

例（14）和例（15）均是说话者对对方所预设的错误信息进行了消除并进一步加以纠正。

2.3 用于拒绝

(16)“你可以生场大病，考验考验我。”

“不不不，我可不敢冒险。”马林生连连摆手……

---

① 原文主语承前省略。

② 例（13）为作者自造。

（17）王亚茹对小芳说：“那可不行，我不能随便给人开假条，有病看病。我从来不给人走后门，你这不是让我破坏原则么？”

这两例都是用于对对方要求或提议进行拒绝。这一类消除预设的情况很容易理解，提出要求或提议都是在预设对方可能会答应的前提下进行的，而对方进行拒绝的时候也同时消除了对方的这一预设。表示拒绝的“可”字句可以分成两种情况，一是直接回绝，如例（17），直接用“不行”来回绝对方开假条的请求；还有一种情况是解释性回绝，如例（16），在前面用“不”进行回绝的基础上，进一步解释了回绝的原因，副词“可”既可以用在直接拒绝的句子中，也可以用在解释回绝原因的句子中。

2.4 用于提醒

（18）“你可别去他爸他们军的文工团。”许逊说，“一去先得叫他爸糟踏了。”

（19）周瑾的哭声更大了。我不理她，点上一支烟，继续看报纸：“你小点声呵，人家邻居可都睡了。”

在提醒语境中，说话者有一个假设，认为受话者没有考虑到某方面的内容、忽略了这一方面的内容或者认为这一内容不重要。这一假设是副词“可”使用的前提：为受话者设定了一个预设——不重视自己所要指出的某一内容。说话者于是用“可”来打消这一预设，告诉对方这一点很重要，“可”在打消预设的同时，增加了语气，“可”有强调的作用也正来自于此。

“可”用于提醒也有两种情况，一种是直接用在所要提醒的内容中，如例（18）；另一种是用在对该提醒的解释中，如例（19）。

有一些提醒具有强烈的警告意味，例如：

（20）怎么样，能不能认个错？不能认错我们可动手了，这屋里我们可有三个人。

（21）酒量不大还爱逞能，回头喝吐了可没人管你。

警告意味同样来自于对预设的否定，提醒对方不要以为后果不严重。

2.5 表示程度出乎意料

（22）她的力气可真大，她那一推使我一屁股坐回到床上。

（23）那你可真太不了解情况。

这两例中的“可”似乎是表示程度的。但是正如刘丹青、唐正大（2001）所注意到的，“我们在程度副词前还可以再加上‘可’，却并不会让我们认为它有

'程度副词重复'这一语病，也并没有使述语部分的程度得到加强"。例（22）中使用了表示程度的副词"真"，例（23）更是同时使用了"真"和"太"。因此将"可"作为程度副词是不怎么合适的。

我们认为，这两个例句中的"可"仍然是语用核心为"消除预设"的副词"可"，所消除的预设为说话者自己对程度的预期，也就是说事实上的程度是超出说话者预期的。如例（22）中"她的力气可真大"是说她的力气超出了"我"的预期，没想到她的力气这么大。

2.6 表示程度高

（24）他对薛苹可好啦。

（25）你说的这个人真是《大众生活》的？现在骗子可多了。

与2.5比较，这一类的"可"字句中没有程度副词，而且常与"了""啦"搭配，构成"可……了（啦）"结构。同时，如很多文献所注意到的，句中的"可"是重读的，这一点与程度副词有所不同，程度副词一般情况下都是轻读的，如"很好""挺好的"中的"很、挺"，因此，这类句子里的"可"并不是程度副词，句中的高程度意味来自于"消除预设"。

从语气来看，"可……了（啦）"明显带有夸张语气。"可"重读也正是这种夸张语气的体现。"现在骗子可多了"要告诉受话者的是"你所想不到的多""多得超出你的想象"的感觉。夸张的意味来自这种超出受话者预期的表述，这一预期是说话者为受话者假设的。

2.7 表示终于

（26）我可知道中国的事为什么难办了，都怕负责。

（27）这回可有个光明正大的理由了，……

例（26）有一种意外得到结果的感觉，例（27）是没想到能有这样一个光明正大的理由。这种超出预期的结果给说话者带来一种愿望终于实现的感觉。

三、余论

《现代汉语八百词》中将副词"可"分作两类，一类是"表示强调"，另一类是"表示疑问"。前面我们讨论的是"表示强调"的一类，对于"表示疑问"的一类没有论及。这一类是古代汉语遗存，较少用在现代口语中，在我们所检索到的王朔作品322例"可"字句中共有8例。如：

(28) 你呢？寻花问柳可有结果？

(29) 夏顺开笑道：“大妈，又给您添堵来了。您老身子骨可好？”

这类句子中的“可”与前面说过的消除预设的“可”不同，是个单纯表示疑问的语气词。

江蓝生（2000:65）对副词“可”从历时角度进行了研究，认为“可”表示反诘在先，表示推度在后，做推度副词的用法是从做反诘副词的用法引申而来的。根据江先生的研究，在东汉前后“可”就已经用作表示反诘的副词，这里摘录该文所举一例：

(30) 齐鲁接境，赏罚同时，设齐赏鲁罚，所致宜殊，当时可齐国温、鲁地寒乎？（《论衡·寒温篇》）

例中的“可……乎”也就是反问形式“难道……吗”，“难道齐国温、鲁地寒吗？”先做出了“齐国温、鲁地寒”这样一个荒谬的推论，将这个推论作为预设，用反问句形式来推翻这一预设，进而推翻“人君喜则温、怒则寒”这一荒谬理论。反问形式的语义基础就是句中的预设不正确，这与我们所说的消除预设是一致的。也就是说，“可”作为副词最早是以“消除预设”作为语义基础的，只是当时只用作表示反诘语气的副词。由其表示疑问的语法形式进一步引申，出现表示推度语气的疑问形式，如江文所举的宋代《五灯会元》中的例子：

(31) 通曰：“可更吃茶么？”公曰：“不必。”

这一例中，“更吃茶么”已经没有打消预设的意思了。

基于江文的研究，我们进一步推测，用于陈述句或感叹句中的“可”也是来源于表示反诘的“可”，由其表示消除预设的语义基础引申而来。这样，表示反诘的“可”就有两条引申路线：

1. 由语法形式的扩散引申出表示推度疑问语气的“可”，二者共同构成《现代汉语八百词》中“表示疑问”的“可”，如例（28）、(29)。

2. 由消除预设的语义基础引申出《现代汉语八百词》中“表示强调”的“可”。也就是我们说的语用核心为“消除预设”的副词“可”。

限于篇幅，这里只提出设想。

参考文献

1. 北大中文系 1955、1957 级语言班．现代汉语虚词例释．商务印书馆，1982:299-303.
2. 国家对外汉语教学领导小组办公室．高等学校外国留学生汉语教学大纲（长期进修）．北京语言大学出版社，2002:148-192.
3. 江蓝生．近代汉语探源．商务印书馆，2000:65-94.
4. 刘丹青，唐正大．话题焦点敏感算子“可”的研究．世界汉语教学，2001(3):25-33.
5. 罗晓英，邵敬敏．副词“可”的语义分化及其语用解释．暨南学报（哲学社会科学版），2006(2):102-108.
6. 吕叔湘主编．现代汉语八百词．商务印书馆，1996:299-300.
7. 杨惠芬．副词“可”的语义及用法．世界汉语教学，1993(3):15-20.
8. 张旺熹，李慧敏．对话语境与副词“可”的交互主观性．语言教学与研究，2009(2):5-12.

副词"反正$_2$"在语篇中的语义语用分析

牟世荣

北京语言大学汉语国际教育学部汉语进修学院

副词"反正"一直得到学界持续的关注，学者们（李宏，1999；宗守云，1999；陈晓桦，2007；董正存，2008；徐达松，2009；鲁娜，2009）从句法、语义、语用、语篇功能、语法化等多个角度和层面进行了研究。学界普遍认为副词"反正"存在两个义项：1. 强调在任何情况下都不改变结论或结果，例如，信不信由你，反正我不信；2. 指明情况或原因，意思与"既然"相近，表示坚决肯定的语气，例如，反正不远，咱们就走着去吧。（这两种义项的表述是综合《现代汉语八百词》和《现代汉语词典》的观点，两本著作在表述上略有差别，但基本是一致的。）为了行文的方便，在本文中我们将表示这两个不同语义和语用功能的"反正"称之为"反正$_1$"和"反正$_2$"。

对于"反正$_1$"的解释，学界基本都认同，但对于"反正$_2$"，则存在质疑。李宏（1999）通过语义和语用考察，认为"反正$_2$"是不存在的，其深层语义与"反正$_1$"相同，都是表示"条件虽然不同而结果不变"，只不过在表层语义上没有表现出来。李宏的解释具有一定的启发性和解释力，但基于解释的研究导向，此研究仅限于为数不多的几个例句，而没有做大规模的语料分析，在更多语料，特别是语篇语料中，对于"反正$_2$"的语义解释是否依然成立？"反正$_2$"在语篇语料中又具有哪些句法、语用的特点？其他学者对于"反正"的研究，虽然进行了语料分析，但都侧重于将“反正”作为一个整体进行分析，未聚焦于“反正$_2$”进行研究。

因此，本文着重分析了包含有“反正$_2$”的语篇语料[①]，通过分析，我们发现，“反正$_2$”句的前后往往总是在语义上关联着一个“观点句”，而“观点句”的语义基础是“不论如何都没关系”；从这个视角，我们发现“反正$_2$”语篇其实存在着四个或隐或现的语义项链条，其中“反正$_2$项 + 观点项”的语义项链条在语篇中数量处于绝对优势地位。

一、“反正$_2$”语篇中的“观点句”

通过对包含有“反正$_2$”的语篇的分析，我们发现，“反正$_2$”句往往不是孤立出现在语篇中，在其前面或后面总是在语义上紧密关联着一个“观点句”，表达说话人的某一个观点。如果从句类的角度分类，这种“观点句”主要有三类：祈使句、反问句、陈述句。

1.1 祈使句

表达祈使意义的“观点句”常常表达的是说话人认为应该做或者不应该做某事的建议，而“反正$_2$”句是提出这一建议的理由。例如：

（1）我对他说：“你尽管住吧，我反正有自己的家！”（刘心武，《我爱每一片绿叶》）

（2）“别着急。”道静推着道风走，“反正我不会让你受苦，我也得救自己。……你去告诉他吧。”（杨沫，《青春之歌》）

就“观点句”出现的位置来说，它可以出现在“反正$_2$”句的前面，如例句(1)，也可以出现在“反正$_2$”句的后面，如例句(2)。在下文所提到两类中，“观点句”也存在这种位置前后自由的特点。在这两个例句中，“观点句”都是说话人要表达的重点，例句中的“反正$_2$”句都是提出这一建议的理由。例句(1)的“观点句”是以表达建议的语气词“吧”为结尾，让听话人“尽管住（不用担心“我”是否有住处）”；例句(2)中道静劝说道风“你去告诉他吧”。

1.2 反问句

在语篇中，也有的“观点句”是反问句。反问句是无疑而问，其功能不是在

---

① 我们通过北京大学语料库（CCL）检索“大陆作家”文学作品中的“反正”语篇，从中随机选出400个“反正$_2$”语篇进行封闭分析。

于疑问，而是在于表达说话人的某种观点。反问的作用是加强语气，把本来已确定的观点表现得更加鲜明，具有较强的感情色彩。“反正$_2$”句是支撑这一观点的理由。例如：

（3）一个矮个子仰着脸说：“我们知道又有什么用呢？反正这事儿也不归我们说话。”（欧阳山，《苦斗》）

（4）我做过知县怎么着？照样敢把杀人犯嘴边的饭食抢过来塞进嘴里！你来打吗？我已经咽下肚去了，反正迟早要杀头，还怕打？——人到了这一步，也真可以说是进入一定的境界了。（余秋雨，《小人》）

例句（3）中“我们知道又有什么用？”表达的语义是自己的观点“我们知道没有用”，而“反正这事儿也不归我们说话”是支撑这一观点的理由；例句（4）中“还怕打？”表达的意思是说话人的观点“不怕打”，而“反正迟早要杀头”是支撑这一观点的理由。

在以上两类“反正$_2$”的语篇中，由于很多时候可以从“反正$_2$”句推导出说话人所要表达的意思，因此表达建议和观点的“观点句”并不出现，而是暗含在“反正$_2$”句中。“观点句”并不是一定显现，而是隐含的。由于在对话中，情景提供的信息特别丰富，因此在对话中这种隐含表达“观点句”的情况比较多。例如：

（5）王丽忍不住了，说：“林总，反正顺路嘛，座位又是空着的。（张卫，《你别无选择》）

例句中“王丽”在话语中并没有显明自己的观点，但我们很明显地体会到她这句话所隐含的建议“您就上车来坐吧”。

1.3 陈述句

有的“观点句”是陈述句，陈述某人做了或未做某事，而“反正$_2$”句是对某人之所以这样做的解释。这种陈述看起来似乎并不表明观点，但仔细分析就会发现，虽然是陈述，但都是作者在模拟人物角色的心理活动来表达观点，从这个角度来看，语篇中的“反正$_2$”句也关联着“观点句”。例如：

（6）春生爬出了坑道，我没拦他，反正到不了中午我们都得死，他要是真吃到大饼那就太好了。（余华，《活着》）

（7）李宜之的行为主要出于一种政治投机，听说苏东坡有点麻烦，就把麻烦闹得大一点，反正对内不会负道义责任，对外不会负法律责任，乐得投井下石，撑顺风船。（余秋雨，《苏东坡突围》）

例句（6）中，“反正到不了中午我们都得死”解释了“我没拦（春生）”的原因；例句（7）中，“反正对内不会负道义责任，对外不会负法律责任”是“（李宜之敢于）把麻烦闹得大一点”的原因。

值得注意的是，关联祈使句的语篇和关联反问句的语篇都出现在对话语境中，“反正$_2$”具有明显的主观性，表达坚决肯定的语气。而关联陈述句的“反正$_2$”语篇是在陈述性的语境中，其主观性似乎并不像前两类那么明显，但作者在这些描述性的语篇中，分别模拟“我”和“李宜之”的心理活动，“反正$_2$”其实也具有主观性，表达坚决肯定的语气。

二、“观点句”的语义基础

分析“观点句”的语义，我们还发现，很多“观点句”都是直接表达说话人认为某事“不论如何都没关系”的观点，在语篇中往往出现“没关系”，例如：

（8）“没关系，你用不着道歉。”刘美萍好奇地看着杨重，“反正我也不是等你，你不来也没关系。”（王朔，《顽主》）

因为“不论如何都没关系”，所以就进而会觉得“无所谓了”“不用管了”“怎么做都一样”“随便吧”“算了吧”，在语篇中常常出现“没关系、无所谓、不用管、都一样、随便、算了”，例如：

（9）“这倒无所谓，反正蒋芗泉不能不买我的面子，现在就可以打入预算之内。”（高阳，《红顶商人胡雪岩》）

（10）“反正我也不打算活一百岁，管他好不好。”（王朔，《顽主》）

（11）我吃啥都一样，反正是吃了也无用。（戴厚英，《流泪的淮河》）

（12）“你呀，反正不愿跟我，我也是外面的人，那就随你们的便吧！可是不能被外人知道了。”（冯德英，《苦菜花》）

（13）“谁也不是傻子，你以为高洋死了谁都不知道怎么死的？算了吧，我看你算了吧，高洋反正也死了就到此为止吧，何苦非把所有哥们儿都毁了，那事已经过去这么多年什么深仇大恨也该消了。”（王朔，《玩的就是心跳》）

在上一节所举例句的“观点句”中，表面上看来没有“不论如何都没关系”及相关语义的言语表述，但仔细分析就会发现，话语中都隐含着提出这些“观点”的语义基础——“不论如何都没关系”的语义。正是因为这一基础，说话人的“观点”才更能立得住脚，更有说服力。例如例句（1）中，因为“我反正有自己的家”，所以（你住多久都没有关系），因此“你尽管住吧”；例句（3）中，因为“这事也不归我们说话”，所以（我们知道不知道这事都没关系），因此“我们知道又有什么用呢？”。从表面上看来，这些句子中，“反正$_2$”句是“观点句”的语义基础，但实质上，两者之间还隐含着一个更直接的语义——“不论如何都没有关系”，这才是“观点句”更直接的语义基础。

如果把“不论如何都没关系”分解开来，就会形成“条件”和“结果”的组合，即“不论如何”(条件）和“都没关系”(结果)。李宏(1999)认为“反正$_2$”的深层语义其实与“反正$_1$”相同，在“反正$_2$”句中隐含着“条件虽然不同而结果不变”的语义，例如在“反正没多远，我们骑自行车去吧。”中，隐含着“无论是骑自行车去还是坐车去（条件），反正都用不了多长时间（结果）”。李宏的解释具有一定的启发性，让我们注意到了“反正$_2$”句所隐含的语义。我们也认同“反正$_2$”句中隐含着“条件虽然不同而结果不变”的语义，但是，我们对于“结果”的理解是不同的。我们认为，“反正$_2$”句中的“结果”不是笼统的，而是更为具体的“结果”，即“都没关系”。应该注意到，“结果不变”和“都没关系”存在着一定的逻辑关系：因为“结果不变”，所以“都没关系”。或者我们也可以将“都没关系”看作是一种更为具体的“结果不变”。在“反正$_2$”句语篇中，“都没关系”才是表义的重点。我们认为，上文的例句隐含的语义是“无论怎么去（条件），都用不了多长时间，所以，怎么去都没关系（结果）”。

三、“反正$_2$”在语篇中的语义项链条

前文分析了“反正$_2$”语篇的“观点句”及其“不论如何都没关系”的语义基础，如果从这个视角对“反正$_2$”语篇进行分析，我们发现，“反正$_2$”语篇其实存在着四个相互关联的语义项链条，可以描写为：

条件项＋反正$_2$项＋结果项＋观点项

对于这一语义项链条，有四点需要加以说明：

第一，这四个语义项并不是完全按照这个顺序线性排列，其位置可以灵活多变，形成多种组合方式。如“观点项＋条件项＋反正$_2$项＋结果项”“反正$_2$项＋条件项＋结果项＋观点项”“观点项＋反正$_2$项＋条件项＋结果项”。

第二，这四个语义项之间存在两个因果关系，即“结果项”与“观点项”是因果关系，前者是支撑后者成立及更有说服力的语义基础；“反正$_2$项”与“结果项”也是因果关系，前者是造成后者这种结果的原因。在对“反正$_2$”的语义解释上，一般传统的解释为“指明原因或情况”，其实这正说明了一种因果关系。

只是传统的视角是着眼于“反正$_2$项”与“观点项”之间的因果关系，而我们认为，这两者之间其实还存在着一个中间项——“结果项”，先是“反正$_2$项”造成了“都没关系”的“结果项”，而后是在这样一种“结果项”的基础上，提出相应的“观点项”。

第三，这四个语义项中的两个语义项常常结合成一体。如“条件项”与“结果项”结合成一体，例如：

（14）我忽然皱着眉头，揉着肚子，哼哼唧唧地向他们宣布：“哎呀，我肚子有点疼，我不想去……你们去吧，反正我是个小孩子，去不去大姨家也无所谓……”（刘心武，《我可不怕十三岁》）

例句中，“去不去大姨家也无所谓”是“【条件项】去不去大姨家”与“【结果项】也无所谓”的结合。上面这个例句也可以看作是“反正项”与“条件项”“结果项”结合成一体，如果将其中“我是个小孩子”去掉，成为“【反正项】反正【条件项】我去不去大姨家【结果项】也无所谓”，则这种结合更为明显。

“结果项”常常与“观点项”结合成一体，或者更确切地说，是融合为一体。说话人没有在“都没关系”的基础上，进一步提出观点，他的观点就是“都没关系”了。例如例句（8）。

第四，在大多数“反正$_2$”语篇中，这四个语义项链条并不是完整显现的，存在语义项隐含的情况。由于言语交际经济性和简洁性原则的要求，在语义表述明确的前提下，一般会用较少的语句来表述，而不必将语句都表述完整。在大多数“反正$_2$”语篇中，一般会有其中的某一项或两项隐含在语篇中，形成不完整的语义项链条，甚至是只有“反正$_2$”项，其他三项都是隐含的，形成各种形式的语义项链条。但是不论哪种形式，我们都可以将隐含的语义项还原出来，仍旧是四个完整的语义项链条。下面，我们结合例句加以说明：

（15）我说：“【条件项】你们说我们背叛也好，不够意思也好，【反正项】反正咱完了。【观点项】打今儿起，大联筹宣布解散！”（冯骥才，《一百个人的十年》）

（16）“【观点项】咱跟着吃呗，【反正项】反正祖光花钱。”（邓友梅，《好您哪，宗江大哥》）

如果将隐含的语义项还原出来，例句（15）完整的语义项链条是：你们说我们背叛也好，不够意思也好，（因为）反正咱完了，（所以）都没关系了【结果项】，（因此）打今儿起，大联筹宣布解散。例句中隐含了结果项。例句（16）完整的语义项链条是：不论吃多少，花多少钱【条件项】，（因为）反正祖光花钱，（所以）

对我们来说都没关系【结果项】，（因此），咱跟着吃呗。这其中隐含了条件项和结果项。

有的反正句只有反正项，其他三个语义项都隐含了，例如前文的例句（5），其完整的语义项链条是：不论您坐不坐我们的车【条件项】，（因为）反正顺路，座位又是空着的【反正项】，（所以）对我们来说都没有关系【结果项】，（因此）您就上来坐吧【观点项】。

在语料分析的过程中，我们初步感觉到，“反正$_2$项 + 观点项”这种语义项链条模式数量较多，是主流的模式。我们对400个语料的语义项链条模式进行了初步的统计，证实了我们的感觉，其中这种语义项链条语料共有367条，约占91%，处于绝对的优势地位。

在前文分析的基础上，我们认为，“反正$_2$”的语义和语用应该描述为：**“反正$_2$”的基本语义是强调不论如何都没关系，并在此基础上表达一定的观点。“反正$_2$”语篇中存在着四个或隐或现的语义项链条，其中“反正$_2$项 + 观点项”的语义项链条在言语应用中最为普遍。**

四、教学建议

在对外汉语教学中，“反正$_2$”是各个教学大纲中的词汇，在对外汉语教材中一般也都是作为必教的重点词汇。留学生在学习过程中理解这个词的语义比较困难，而且在使用中也屡现偏误。[①] 我们认为，造成这种现象有这个词的语义、语用比较复杂，理解起来比较难的原因，但更重要的原因是，我们教材编写者和教师对于这个词的理解和解释存在偏差，误导了或不足以让留学生正确理解和使用它。在本文研究的基础上，我们对于“反正$_2$”的教学提出以下建议：

1. 修订教材中的解释。在对外汉语教材中，采用的一般是传统的解释“指明情况或原因，意思与既然相近，表示坚决肯定的语气。”，但通过前文的分析和讨论，我们认为这种解释恐怕值得斟酌和修订。

2. 还原出课文中和例句中“反正$_2$”语句的四个语义项链条。在教学中，我们应该把课文中的“反正$_2$”语句所隐含的语义项还原出来，展现四个完整的语义项链条，这样利于留学生理解“反正$_2$”的语义和语用特点。在虚词教学中，往往要辅以大量的例句，对于“反正$_2$”的例句，不论是教材中给出的，还是教

① 参见陈晓桦（2007）、于丹（2007）的研究。

师补充的，都应该将完整的语义项链条展示出来，或者引导学生自主发现。

3. 在还原出完整语义项链条的基础上，应该使留学生理解语义项“反正$_2$项”“结果项”“观点项”之间顺序的因果关系，特别是在常见的“反正$_2$项 + 观点项”语义链模式的句子中，“反正$_2$项”与“观点项”之间的因果关系中，还隐含着一个中间项“结果项”，即“不论如何都没关系”，这是正确理解“反正$_2$”语义和语用的关键。

4. 在学生理解了“反正$_2$”的语义语用后，操练时可以重点练习应用最为普遍的“反正$_2$项 + 观点项”的语义项链条。

这样由语义理解入手，通过添加语义项、还原完整语义链条、呈现常规语句等环节，学生更易于理清“反正$_2$”语义链条上各语义项之间的内在关系，正确理解“反正$_2$”的语义内涵，有效习得其用法。

参考文献

1. 陈晓桦 . 语气副词“反正”语义语用分析 . 语文学刊，2007(5).
2. 董正存 . 情态副词“反正”的用法及相关问题研究 . 语文研究，2008(2).
3. 李　宏 . 副词“反正”的语义语用分析 . 语言教学与研究，1999(4).
4. 鲁　娜 . 析语气副词反正 . 语文学刊，2009(12).
5. 吕叔湘 . 现代汉语词典（第 5 版）. 商务印书馆，2005.
6. 马　真 . 现代汉语虚词散论（修订版）. 语文出版社，2003.
7. 徐达松 . 语气副词“反正”的多角度考察 . 北京语言大学，2009.
8. 于　丹 .“反正”的多角度研究 . 吉林大学，2007.
9. 宗守云，高晓霞 . 反正的语篇功能 . 张家口师专学报，1999(3).

简体汉字教学研究

沈 培

中华语文研习所天津校

一、汉字的发展及重要性

中国人对汉字的崇敬有几千年的历史，汉字的神话是：昔者仓颉作书而天雨粟，鬼夜哭。文字可以上通天神，下吓鬼怪。汉字在中国悠悠五千年的历史岁月中，从文字发生至今贯穿了至少四千年之久，迄今从未有一天中断过。文字是语言的载体，是用来记录语言的重要符号，在语言学习中有不可缺少的意义。

任何一个炎黄子孙在学习自己的母语的时候都不会忽略汉字这一部分，因为汉字传承着中国语言文化的精髓，而相对于如今的对外汉语教学来说，汉字无疑成为了一个使人止步于前的障碍。尤其是对于使用拉丁文字国家的学生来说，他们把学习中文的目的只局限于“听得懂”和“说得明白”，那么“听”和“说”便是学习汉语的重点。虽然说学习汉语的目的是为了沟通，沟通无障碍便不会影响生活，简单的“你好！”“再见！”“多少钱？”，初级阶段的学生都会说，可是在汉字遍布的中国，这些简单的日常口语是远远不够的。比如说，当你在一家中国餐厅吃饭的时候，不会每次都那么幸运地碰到有图片的菜单，那些有拼音、有英语注解的就少之又少了，除非你每天去西餐厅吃你本国的菜，那样你来中国的意义又何在呢？所以这个时候汉字课就变得必不可少了。这是从生活方面来说汉字的重要性。

另外，从学习方面来说，很多学生来到中国学习汉语一方面是生活工作需要，另一方面是对中国文化的强烈兴趣使然。那么你们随处可见的古老的图腾文字，就说明了汉字早已经是中国文化的组成部分了。这并不是说明我们要学习中国古老的文字，而是顺应汉字的发展历史来学习现今更便于使用的简体字。

汉字与拼音文字相比，具有自己的优势。一位日本学者曾经认为，汉字比罗马字的阅读速度快，例如：在高速公路上处于80公里以上的速度时，读汉字标示的路牌比罗马字的快而且完全。再加上汉字在一定程度上以字形揭示字义，并且与拼音脱钩，所以能“通古今，通四方”。

在一门语言的学习中，听说读写中的“读”和“写”也是不可或缺的一部分，为了更好地阅读和写作，我们就需要从文章最小的组成单位“汉字”开始学习了。

综上所述，外国人要真正学好汉语，全面了解中国文化，汉字是必不可少的一部分。然而在实际的汉字教学中，学生们常常会碰到什么样的问题？针对这些问题我们作为老师又该采用怎样的方法应对？以下我将对这些问题进行一一介绍。

二、学习汉字常遇到的问题

学习汉语的学生基本可以分为两种，使用拉丁文字的欧美学生和熟悉一定汉字的日韩学生，下面我们将会针对这两方面进行讨论。

2.1 日韩学生会遇到的问题

日韩学生在本国的语言文化中会有汉字的部分，韩国学生熟悉的汉字可能较日本学生来说少。在汉语常用、次常用的3500个字中，与日语汉字形同义同的有1013个，占26.6%，超过1/4，在3817个汉语常用词中，与日语汉字同形或近形并且语义大致相同的高达53%，而且同形异义的仅4%（李泉，1990），从以上数据可知，日本学生学习汉字的时候可能就方便多了，这对于他们的阅读与写作来说是个很大的优势，但是存在优势的同时，也有一定的劣势，因为在他们熟知的汉字中仍旧存在与汉语意思完全不同的相近词、字。那么日本学生学习时就容易“望文生义”，比如说，“新闻”“勉强”在日语中的意思就跟汉语完全不同；“以后”的“以”，“处所”的“所”，“对错”的“对”和“谁”字右半部上面的点是由左至右，而不是由右至左。日语和汉语的写法就有小小的出入，如果在教学中不特别指出，这些微小的差别就会被他们忽略，以至于会一直错下去。那么找出这些相近的有差别的字，在字形、字义、发音上进行全面对比教学，让学生从开始就端正态度，规范书写方式，避免受母语文字的干扰。

2.2 欧美学生会遇到的问题

相对于日韩学生，欧美学生的问题是显而易见的。欧美学生所熟悉的文字体系跟汉字完全不同，汉字如画，他们不知道从何下笔。德国的柯彼德曾经指出，学习汉语最大的难关就是中国的传统文字……汉语文字习得比口语习得的难度大几倍。如果协调地推进听说和读写技能，学生不得不花费大部分的时间和精力学会汉字的读和写，恐怕要占 80%—90% 的时间比例。从这可以看出汉字学习对于他们来说有多难了。这样需要教师在教授汉字的过程中介绍汉字的构成体系，让学生对于汉字有初步的了解，形成固有的概念，这样汉字的书写就不再像一盘散沙般难以捉摸了。

1. 学习汉字的另一个难点就是数量问题。本来写汉字就跟画画一样了，再加上那么多汉字要写，就更加打消学生的积极性了，其实常用汉字是有限的。据统计，掌握了 3000 字左右，大概就能认读现代汉语书面上的汉字了，对于学生来说，四年内掌握 3000 汉字，平均每年不超过 700 个，应该不是很难的事。如果学生掌握了 3000 多汉字，那么在学习汉语中，由字生词，再由词生句，这样举一反三，就会学到更多的字词句，由此看来，学习汉字就不再是无止境的事情了。

2. 学习汉字占用的时间长，不成体系又是一个问题。现代的对外汉语教学中，汉字课常常依附于精读语法课，成为学习生词的附带品，但是就长远来看，汉字课自成体系迫在眉睫。掌握了汉字，对于记忆生词、理解语句有着很重要的意义。

在了解了学生学习汉字会遇到的问题后，我们就要着手讨论怎么去解决这些问题了，那么下面我们将会介绍学习汉字的方法。

三、汉字的教学方法

3.1 培养学习简体字的兴趣，建立学好简体字的信心

起初外国学生（特指使用拼音文字的学生）学习汉语的时候，对于汉字会产生很大的兴趣，因为汉字对于他们来说是一个完全陌生的记录语言的符号，再加

上汉字传承了中国上下五千年的文化，就更会激励他们学习的动力，可是在面对有趣的汉字的同时，复杂的书写会成为前进的障碍，那么怎样理解汉字，又从何种角度去诠释汉字就是对外汉语教师的一大课题。

首先教师应该树立正确的教学理念，把复杂的汉字教学简单化，在汉字学习初期培养学生学习汉字的浓厚兴趣，介绍现今简化后的汉字怎样可以更快、更方便地使用，汉字的学习并不是毫无章程的，而是有规律可循的，而且常用的汉字是有限的，这样就会减轻学生学习时的压力，消减心中的障碍。

3.2 简体字教学独立成课的意义

现如今，汉语学习中汉字学习往往是一门选学课程，或者伴随着精读课稍许带入，但是如果按照语法顺序引入一些汉字教学，学生很难掌握汉字学习由简入难这一顺序，这样自然不会掌握规律，就会产生困难，学习起来就会越来越枯燥，越来越难，以至于放弃。虽然现今科技发达，可以用手机、电脑输入代替手写，可是如果不了解汉字的笔画笔顺，也会遇到困难，因为汉字存在很多相近字，而即便熟知拼音，电脑手机的输入法因为缺少声调，便会显示成百上千种不同的字词，所以学习汉字的书写方式是必不可少的。那么为了能够深入正确地学会写汉字，就需要一门自成体系的汉字课。

3.3 汉字构成和教学

3.3.1 汉字的构成

学习汉字首先要了解汉字的构成。一个汉字书写出来，它不是任由你自由发挥，它存在着一定的规律，我们要让学生形成一种认知，这样才便于以后写出规范的汉字。

汉字的结构分为：上下关系、左右关系和内外关系。

上下关系：1. 上下均分式：思、吾、吕

2. 上中下式：草、舅

3. 上复杂式：想、臀

4. 下复杂式：霜、雾

5. 上下复杂式：嬴

左右关系：1. 左右均分式：相、如

2. 左复杂式：部、都

3. 右复杂式：婚、课

4. 左中右式：谢、做

5. 左右复杂式：疑、鞭

内外关系：1. 两面包围：左上包围：病、压、座

右上包围：句、司

左下包围：连、建

2. 三面包围：上包围：同、问

左包围：区、匿

下包围：凶、函

3. 四面包围：困、回、国

3.3.2 汉字的笔画

在学习汉字的初期，要先让学生形成笔画的认知，基本笔画包括横、撇、竖、点、折，笔画是向四周辐射的，写的时候要一画一画地写，笔画之间要有停笔，一般每笔都要有一起一落的过程。不像拉丁文字可以“一路圆弧到底”。

五个基本笔画要注意：“横”从左到右；“撇”从右上起笔，向左下；“竖”从上向下；“捺”从左上起笔，向右下。还要横平竖直，所有的笔画都是一笔而成。

3.3.3 汉字的笔顺

基础是关键，一定要培养正确的笔顺认知，按照正确的笔顺书写，有利于以后汉字的学习。汉字的笔顺有从左向右，从上向下，从外向内等基本书写顺序。

汉字笔顺可以分三种组合类型：

散列式：三（从上到下）；川（从左到右）；小（先中间后两边）

连结式：人（从左到右）；巨（从上到下）

交叉式：九（先撇后折）；十（先横后竖）

在对笔画和笔顺有了一定概念之后，教师可以针对这两方面进行练习，因为汉字是需要笔画与笔画相结合才能成字，而在书写上也是有一定顺序的，教师可以做几个简单的汉字卡片，或者 PPT，对汉字的书写顺序进行提问，来巩固学生对于笔顺笔画的理解。

3.3.4 部件教学

在学生了解了汉字的结构、笔画、笔顺以后，我们要进入重要的部件教学环节，认读汉字是学生学习汉字的最终目的，如何把简单的个体组合成一个汉字，是外国学生要面临的问题。而部件教学给学生们提供了一个简单而有效的记忆方

法。利用汉字部件的原理，归纳总结笔画与笔画，字与字之间的联系。所谓的部件，苏培成是这样解释的，部件是汉字的基本构字单位，介于笔画和整字之间，它大于或等于笔画，小于或等于整字。现代汉字的字形可分为三个层次：笔画—部件—整字。由此可见，部件的学习也是十分重要的。

部件分为独体字和合体字两个部分。在学习汉字的过程中，教师应该考虑从出现频率较高的独体字开始教授，如：人、口、八、日、月等。在教学过程中，还可以把形近的成字部件成组介绍，如：木—禾—米，十—千—干，己—已—巳等。教师要注意写字的规范化，一笔一画要让学生形成正确的写字顺序与字形结构意识。在练习中，还可以写出独体字部件，要求学生加一笔或者几笔组成学过的字，或者在学习生词的时候找寻学过的部件，举例归纳。这样一方面可以巩固以往学过的知识，另一方面也可以加深对学习的生词的印象。在记忆独体字的时候，可以根据字形上的含义来学习，比如“水”“山”“人”等字形贴近字义。

在具有一定的独体字的基础之后，要带入合体字的学习，这时候教师要注意合体字部件与部件之间的位置结构，及合体字之间的差别，如：“喂”字是左右结构，避免学生写成上下结构；“处—外”结构上相似，须在书写时强调二者之间的细微差别。

部件的类别和功能

部件类别	功能	定义	部件举例	例字
表义部件	表义	以其独用时所承载的词义（包括本义，引申义，相关义）来体现构意的部件。	木，日	杨，梨，明，早，晚
示音部件	示音	能够提示或标记所构字的读音部件。	土，青，者，不	吐，请，清，煮，坏，怀
标示部件	标示	依附于其他部件，起指事作用或区别字形作用的部件。	一	本，末，太
象征部件	象征	以自身的形体与事物之间的某种形象联系来象征某类事物的部件。	田，一，口	果，胃，旦，足
记号部件		没有任何理据，不能体现构意的部件。	又，十	鸡，欢，华，毕

练习方法：

1. 教师列出几个汉字，让学生数出由几个部件组成。比如：“旧”——两个部件，“丨”和“日”。

2. 教师列出几个合体字，让学生拆分成几个部件。比如：“好”——“女”和“子”等。

3. 教师列出几个部件，让学生组成合体字，比如：“口”和“木”——“呆”“杏”等。

4. 教师列出一个部件，要求学生添加几笔组成新的汉字，比如：“大”——“天”“太”等。

5. 教师列出几个汉字，让学生找出相同的部件，比如：“古、兄、杏”——“口”等。

6. 教师列出几个相近字，让学生快速从中找出所需要的字或词，比如：“请、清、情”找出“清”。

汉字有的部件是有固定位置的，比如：心—想、思；力—功，助；皿—盆、盘。汉字的部件也有固定意义，比如：女—姐、妈、妹，都是跟女性有关；氵—湖、河、汁，都是跟水有关；亻—伙、伴、侣，都是跟人有关；火—烧、炒、烘，都是跟火有关等等。

如此循序渐进培养学生的部件认知，让学生逐渐形成书写汉字的正确模式，有利于学习和记忆汉字，因为了解了部件的意义，能够根据部件的含义理解出字或词的意思。记忆的时候也能把一个生字拆分成几个部件进行记忆，如果遇到一个复杂的汉字，可以把这个汉字拆分成几个部分，然后变成一个顺口溜，方便学生记住汉字。比如：“赢”我们可以说“亡口月贝凡”，由五个独体字组成，按照笔顺记忆起来就更加方便了。

四、由“字—词—句”的学习渐进

汉字的学习是为了方便阅读和写作，而如何将认识一个独立个体的汉字发展到理解一篇整段的文章，是我们要学习的目的。当外国学生面对一段文章时，常常是从单个汉字或者从他们熟悉的词语开始切分段落，这就是给他们造成阅读错误的最大问题。

首先，教师要从字到词或词组，让学生们进行练习。比如：教师可以给出一个字“电”，让学生给出跟“电”有关的词语，“电灯、电视、电脑”，从中可以知道跟“电”有关的词，并加以总结。然后，教师要用词或词组让学生们组成简单的句子。比如：早—早上—早上好—老师早上好，妈—妈妈—妈妈早上好。或者利用所学生词进行造句练习。教师还可以指出不同汉字在句子中所处位置的意义，比如说我们常用的“的、得、地”在语法中，它们前后所引出的词性就不同，那么如果学会了这三个字，在断句的过程中就能正确地将动词、形容词和名词找出，也不会把他们断错了。教师可以在练习中给学生们总结断句的方法，使学生养成正确的阅读习惯。

五、结论

汉字的学习是必要且重要的，汉字是学习汉语的基础，是了解中国文化的基石，掌握了汉字的基本结构和规律，使用适当的学习方法，汉字学习便不再是复杂而难以跨越的鸿沟。作为合格的对外汉语教师，我们有责任在教学过程中摸索总结更多有效的教学方法，不仅要培养学生学习汉字的兴趣，也要保持学生学习汉字的激情，让汉字的学习更加丰富多彩，让汉字教学不再寄生于听与说之间，不再成为外国学生学习汉语时愁眉不展的根源。希望通过本文对简体汉字教学研究的浅谈，老师们能认识到汉字教学的重要性以及如何正确有效地教授汉字，利用合理有效的汉字学习方法，去帮助学生学习汉字，把枯燥无味的汉字课转变成学生们学习汉语的兴趣起点。

参考文献

1. 北京语言大学汉字研究所，北京语言大学对外汉语研究中心．汉字教学与研究：第一辑．北京语言大学出版社，2011.
2. 何九盈．汉字文化的昨天、今天和明天 // 北京语言大学汉字研究所，北京语言大学对外汉语研究中心．汉字教学与研究：第一辑．北京语言大学出版社，2011.
3. 柯彼德．关于汉字教学的一些新设想 // 第四届国际汉语教学讨论会论文选编辑委员会．第四届国际汉语教学讨论会论文选．北京语言大学出版社，1995.
4. 李禄兴．现代汉字及其对外教学研究．中央编译出版社，2012.

5. 苏培成．现代汉字的部件切分．语言文字应用，1995(3).
6. 赵 诚．汉字文化思考//北京语言大学汉字研究所，北京语言大学对外汉语研究中心．汉字教学与研究：第一辑．北京语言大学出版社，2011.
7. 赵 悦．非汉字文化圈留学生汉字习得规律与教学研究．东北财经大学学报，2005(4).

汉字教学攻心为上

——浅谈繁体汉字教学策略

朱立行

中华语文研习所台北士林校

一、学生性格分类

1.1 性格概说——批判思考、诱发引导

笔者从事华语教学工作八年，拥有一万多课时的教学经验，并曾经教授过来自25个国家不同年龄层的学生。对笔者来说，最大的挑战莫过于面对西方非填鸭式教学国家的学生。在他们的文化中，质问老师、怀疑老师、挑战老师，是创建自我价值的重要传统，他们习惯在诘问与辩思中追求知识，以批判审讯的角度、重炮攻击老师的方式来检验真理。

对服膺传统中国“尊师重道”文化的教学者来说，西方学习者的行径简直大逆不道、该得天谴，但是最后如仍不能被上天处以极刑，我们只能耐心地循循善诱、谆谆教诲，毕竟他们有如佛经中所言的“刚强众生”，亟待师者如法师般，拿出千变万化的法器，过五关斩六将地度化他们来到启明、启智的彼岸。

除了“耐心”是对付这样学生的万灵丹，在教案设计方面，也要秉持着“请君入瓮”的法则，虽然教师不一定要像电视节目主持人那样的聒噪、喋喋不休，但是面对一个独立思考的西方学生，教师则要像灯谜晚会的主持人般，每一个教学单元要如同一个费解的灯谜，诱惑学生自己跳进来思考解谜。

老师一开始只扮演提问的工作，就像是高举灯谜来提问，接着要按捺心性、保持肃静地给予学生足够的思考时间，不到最后关头绝不给予答案，非要学生百猜不中、来到思想的极限，老师们才能当头棒喝，给予合理的解答与辩思。

1.2 学生心性分类——理性程度与主观强度

我们是不是可以给这些“刚强”的学生进行一些粗浅分类，以便“对症下药”或是“投其所好”地进行“因材施教”呢?

虽然许多西方学生都具有挑战议题、独立思考的特性，可是从他们的上课反应与晤谈透露出的偏好中，我们仍然可以感受出有的学生容易被周遭气氛所牵动，有的极具理性思维，有的凡事以自我的经验来理解，还有的学生有四海之志、有海纳百川的气度。由此我们可以归纳出四类学生：理性主观型、感性主观型、感性客观型、理性客观型。

1.2.1 理性主观型的学生

他们擅长思考与分析，甚至是一板一眼不苟言笑，他们常常只相信自己曾有的经验，对于异文化的接受度低，无法理解也无法接受老师的建言，只能用自己的逻辑与偏见、成见来理解事物。这些学生常常伴有短利的目标并且缺乏耐心，期望在极短的时间里，习得最多的中文语言技能。极端的学生会自创怪异的中文词汇，甚至有不寻常的自我学习方式。

1.2.2 感性主观型的学生

他们常常不具体地知道自己想要的是什么，总是在自己的想法中转圈圈却不知所以然。虽然他们也听不进老师的建言，所幸他们对音乐、节奏、图像等元素感应性强，具有艺术天分。常常在不知道为什么的情况下就“突然”学会了中文，这些人常常是孩童，在家长的强迫下不甘愿地学习中文，极端的学生会“突然”学会，也会“突然”忘记很多，表现不稳定。

1.2.3 感性客观型的学生

这类学生也相当具有艺术天分，他们对环境氛围的感应极强，却无法用理论来沟通。他们听从老师充满情感的建议，对异文化接受度高，甚至服从仪式制约。有时老师不能与他们用语言的逻辑来沟通，必须通过图腾、图像、图画以及音乐舞蹈甚至是武术来交流。极端的学生会有情绪障碍、爱哭易怒，老师必须以“文字教学”当作“艺术心理治疗”的工具法门。

1.2.4 理性客观型的学生

这类学生的主观与成见较弱，不这么急功好利地来学习中文，愿意活到老学到老。他们有理智的分析能力，常常可以举一反三，甚至充满好奇心，很想了解探索异文化的奥妙，他们对历史文化充满着极浓厚的兴趣，甚至无术不学。他们乐于接受老师的建议，也爱对老师发问，极端的学生会以“问倒老师”为职志，这时老师应该转介他们去做“汉学研究”而非只是“汉字学习”。

二、根据学生心性制定教学策略

针对以上四种粗略分类的学生，我们该对他们施以怎样的汉字教学策略呢？我们可以用下面的象限图表来说明：

横轴是理性的程度，横轴左边是较为感性的学生，右边是较为理智型的学生。纵轴是主观的程度，上方是较具有主见、目的性强的学生，下方是客观型学生。

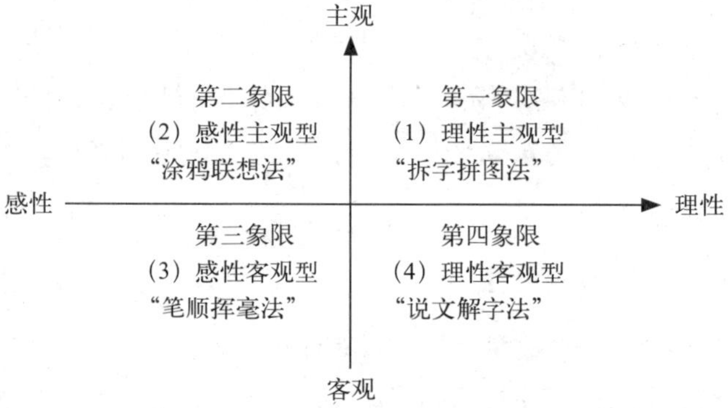

2.1 对理性主观型学生，施以“拆字拼图”汉字教学法

理智型的学生，通常都很想知道为什么，特别是为什么汉字会这么书写的理由，他们认为凡事一定有个为什么，非要像侦探一样找出汉字形成的原因，他们愤恨“没有为什么”这种答案。偏偏他们非常主观，完全无法接受老师的文化解说，对传统中国汉字演化观抱着荒谬、嗤之以鼻的否定态度。他们常说：你们中文真奇怪，我们英文就不会这样。

这时老师应该建议他们，“自己来”找出为什么（反正学生只相信自己不相信别人），利用六书中“会意”的构字精神，要求学生自己“DIY”拆解汉字的部件并自行编辑故事给予意义，然后再将每个部件像拼图一样重组，形成新的风貌——也就是这个字原本的真意。

有时此类型的学生会走偏锋，演变成自己在创造“新汉字”，宛若武则天在造新字一般，主观的程度甚至听不进老师的中英文讲解，他们更无法理解中文老师的东方式逻辑。这时，我们推荐他看一本用西方人逻辑写成的英文书—— *Remembering Traditional Hanzi*。

这本由英国剑桥大学博士海席希教授所编著的《记住传统汉字》(另著有《记住简化汉字》）所高举的就是一种“功利简便”的原则，他将每个汉字拆解成数个部件，为了方便记忆，每个部件只有一个意思，然后用最戏剧化夸张的故事，将部件排列堆栈在一起，因为戏剧化夸张，才能让学生的脑门留下“拼完最后一块拼图”的深刻印象。

通常这些自以为理性、又自我本位主义强烈的学生，都相当服膺这种所谓“西方哲学博士”的研究成果，这是因为他们都太主观地相信“同我族类”的逻辑，“理智”又教唆他们要服从西方权威。于是，“理性主观型”学生就都可以跟着这本书依样画葫芦不致画蛇添足，而乖乖地走上“记住中国汉字”而不是“新创中国字”的道路。

2.2 对感性主观型学生，施以“涂鸦联想”汉字教学法

这类的学生常常只凭感觉学中文，他们无法理解复杂的汉字演化故事，文字背后错综的文化变迁与蕴藏的人情世故，对他们简直是干扰学习的噪声。当他们耐性用完后就会有情绪性的脾气爆炸。他们不想理解“为什么”，只想聊聊“觉得如何”。

老师此刻该使用疏导情绪的教学方式，将学生的心思转注、寄寓在汉字优美的线条、如诗意图画般的构造上，引领学生在汉字的图构上继续延伸创作，赋予连结的意义，从而记住汉字字符与意义的美丽关联。

对于孩子，请他们在白纸上画出青山，在山上写满中国汉字“山”；请他们画房子，在房子上写满中文的“家”字，让“家”与美好住屋的形象相连结，若是可能，再请孩子们在房子旁顽皮地画满各种可爱的小猪——更加符合“家”这个汉字带来的组合意象——圈养家畜的农家。

对于成人，可以推荐阅读另一本英文工具书 *Learning Chinese Characters*，这本《学习中国字》非常具有创造力地把中国字镶嵌在一幅幅风情画中，让读者藉由图片联想中国字义，而这种联想是一种自我创造的连结关系，并非来自历史上汉字演化的脉络逻辑。

比方说，“中”这个字，作者把“中”画成放在两个小提琴手之间的“乐谱架”，这真的是相当令人不可思议又印象深刻的延伸绘制法。又例如“才”是一个用单脚歪歪斜斜走钢索的人，上方那一横则是走钢索者手上的平衡木。这个图像解释了他是“人才”与他“才”使用一只腿走钢索的双重意义。

这种“延伸图像”的学习法，帮助学习者感性接触汉字，而不必像是拆卸电脑零件般，把汉字拆开分解后却又担心组装不回去。这种绘图法，也鼓励了感性主观型学生自行创作图画，将汉字镶嵌其中成为他自己开创的一部分，汉字进入了他自己创造的“安全领域”，在学习的“舒适圈”中，学习者能平静和谐地“感觉”到汉字的存在，是真、是善、是幸福的美好。

2.3 对感性客观型学生，施以“笔顺挥毫”汉字教学法

这类学生比感性主观型学生更具有艺术的感受能力，因为他们不会局限在自我意识的小圈圈中，而能随着环境互动、甚至容易被周遭氛围所宰制与伤害。他们必须藉由重复的律动来稳定心性，达成与环境巧妙的平衡。他们尊重行礼如仪的仪式与规范，反复操练的仪式对他们来说是治愈心灵的疗程，规范则是降伏心性的咒语。

有什么比一笔一画、一字一字慢慢书写的“笔顺教学法”更具有“反复律动”的魔力呢？每一笔划的先后顺序，都是中国老祖宗们传承下来的规范，这些经过时间洗炼过的规范如同符咒般具有魅力，少一点不行，跳写下一步，“口”画成圈圈就不妙。过程中不需要言说，不用谈“为什么”的大道理，一切“做就对了”，“写就对了”。实践检验真理，真理在反复的书写中。

从临摹到挥毫的毛笔书法，也是学习记忆汉字的重要法门。硬笔书写笔顺的律动是指尖的舞蹈，而抬起手臂从临摹到挥毫的书法，却如同武术运功般挥拳，每一个硬笔字是舞步的记忆，每一篇章的隶草挥毫，是连环套的武术招式，记下来，学习者就得到撼动世界、转动心性的秘诀心法。中国的父母也常常将易怒、情绪化的孩子送去学书法、背唐诗，是相同的道理。

其实感性客观型学生的灵魂深处明白，中国是失落的艺术天国，汉语的四声声调如同音乐的诗篇，文字是图画与图腾的升华，武术与书法挥毫更是一体的两面——举臂一挥，一拳一笔都能创造一番新世界。中国是个随时随地充满音乐与美术的国度，无动不舞、无声不歌，人们说话是音符，文字如绘画，是艺术的挥洒，武术与书法都是舞蹈的再现。只是中国人是水里的鱼，不了解生活在水中波光滟潋的美好。

也因为这样的学生很服膺"仪式"的感召，让学生能从情境中进入汉字学习的氛围也相当重要，唐装的老师有着学究般的表情，一壶茗茶热气蒸腾甚或点燃一抹熏香，写汉字就变成了魔法课，是灵魂、天庭与宇宙洪荒交合的桥梁。

2.4 对理性客观型学生，施以"说文解字"汉字教学法

同样是理智型的学生，这类学生也很想知道为什么汉字会这么书写，他们认为凡事有其根源，与主观型学生不同的是，客观型的学生很能接受他人的见解与异文化的丰沛多元。他们乐于接受各式各样的信息，像是巨大海绵一样可以不断吸取、榨干来自老师的养分，他们是知识型老师最可敬的对手。

理性客观型的学生往往目的性不强，不带有功利主义的态度来学习汉字，有漫漫时间可以浸淫在中华文化悠久的历史长河中，学中文是他们一生乐在其中的爱好。他们因为客观思考常常能举一反三，也让老师在教学相长中获益良多，并迫使老师不断进修与进步，增加对汉字了解的深度与广度。

传统说文解字的理论认为"中国字有70%的形声字"，这样的说法已经不能满足此类求知型的学生。老师们必须更有挑战地将所有形声字都视为会意字，与学生一起来探求答案，用启发的态度让学生主动地追求进步。请学生思辨，为什么简单的"简"声符使用了"间"而非"尖"或"见"？答案在"竹简"，竹简是一种竹片与竹片间留有间隙的物品，而一片竹简所能交代的政府文告，势必只是件较为单纯不繁复的差事。

在汗牛充栋、众说纷纭的学者式说文解字论述中，要避免学生涉入门派之争，否则会模糊学习的焦点，我们可以多元并陈地提供各式论述，由学生自行选择，而非只是独尊一门一派。在初始阶段，我们可以选择较为戏剧化逗趣的说法，让学生容易记忆入手，并提高学习兴趣。随着学生对说文解字原理的熟知，可以更弹性地介绍多种假说，避免学生他日在他处得知其他论点，回头再向老师叫板辩论。

三、各项教学策略的缺失

"拆字拼图法"不能应付非常复杂、多意的汉字，否则就失去简要的原则，学习者最多只能走到中级的水平，老师可以简化"说文解字法"加以辅助。同样，"说文解字法"的故事有时太为复杂，与现代脱节，若辅以"拆字拼图法"的简要会意精神，可收事半功倍之效。"涂鸦联想法"也不能应付复杂的中文图

像，但是从“说文解字法”中可以得到一些图像化的思考。“笔顺挥毫法”如果拘泥在无意义的重复中，只会让学生更焦躁，藉由一些“涂鸦联想法”的自由延展，挥洒与借镜“说文解字法”勾勒出一些意理，将使得书法课更加有味道。

四、依学习目的来进行不同策略的综合施教

其实人类是复杂、有无限可能的，不是可以随意地被分类在某种局限之中，有人理性中带有感性，也有人时而主观时而客观，所以上述的四种汉字教学策略都可以交错运用，也可以制定教学的主副线灵活授课。以学习目的来说，急于通过考试与为了职场升等的汉字学习，学生倾向“拆字拼图法”，但是要巩固所学，还是要走向机械式重复的“笔顺挥毫法”。初学的孩童可以使用“涂鸦联想法”辅以“说文解字法”，不定性又涉世未深的初学青少年可以从“笔顺挥毫法”开始，再利用“拆字拼图法”来鼓励主动追求答案的精神。

五、判定教学策略的使用法则

其实可以从“过程”与“结果”两方面来谈。在初始，教师可以根据访谈得知的讯息来判断使用何种教学策略，教学过程中要随时注意学生的反应是否出现了“勉强配合”的表情。最后，验收教学成果时，很容易知道策略是否成功，有些学生会说，我记得老师说的精彩故事，可是，这个故事在讲哪个字呢？或是他们看着字想起了故事，却怎么也想不起字义音，这时我们知道，该换个教学法了。

六、结论

本文的最终旨意其实相当简单，就是期望汉字教学者能在教学策略上保持弹性与多元。尤其汉字是世界上文字语言中相当特殊的一套系统，它来自于图像与字音的结合，图像制定的规律复杂，又与字音不必然存在精确的关系。对于从外邦异文化慕名来此的学习者来说，接触的初始，必然承受重大的文化冲击。若能依据学习者的心性来发展学习策略，势必能收到事半功倍之效。孙子曰：“攻心为上……务在先服其心。”（《长短经·攻心》）

笔者以“感性—理性”“主观—客观”为两大轴线，区分出四种类型的学生学习性格：理性主观型、感性主观型、感性客观型、理性客观型，并由此发展出

四套教学策略：拆字拼图法、涂鸦联想法、笔顺挥毫法、说文解字法。因为每个学生都是独特而复杂的个体，每个人或多或少都有不同占比的以上四种性格，教师在教学时也可以将上述四种策略打散交互综合运用，随时保持教学上的弹性。

当然，以上的论述只是笔者个人的浅见与建言，相信每位老师从各自的教学经验出发，都可以制定出不同或更多的学生学习性格之典型，并由此发展出更为高明精要的教学方式与策略。若本文愚莽之抛砖引玉，能给老师们有任何一点的启发与触动，将是笔者之万幸！

参考文献

1. James W Heisig, Timothy W Richardson. Remembering Traditional Hanzi. Honolulu: University of Hawaii Press, 2008.
2. James W Heisig, Timothy W Richardson. Remembering Simplified Hanzi. Honolulu: University of Hawaii Press, 2009.
3. Alison and Lawrence Matthews. Learning Chinese Characters. Tuttle Publishing, 2007.

“字本位”观与对外中文教学

纵　璨

北京语言大学汉语国际教育学部汉语速成学院

要说“字本位”，我们首先要厘清“汉语”和“中文”之间的关系。“汉语”是汉族语言的简称。我国是多民族国家，除汉语以外，尚有满、蒙、藏、朝鲜、维吾尔等兄弟民族语言，通常说的汉语，不包括其他民族的语言，但包括使用汉语地区的方言。现在的“汉语”特指普通话。“中文”是文言文和白话文的总称，它用汉字来书写，由于汉字长期以来发展的稳定性，即便是讲不同方言的人，也可以具有相同的文字书写能力。“汉语”和“中文”是两种表达思想的方式，具有本质区别：汉语是口头的，中文是书面的，两种不同的方式让学习者获得不同的交际能力，学习汉语获得听说能力，学习中文获得读写能力。“汉语”和“中文”虽然是相对独立的，但是二者却可以通过中介相互作用和相互转化。

疏通了“汉语”和“中文”，我们接着来说“字本位”。“字本位”这个概念是在二十世纪八十年代末提出来的，很快就引起了学术界的关注。不同的学者赋予了“字本位”不同的内涵，本文采用的是张朋朋先生的“字本位”观。张先生认为：“‘字’指的是汉字的具体实体，‘本位’指基本单位，‘字本位’的意思就是‘汉字系统以具体实体作为基本单位’。”张先生的“字本位”是一种如何看待文字系统而不是如何看待语言系统的观点，因为在他看来，“语言和文字是两种有本质区别的、相对独立的符号系统，语言是听觉的，文字是视觉的。文字的本质是字形，语言的本质是字音，文字以‘形’示‘义’，语言以“音”

示‘义’。……语言和文字通过字音的中介进行相互转化、相互作用”(张朋朋，2005)。如果我们跳出“文字是记录语言的符号”这一窠臼，把文字看成一个独立的视觉符号系统，“字本位”的观念就很容易理解了。

本文要谈的“字本位”是中文教学上的“字本位”，而不是汉语教学上的“字本位”。和获得文字能力需要专门学习不同，母语的语言能力是自然习得的。所以，在汉语听说教学上，应该仿照自然习得过程，遵循功能性和整体性原则，以“词”和“句子”为纲。而文字教学则不然，下面我们就着重谈一谈“字本位”观在中文教学上的优势。

中文教学上的“字本位”观认为，汉字是中文的基本单位，教与学应该围绕汉字展开。这是和“词本位”相对的。例如，在学生学习“我在学汉语”这句话时，“词本位”观认为只要教“我”“在”“学”“汉语”这些就可以了，而“字本位”观则认为还须将“汉语”拆开，分别教授“汉”和“语”，这样学生就有了阅读上的理解力和写作上的创造力。也就是说，当学生又学过“字”和“族”后，在阅读中如果遇到“汉字”和“汉族”这两个词，也能无师自通，理解意思；另一方面，当学生学过“英国”“英语”“法国”“德国”这些词汇以后，聪明的学生完全有可能自己悟出“法语”“德语”的说法。

具体地说，“字本位”的原则能有效提高汉字和中文的读写能力，令老师教得轻松、学生学得愉快。

一、“字本位”与汉字教学

“字本位”观认为，汉字的字形结构具有系统性和规律性，因此，汉字教学的程序应该是：先教构字能力强的独体字和由独体字演变的偏旁，以及构字规律，然后再引导学生系统地学习汉字，可以一个字族一起教。

这种教法有两大优点。首先，它能够引领学生进入奇妙的汉字世界，感受到中国文化的魅力，体会到汉字构造的科学性和趣味性，从而激发他们的学习兴趣。例如，教师可以向学生展示、对比一些象形文字的原始写法和现在的写法，如→人，→木，→口，→日，→月，等等。

其次，这种教法能够极大地提高学生学习汉字的效率。在掌握汉字基本构件和构字规律的基础上，学生学习汉字很容易做到触类旁通，一日千里。这些构字规律主要体现在象形字、指事字、会意字和形声字上，还体现在汉字结构(主要有左右结构、上下结构和内外结构)上。例如，学生很轻松就能领会会意字的组合意义，如日＋月＝明，小＋土＝尘，田＋力＝男，白＋水＝泉，小＋大＝尖，八＋刀＝分，等等。又例如，讲解构字能力强的形声字的形旁，也能让学生学习汉字达到事半功倍的效果，如在讲解“⺝→月”的演变及其意义（肉）的基础上，带出含有“月”字旁的一系列汉字。这些汉字教师可以根据身体部位、人体脏器和性状分为三类教给学生：①脸，脚，肝，胆，肚，腰，胸，脖，腹，膀等；②胃，背，肾，臂等；③胖，肿，胀，肥等。还例如，一个字族可以编一个韵文集中识记，我自己编了一个“兰”字族的小韵文，为了文意连贯，有两句不带目标字：“一丛兰花，清香烂漫；围上木栏，拦住壮汉；只可远观，不可近探。”

二、“字本位”与中文阅读中的词汇理解能力

“字本位”观认为，汉字具有强大的构词能力，有限的汉字能够构成无限的词，因此，“识字量”决定了“识词量”，“字”学得越多，学习“词”就越容易。鉴于此，张朋朋先生提出：“识字课本应以‘字’作为教学的基本单位，以‘以字组词’为核心，以快速提高学生的识字量和阅读能力为教学目标。”我认为归纳起来其实就是两件事情：一是“集中识字”，二是“以字组词”。

集中识字。第一步，要选出适量、适当的目标高频字。按照“语文分开”的思想，应该选择“书面文字”中的高频字，而非“口头语言”中的高频字。当然，两者的交集还是占主体的。此外，选字时，还应适当考虑当时当地所使用的教材，以及学生的学习动机和需求，比如有些学生可能有专业词汇方面的需求。第二步，要将所选汉字编成集中识记材料。具体形式有短句、韵文、故事、散文等。例如，张朋朋先生就在其所编写的教材《集中识字》中将所选的750个常用字分散到了25个短句中，让学生在一个月左右掌握。这是一个值得借鉴和模仿的好方法。

以字组词。首先，在学生掌握字音字义以后，要启发他们以字组词的能力，以加速其获得阅读能力的过程。例如，生→学生→大学生→女大学生。其次，在启发其“根据字义理解词义”的基础上，要提供合适的阅读材料，如散文小品，让学生在阅读实践中提高“以字义推词义”的理解能力。例如，在学会“商店”中的“商”字、“店”字及其构词法后，同时在已掌握其他相关汉字的基础上，学生有可能推测出阅读材料中一些没有学过的词的意义，如“商人”“商场”“商品”，还有“鞋店”“花店”“食品店”“服装店”，等等。

三、"字本位"与中文写作中的遣词能力

这里我想放大视角，从"对外中文写作教学"扩展到"中文写作教学"。在白话文一统天下、以"词本位"为指导而编写的语文教材在中小学校占绝对优势的今天，国人的写作能力严重退化，作家的文字水准也每况愈下。这些现象有目共睹。相反，在五四时期，却涌现出了大批的文学大家，为什么那个时代能造就那么多具有非凡中文能力的人物？我想，不仅是因为他们受到了中西方文化的双重洗礼（如梁实秋、冰心等），更重要的是，他们还接受了中国古典文化的最后烛照。作对子的文字基本功训练，以及文言文的扎实基础，都对其高超中文能力的获得起到了决定性作用。具体地说，对对子这一中国古代蒙学中的基本教学方法，能够非常有效地提高学习者"斟字酌词"的能力。而文言文中单字词占绝大多数，"字"和句中的词基本一致。因此，学好文言文自然也就打好了中文选字遣词的基本功。有鉴于此，我觉得不仅要在"对外中文写作教学"中加强学生"以字构词"能力的训练，在国内的语文教学中，我们也可以采取一些古代蒙学中的文字训练方法，诸如识字、联词、作对子、造句子，还有许多琅琅上口的儿歌、童谣、格言、民谚、日用杂字等启蒙教材，取其合理的精华，加以改造和利用，以期提高国人自己的中文水平。当然，这是一个很大也很重要的问题，限于本文的篇幅，这里只做了简要的陈述，笔者将就此另辟一篇专章论述。

参考文献

1.《新华字典》(第 10 版)，商务印书馆，2004.
2. 张朋朋．词本位教学法和字本位教学法的比较．世界汉语教学，1992(3).
3. 张朋朋．常用汉字部首．华语教学出版社，2001.
4. 张朋朋．集中识字．华语教学出版社，2001.
5. 张朋朋．谈"字本位"的内涵．汉字文化，2005(4).
6. 张朋朋．"语言能力"和"文字能力"．汉字文化，2005(2).

《汉语国际教育用音节汉字词汇等级划分》中的多音字研究

张熙昌

北京语言大学汉语国际教育学部汉语进修学院

一、缘起

《汉语国际教育用音节汉字词汇等级划分》(以下简称《等级划分》)于2010年由国家汉办（孔子学院）与教育部社科司共同研制。《等级划分》中音节、汉字、词汇并行的三维基准模式，第一次把汉语音节作为突破口和创新点，而多音字与汉语音节的筛选有着密不可分的关系。

较之英文、法文等西方文字，汉字具有自身独特之处，一字多音就是其中之一。比如“和”在《现代汉语词典》中有“hé、hè、hú、huó、huò”五种读音，若将“暖和”中的轻声读音“huo”也算在内，就有六种读音。对于如此多的读音，别说外国人，就是中国人想弄清楚也不是一件容易的事。要想学好汉语，多音字是无法回避的问题。而摸清对外汉语教学中多音字的数量、特点及分布情况，是有针对性地开展多音字教学的基础。这正是本文选题的目的所在。

二、《等级划分》中的多音字

2.1 “汉字与音节等级划分”中的多音字

《等级划分》为音节、汉字、词汇并行的三维基准模式，多音字在“汉字与音节等级划分”和“词汇等级划分”中均有体现，而且二者所包含的多音字应该是重合的。因此，我们主要以“汉字与音节等级划分”为准来统计《等级划分》中的多音字。

“汉字与音节等级划分”中明确标注的多音字有136个。通过考察我们发现，在“汉字与音节等级划分”中还有5个多音字未加标注，即“担”(dān，dàn)、“佛”(fó，fú)、“与”(yǔ，yù)、“踏”(tà，tā)、“同”(tóng，tòng)。但这5个字在“词汇等级划分”中分别记录了“担心/担子、佛教/仿佛、与其/参与、踏步/踏实、同学/胡同儿”10个词语，这说明对于“担、佛、与、踏、同”这5个字，“汉字与音节等级划分”中也应标明为多音字。这样的话，“汉字与音节等级划分”中应共收录多音字141个，约占其收录汉字总量（3000字）的5%。这些多音字包括（按字母排列）：啊、挨、吧、剥、薄、背、奔、便、别、卜、藏、差、长、朝、称、盛、冲、种、重、处、传、创、答、大、逮、待、担、弹、当、倒、得、地、的、提、调、钉、都、发、分、恶、缝、佛、供、还、行、干、杆、给、更、好、喝、和、吓、横、哄、划、晃、会、几、假、间、将、降、强、教、角、觉、结、禁、尽、系、空、落、乐、勒、了、累、量、圈、卷、卡、看、笼、露、埋、没、闷、蒙、那、哪、难、宁、片、漂、模、铺、切、扇、少、舍、谁、省、曲、塞、散、似、熟、数、率、踏、挑、同、吐、为、相、削、血、兴、咽、要、应、与、扎、载、脏、炸、着、折、这、挣、只、中、转、仔、钻、刹、揣、豁、倔、咧、拧。

2.2 《等级划分》中多音字的等级分布

在《等级划分》收录的141个多音字中，有两个读音的有131个，有3个读音的多音字有10个，总共有292个音节。这些音节的分布情况如下：“普及化等级汉字与音节”125个，“中级汉字与音节”92个，“高级汉字与音节”61个，“高级‘附录’汉字与音节”14个，分别约占音节总数的43%、32%、21%和5%。具体数据见表一、表二和表三。

表 1 四声及轻声音节在各个等级中的分布情况

	一声	二声	三声	四声	轻声	总计
普及	21	32	20	45	7	125
中级	26	15	16	34	1	92
高级	16	10	6	28	1	61
附加	6	0	3	5	0	14
总计	67	54	44	108	9	292

表 2 两读多音字的各音节在各等级中的分布

	普及	中级	高级	高级附录
同级分布	35×2	16×2	12×2	3×2
跨级分布	33×1	33×1		
	9×1		9×1	
	3×1			3×1
		18×1	18×1	
		1×1		1×1
			1×1	1×1
总计	115	84	52	11

说明:"×"前面的数字是多音节字的数量,"×"后面的数字是某一多音字在该级别中的读音数量,下同。

表 3 三读多音字的各音节在各等级中的分布

	普及	中级	高级	高级附录
同级分布			1×3	
跨级分布	1×1	1×2		
	1×1	1×1	1×1	
	2×2	2×1		
	1×2		1×1	
	1×2			1×1
		1×1	1×2	
		1×2	1×1	
			1×1	1×2
总计	10	8	9	3

2.3 《等级划分》中多音字不同读音之间的关系

多音字不同读音之间的关系主要指多音字的不同读音之间声、韵、调的关系。这里把同为零声母的读音看作声母相同，如把“要”(yāo，yào）的两个读音视为声母相同。这里所说的韵母相同，指的是韵头、韵腹、韵尾都相同。

2.3.1 两读多音字的两个读音之间的关系

在《等级划分》中有两个读音的多音字有131个，这些多音字的两个读音之间的关系如下：

声母相同的有109个，约占两读多音字总数的83%；

韵母相同的有97个，约占74%；

声调相同的有26个，约占20%。

声母相同，韵母相同，声调不同的有82个；

声母相同，声调相同，韵母不同的有17个；

声母相同，韵母不同、声调不同的有10个。

韵母相同，声调相同，声母不同的有1个；

韵母相同，声母相近的有14个（其中“声调不同的”有13个）；

声调相同，声母不同，韵母不同的有7个。

需要说明的是，就韵母相同、声母相近的两读多音字而言，两个读音的声母虽然并非完全相同，但发音非常接近。原因在于二者的发音部位相同，只是发音方法稍有不同：清塞擦音是否送气，清塞擦音与清擦音的不同，见表四。

表四　韵母相同，声母相近的多音字

多音字	发音部位	不送气	送气	清塞音	清塞擦音	清擦音
便	双唇	biàn	pián	√		
弹	舌尖中	dàn	tán	√		
提	舌尖中	dī	tí	√		
调	舌尖中	diào	tiáo	√		
圈	舌面前	juàn	quān		√	
藏	舌尖前	zàng	cáng		√	
长	舌尖后	zhǎng	cháng		√	
朝	舌尖后	zhāo	cháo		√	
重	舌尖后	zhòng	chóng		√	

（续表）

多音字	发音部位	不送气	送气	清塞音	清塞擦音	清擦音
传	舌尖后	zhuàn	chuán		✓	
系	舌面前	✓			jì	xì
降	舌面前	✓			jiàng	xiáng
盛	舌尖后		✓		chéng	shèng
刹	舌尖后		✓		chà	shā

根据统计分析可知，在两读多音字的两个读音之间，声母完全相同的占83%，如果加上声母发音部位相同，只是发音方法不同的14个多音字，则声母相同或者相近的多音字约占两读多音字总数的94%。另外，在两读多音字中，两个读音的韵母相同的约占74%，声母、韵母都相同，只有声调不同的约占63%。因此在多音字不同读音的相似性上，声母与韵母的相似性起了决定作用，特别是声母之间的相似性最为明显。

2.3.2 三读多音字的三个读音之间的关系

《等级划分》共收录10个有三种读音的多音字：差、得、的、恶、和、哄、强、咽、扎、着。其中三个读音的声母都相同的多音字有8个，韵母都相同的多音字有2个。除了“着”(zhe、zháo、zhuó）以外，三个读音中的某两个读音有相同韵母的多音字有9个，如“差”(chà、chā)、“得”(dé、de）等。在声调方面，三个读音中的某两个读音有相同声调的多音字有5个，它们是“差”(chā、chāi)、“和”(hé、huó)、“咽”(yàn、yè)、“扎”(zhā、zā)、“着”(zháo、zhuó)。

三、对外汉语教学中的多音字教学

3.1 初级汉语阶段的多音字教学

由于《等级划分》中“普及化等级”有125个音节与多音字有关，全部读音都在此阶段出现的多音字有35个。因此在初级汉语语音阶段，应该把这35个最常用的多音字的读音纳入语音操练的练习之中，通过结合相应的汉字，使留学生逐步建立起汉语多音字的观念，即“一般来说，一个汉字代表汉语一个音节”(林焘、王理嘉，1994)，但有些汉字可以有两个甚至是两个以上的读音。这样的操练将有助于学生从感性上体会多音字不同读音之间的细微差别与联系。这些全部读音都出现的多音字包括：

背、便、长、重、处、答、大、倒、调、还、行、干、好、划、
假、教、觉、结、空、乐、量、少、熟、率、为、相、要、应、
只、数、地、了、这、那、谁

此外，三读多音字中已经在“普及化等级”出现两个读音的多音字，也应该是学生需要掌握的多音字：得（dé，de）、的（de，dì）、和（hé，huó）、着（zhe，zháo）。

上述两部分多音字共有 39 个，这些多音字不仅是普及化阶段学生必须掌握的重点，而且也应该成为今后对外汉语教材编写过程中多音字取舍的重要依据。

在普及化等级阶段，教师可以对含有轻声的常用多音字进行归纳和总结，比如对结构助词、时态助词以及某些常用词缀，如“子”、“头”、“边”等的轻声音节进行总结和归纳。

3.2 中级汉语阶段的多音字教学

学生在《等级划分》的中级阶段应该掌握的多音字主要包括两部分：

（1）在两读多音字中，两个读音分别跨越“普及化等级”和“中级”的多音字有 33 个：

啊、吧、冲、种、待、当、都、发、分、给、更、会、几、间、
角、尽、系、累、卡、看、没、哪、难、模、切、似、同、血、
兴、与、脏、中、转

（2）在两读多音字中，两个读音同时出现在“中级”的多音字有 16 个：

挨、薄、弹、佛、禁、卷、蒙、铺、扇、舍、曲、散、踏、挑、
吐、仔

这两部分总共有 49 个多音字。这些多音字应该是中级阶段学习的重点和编写对外汉语教材取舍多音字的标准。

留学生到了中级汉语阶段，已经掌握了一定数量的字词。在此阶段应该向学生适时传授必要的多音字知识。通过前面的对比分析可知，在两读多音字中，两个读音的声母完全相同的约占 83%；韵母相同的约占 74%；声母与韵母都相同，而声调不同的约占 63%。换句话说，一个多音字的几个读音之间，声母相同的可能性最大，其次是韵母，再次是声调。

我们知道，在中级阶段有 33 个两读多音字的读音跨越“普及化阶段”和“中级阶段”，也就是说，这些多音字的一个读音学生在“普及化阶段”已经学

过了，在中级阶段我们可以鼓励学生在复习前面学过读音的基础上，利用多音字不同读音之间声韵调的规律，猜测这个多音字在中级阶段的另一个读音。

我们所面对的留学生大都是已经或者正在接受高等教育的年轻人，他们有独立思考的能力，喜欢挑战，喜欢探索，这种“温故而知新”的方法可以在一定程度上满足他们的这种要求，同时使他们认识到汉语中多音字的不同发音之间是有规律可循的，只要掌握了其中的规律，多音字其实并不难学，从而增强他们战胜困难、学好多音字、学好汉语的信心。

3.3 高级汉语阶段的多音字教学

学生在《等级划分》的高级阶段应该掌握的多音字主要包括三部分：

（1）在两读多音字中，两个读音分别跨越“普及化等级”和“高级”的多音字有 9 个：

别、称、传、创、喝、落、片、漂、省

（2）在两读多音字中，两个读音分别跨越“中级”和“高级”的多音字有 18 个：

奔、盛、担、供、杆、吓、横、降、圈、露、埋、宁、塞、载、炸、折、挣、钻

（3）在两读多音字中，两个读音同时出现在“高级”的多音字有 12 个：

剥、卜、钉、缝、晃、勒、笼、闷、削、刹、佤、拧

除此之外还应该包括“哄”，因为“哄”的三个读音“hōng，hǒng，hòng”都集中在高级阶段。

上面提到的多音字包括“哄”在内，一共有 40 个。这些多音字应该作为高级阶段学生学习的重点和编写对外汉语教材取舍多音字的标准。

留学生到了高级汉语阶段，已经掌握了相当数量的字词。在这个阶段，学生们不应仅限于对多音字语音规律的掌握和运用上，还应该逐步了解多音字出现不同读音的原因和表示的意义。如果说了解多音字的读音规律是中级阶段留学生学习多音字的重点的话，那么到了高级阶段，留学生学习多音字的重点就应该转移到了解和掌握多音字不同读音和意义之间的关系上，让学生“不仅知其然，而且知其所以然。感觉了的东西，我们不一定理解它，只有理解了的东西，才能更深刻地感觉它”(曹先擢，2001)。

对于高级阶段的多音字教学，也应该采用跟中级阶段学习读音规律相同的

方法，即通过“温故而知新”的方法调动学生的积极性，发挥他们独立思考和联想的能力，找出多音字的不同读音所表示的意义之间的联系。通过这样的训练方法，使学生不断加深对于汉字音形义之间关系的理解，使他们不断地把所学的知识前后连贯起来，形成一个网络，并随着学习的深入，不断地扩大和延伸这张网。

四、结语

“《等级划分》是面向全球汉语国际教育的国家标准”，是“世界各地的国际汉语教学和中国国内的对外汉语教学进行总体设计、教材编写、课堂教学和课程测试的重要依据”。本文对于《等级划分》中多音字所作的对比分析，不仅使我们对《等级划分》中的多音字有了系统而全面的认识，而且将为今后的多音字教学以及新教材在多音字的取舍方面提供科学的依据和有益的参考。

参考文献

1. 曹先擢．普通话异读词审音表（三）．语文建设，2001(8).
2. 国家汉办，教育部社科司．汉语国际教育用音节汉字词汇等级划分（国家标准·应用解读本）．北京语言大学出版社，2010.
3. 林　焘，王理嘉．语音学教程．北京大学出版社，1994.
4. 刘英林，马箭飞．研制《音节和汉字词汇等级划分》探寻汉语国际教育新思维．世界汉语教学，2010(1).

试析汉语中的省略现象及成因

——以对外汉语教材为例

隋　丹

中华语文研习所北京王府井校

一、引言

人类语言的发展一直伴随着形式结构与意义内容的斗争，形式和概念总是随着社会的发展而不停地变化着，而形式往往比概念的寿命要长（萨丕尔，2002）。人们明明知道某些形式的存在是不合理的，某些形式是我们学识粗浅的古人创造出来的，随着人类知识的增长，早已失去其存在的价值，可是人们却拘于习惯的势力，将这些形式顽强地保留着。例如在相当多的语言里名词有性的概念，也许在远古的某个时期，人们或出于生活的需要或出于直觉，将有生命的物体划分性别，后来又扩展到无生命的物体，以至到了今天，名词性的范畴成为无法推翻却又难以相信的一个包袱。当然，不同的民族对于哪些关系概念是主要的、必不可少的，哪些是可以省略的，看法是大相径庭的。正如英语里的第三人称单数对于中国人来说是如此烦琐，而如果将汉语直译成英语，中国人也绝不会意识到会引起“幼稚、犹豫和空虚”的感觉（萨丕尔，2002）。语言之间的结构差异是如此巨大，然而使用语言的人的本性是一致的，那就是人类永远希望花费少量的力气得到更多的结果，因此，无论何种语言，经济性原则都成为语言发展的动力之一。如简化成为造词的原则之一，某些屈折语摒弃了多余的关系概念（如英语“性”范畴的逐渐消失)，而如汉语的孤立语造词时也使用了简单的屈折形式，(如“现代化”“工业化”中的“化”)。而在语篇平面上，省略则成为一种语言发展趋势，这与人类对语言要求的共性即以少量的符号承载大量的信息有关。以下我们将通过描述对外汉语教材中出现的省略现象进而分析省略的成因。

二、省略的原因

无论是书面语还是口语对话体，省略都是以具有共同的背景语境为前提的。因为语言是实现思维、巩固和传达思想的工具，而思维不是单纯由大脑的生理基础决定的，它是社会的产物，是社会的人所特有的反映形式，它的产生、存在和发展都同社会实践紧密地联系在一起，一定的生产方式和生活方式会对思维产生影响。中华民族一直生活在一个安土重迁的农耕社会中。农业社会不便迁徙，鲜与异族打交道，农业耕作需要集体的协同合作，生活方式以群居为主，大家共同生活在同一块土地上，彼此的生活背景和知识背景相似，体现在语言上便是通识性的成分不必多言，甚至寥寥数语便可沟通。不过，书面语和口语对话体的省略具有不同的客观和主观原因，其功能在某些方面也有差别。

2.1 书面语省略的原因

2.1.1 客观原因

尽管各种语言由于句法手段不同，被省略的部分也并不完全相同，如汉语多省名词和名词性短语，而英语多省动词和小句。但是省略的功能却是相似的，那就是经济、凸显和衔接篇章。然而省略的功能也是有历时变化的。我们发现古代汉语比现代汉语简洁，需要补足的地方更多，现代人读古代汉语会感到词与词的连接并不紧密，似乎只将必要的实词罗列成句，“这种语言在简朴中包含着伟大，因为它仿佛摒弃了所有多余的次要关系，力图直接反映纯粹的思想”(洪堡特，2002)。这种“摒弃”既可以理解为汉语词语的构形孤立，不同于屈折语运用词形变化来标识关系，同时，在语篇平面上，“摒弃”也可以理解为省略一切与主题无关的信息。古代汉语书面语的省略有其历史的客观成因。古代社会由于书写工具的昂贵与不便导致古文篇章言简意赅，如若句句“必一一载之简策，则累牍而不尽矣”(俞樾《古书疑义举例五种》)。人人可意会的则无须究明，“此取意足，言不必达”。然而现代社会信息量增加，人与人之间的交往频率降低，人们共享的知识与信息大大减少，因此某些与背景知识有关系的成分自然就保留在篇章中。我们可以这样说，古代汉语书面语的省略与经济原则有关，而现代汉语书面语则更强调省略的凸显作用。不过由于省略的形式要求读者根据上下文在思想中补足被省略的部分，所以省略作为篇章衔接的手段之一历来是其重要功能。

2.1.2 主观原因

中国人向来以精简为美，浓缩为美，《易》曰："易简而天下之理得矣。" 反映在语言上就是 "文贵约而指通，言尚省而趋明"(王充《论衡·自纪》)。古文不遵循通常文法的发展方式，而力求用最少的词表达出最多的意思，这样的省略可以使文章脉络更加分明，语气更加连贯，同时可创造美感，丰富蕴涵。

2.2 口语对话体省略的原因与功能

汉语口语对话体的省略原因与书面语有相同之处，如经济、简洁、节奏感强。我们可将其分为表层原因和深层原因。

2.2.1 表层原因

我们依据赖文斯对会话含义理解和推导的三条原则，即数量原则、信息原则和方式原则中的信息原则来说明。信息原则对于说话人是"极小量准则"，说话人只提供实现交际目的的最少的语言信息，采取简洁的形式，省略交际双方的共享信息；而听话人推论是"扩展规则"，听话人在心里扩充说话人话语的信息内容，判断是否符合说话人的意图，即使不符合也可以现场纠正。当上下文的语境足够清晰，对话双方对语义的判断足够准确时，省略已知信息，尤其是距离会话焦点较远的已知信息（杜道流，2000)，能够凸显未知信息。请看以下两例：

例（1） 李彬：她出一次场多少钱？

路非：最多两万吧。

李彬：那天她不是说三万吗？

路非：那是她瞎吹。她还够不上那个份，她是跟着三万出去的。①

例（2） A：做这么多菜，你一个人吃得了吗？

B：我爱人一会儿就回来。(《HSK 中国汉语水平考试应试指南》)

在例（1）中，"她是跟着三万出去的" 这里的 "三万" 省略了 "出场费三万的人"，因为前面有一轮对话的埋伏，听话人可以在心理补足被修饰成分。而在例(2)，A 通过 B 的话可以补足 "这么多菜是两个人吃的，我们吃得了" 这一结论。

---

① 本文例句除标明出处外，均选自《桥梁：实用汉语中级教程》(下)。

2.2.2 深层原因

当交往密切的熟人见面时，由于关系亲密经常省略称谓，这是可以理解的。然而当陌生人为了增加交际的成功性，需要在短时间内迅速磨合并加深交流时，例如记者采访，提问方常常采取省略对方称谓的方式，而回答方则省略自称，以期造成不分彼此的亲密氛围，使得交际能够进行得更深入。请看下面的对话：

例（3） 主持人：一个礼拜怎么让谷老师坚定了自己的想法要留下来？

谷老师：可能也就是那些活泼可爱的孩子……

主持人：直接留下来了？没有回去？

谷老师：就没有回去……（《HSK 中国汉语水平考试应试指南》）

例（3）对话主持人开始以第三者的称谓来称呼对方，这是从观众的角度来称呼。可是第二次提问时却省去称呼，显得与对方更加密切，而被采访人在回答时也将自称省去来配合提问。

会话中的面子原则也是省略的一个重要原因。例如在交际过程中，某些常识性的知识如果明确指出，会使对方感觉被轻视；或者当不便拒绝时，转弯抹角地回绝，说话人点到为止，多省略而暗示无穷，以保全听话人的面子，这种省略现象常常不是句法方面的，而是意义方面的，是一种隐含，同时也是一种交际策略。请看下面的对话：

例（4） 崔厂长：工程提前 30 天完成，怎么样？

工　人：崔厂长，你没喝酒吧。（《HSK 中国汉语水平考试应试指南》）

在例（4）中，工人并没有直接回答崔厂长的问题，而是用“你没喝酒吧”的问句以省略后面“这是不可能的”的真实回答。

三、省略的形式

在服从信息表达需要的前提下，省略的形式可以多种多样，灵活自由。根据语境，一般的语法教材将省略分为会话省略、上下文省略和自述省略；根据省略的位置，我们可以将省略分为承前省、蒙后省和逻辑省。承前省是指省略前文提到的已知信息，已知信息包括已知施事或受事或修饰成分，已知主题，或是存在于对话双方意识里的主语。基于经济性原则，在不影响理解与交流的前提下，将旧信息略去，这里的已知信息可以是一个词，也可以是作为主题或阐明语境的一个小句，这样既可节省空间，又可凸显主题。承前省符合一般的思维规律，是一种最常见的省略形式。如：

例（5） 周日，朱丽打算去香山玩，突然下起雨来，只好在家看了一天英文书。（《HSK 中国汉语水平考试应试指南》）

在例（5）中，“突然下起雨来”的主语存在于意识之中，后面的“只好在家看了一天英文书”的主语承接前面的已知主语“朱丽”而省略。

蒙后省是指省略下文将要提到的部分，根据人类已知信息在前未知信息在后的思维顺序，这种省略方式有悖于自然顺序，没有前一种常见，不过我们可以从正式语体的语篇中发现这样的例句。如：

例（6） 中国曾经是，现在是，将来也会是世界的强国之一。（《HSK 中国汉语水平考试应试指南》）

例（6）由于前面两个小句的宾语与第三个小句的宾语一致，因而将其省略，显得紧凑，节奏感强。

逻辑省指的是当上下文逻辑关系足够明确时，将表示逻辑关系的关联词语略去，这是篇章衔接的常用手段之一。如：

例（7） 天冷了，多加点儿衣服。

例（7）是按因果顺序联接起来的，由于逻辑关系清晰，因此将“因为”“所以”略去。

四、省略出现的条件

语言作为人类的交际工具具有很大的灵活性。当人们讨论汉语的省略时经常提出某些词“可省可不省”，省略“具有很大的随意性”（沈阳，2003），似乎省略并不是一种语言规律。我们认为省略的对象虽然是机动的，然而构成省略的条件却是受一定因素制约的。

4.1 语境的预设

结合前人的研究（索振羽，2000）和我们讨论的需要，我们可将语境分为书面语语体的语境和口语会话体语境。如下图所示：

书面语语境	上下文		
	背景语境	知识背景	历史文化、风俗习惯、常识共识等
会话体语境	前言后语		
	情景语境	辅助语言	语调、手势、表情等
		交际主体	身份、职业、心态等
		场合环境	时间、地点、场合等
	背景语境	知识背景	历史文化、风俗习惯、常识共识等

省略的部分是以该部分存在于语境为前提的，读者或是听话人可以从上下文中找到被省略的语言成分并以此来补足省略结构。这里被补足的部分可以是句法成分，也可以是意义关系。句法部分的省略是省略句子的某一个成分而对语篇的连贯或交际的成功不产生影响，如例（1）、例（3）。意义的省略指的是在句法平面上没有任何成分的缺失，然而在交际过程中意义的空位是隐藏在话外的，是由共同的生活经验推导出来的，如例（2）、例（4）。交际的成功有赖于双方对句子的内部语义关系和语境的敏感性，因此明晰的语境预设是省略的一个充分条件。

4.2 清晰的逻辑关系

一定的语序是与一定的语言心理相联系的，因为“语言作为一种结构来看，它的内面是思维的模式”(萨丕尔，2002)。汉语的观物取象，取法自然源自汉民族朴素的“天人合一”的哲学思想。汉语的语序便是依据对事物的整体把握并遵循思维发展的自然顺序，即事件发生先后的时间顺序，思维先因后果的逻辑顺序，大小有序的空间顺序和长幼、男女有别的伦理顺序。例如当我们描述一个动态现象的时候，眼前会出现一个动态的、具体的画面，如：

例（8） 清晨，安定门外小河边长椅上，一个女孩在念书。

例（8）中我们并不需要指出任何连接空间坐标的介词，我们的头脑中便会出现这个动态画面，这种画面的组合方式是：时间坐标 + 空间坐标 + 施事者 + 事件流程（申小龙，2003），空间坐标的顺序由大到小。虽然没有连接空间坐标的介词，但我们却感到这个画面跃然纸上。

而当我们阐述一个关系句时，一般的逻辑关系是：原因/条件（已然/未然）+结果，如例（7）。在说明物体的空间位置时，我们会按照由远及近，由大到小的顺序来进行。这种清晰的顺序更有利于运用意合的手法衔接篇章，因为词序是固定的，某些位置的空位如主语空位、宾语空位或者修饰语的空位可以通过上下文由思想填补出来，而某些介词如引出空间的介词和表示逻辑关系的关联词语的省略，不但不至于引起歧义，反而会使语脉更加顺畅。

4.3 话题链的存在

许余龙（2000）在分析零回指的因素时指出：(1）段落中相连句子的话题涉及的是同一个人或事物，构成一个话题链；(2）篇章的整体语义因素和局部语义因素，如某一人或事物是整个篇章语义结构的组织核心。我们可以将其概括为两种话题链：水平链和垂直链。水平链指的是相邻的小句与小句之间是并列关系，垂直链指的是小句与句子之间是整体与局部的关系。无论是水平链还是垂直链，如果不转换话题，那么话题链中后一小句的主题经常可以省略。如：

例（9） 路非下班回来，刚坐下，电话就响起来了。拿起一听，是冯敏的，声音焦急，说……

在例（9）中有三个水平链，每个链后面的小句承接前面的主题，而这三个话题链并不是以单线的方式进行的，而是交织在一起连接起来。第一个话题是“路非”，与“刚坐下”构成一个话题链，紧接着的话题是“电话”，而后面小句的话题又回到“路非”，“（路非）拿起一听”，这个话题隔过小句与前面的话题相连，后面的句子“是冯敏的”又隔过这个小句与“电话就响起来”构成一个话题链，参差交错，环环相扣。

例（10） 这陕北姑娘是个好姑娘，人勤快，针线锅灶都能拿得起、放得下，跟邻居没有一句闲话，从不惹是生非。每个月交给她的钱，怎么花的，一五一十她都记在小本子上。我收车回去，热饭热菜总在桌子上等着我；衣服脏了、破了，不等我说话，早给我拾掇好了。

例（10）的结构构成了垂直链。“陕北姑娘”这个话题统辖了整个句子，是整段话的核心，后面的部分皆以其为主题。

4.4 文体与修辞的要求

会话交际因为有表情、手势、语调等做补充，而且一旦听话人补足省略的部分有误，可以从说话人那里得到反馈纠正，因此省略现象更为常见；非正式文体也因其篇章结构的随意性更强，多省略可使其语言简洁而富于变化、节奏感增强、即使省略不当也不至于引起不良后果的成分；正式文体如法律文件、科学论文要求篇章结构严谨，逻辑关系明晰，词语所指明确，思想内容复杂，因而省略的使用频率会大大降低；诗歌、散文、小说等对语言节奏、语气连贯甚至韵律和谐有所要求时，省略便是一个必不可少的修辞方法了。

例（11） 有一天，大约是中秋前的两三天，掌柜正在慢慢的结账，取下粉板，忽然说："孔乙己长久没有来了。还欠十九个钱呢！"……一个喝酒的人说道，"他怎么会来？……他打折了腿。"掌柜说，"哦！""他总仍旧是偷……""后来怎么样？""怎么样？先写服辩，后来是打，打了大半夜，再打折了腿。""后来呢？""后来打折了腿了。""打折了怎样呢？""怎样？……谁晓得？许是死了。"掌柜也不再问，仍然慢慢的算他的账。（鲁迅《孔乙己》）

例（11）的对话开始还标明这一问一答的主语，后来作者索性将这一主语省去，节奏因此加快，从而紧紧地抓住了读者的心。

五、结论

以上我们分析了对外汉语教材中的省略现象及省略的成因。对外汉语教材中的省略历来是留学生感到头痛的方面，我们在进行对外汉语教学时，应根据省略的形式对教材予以解释，使学生能够掌握篇章的衔接方式，同时也要对省略背后的文化含义加以说明，这样留学生在学习语言的同时，也能加深对中国文化的了解。

参考文献

1. 柴　奕．二语初始状态及其相关假说述评．湘潭师范学院学报，2007(4):95-97.
2. 杜道流．会话省略中的焦点控制及句法语义影响．语言教学与研究，2000 (4):32-37.
3. 洪堡特．论人类语言结构的差异及其对人类精神发展的影响．商务印书馆，2002:204.
4. 刘　杰．HSK 中国汉语水平考试应试指南．北京语言大学出版社，2000.
5. 萨丕尔．语言论．商务印书馆，2002:57.
6. 申小龙．汉语与中国文化．复旦大学出版社，2003:280.
7. 沈　阳．现代汉语空语类研究．山东教育出版社，1994:89.
8. 索振羽．语用学教程．北京大学出版社，2000:127-144.
9. 许余龙．对比语言学．上海外语教育出版社，2000:133.

文化要素教学篇

对外汉语文化教学刍议 *

丛　琳

北京语言大学汉语国际教育学部汉语速成学院

在对外汉语教学发展的初期，文化教学并没有引起学者和教师的关注。在相当长的一段时间内，人们的关注重点集中在语言本体研究和语言习得研究等领域。但文化教学在对外汉语教学中的作用很快就凸显了出来。

在长期的教学实践中，人们逐渐意识到，文化教学的作用不仅仅局限于吸引学生和介绍中国文化。文化学习和语言学习存在着密不可分的关系，我们甚至可以夸张地认为，语言学习其实就是文化学习的一个过程和一个方面。

应该承认，任何一门外语的学习过程，同时也是一个文化接受过程。伴随着文化接受，人们之间的交流无疑也会更为顺畅、高效。

但如果细致考察文化教学的现状，我们会发现目前从教材、教学方法到教学理念等诸多方面，文化教学所受到的重视程度还远远不够。

文化这个概念本身内涵广泛，包罗万有，甚至可以说，举凡人类社会生产生活的每一个方面都可以归入文化的范畴。因此，在对外汉语教学中，如何进行文化教学就成了一个难以捉摸和把握的话题。所幸，目前学界对文化教学的讨论已经取得了一定的成绩。从已有成果来看，文化教学的诸多方面均已有所涉及。

*　本课题为中央高校基本科研业务费专项资金资助（SCKY1202）。

然而，文化教学问题之错综复杂远非几部论著和论文所能全部解释，我们也无法期待对文化教学问题毕其功于一役。本文旨在结合前贤成果，对文化教学中尚待深入的问题进行梳理并提出一些看法。

目前关于对外汉语文化教学应偏重于哪方面的文化问题的研究和讨论颇多，但我们认为对这一问题做出结论，恐怕为时尚早，其中可待商榷之处还有很多。

按照一般看法，文化教学可以分为专门文化教学和文化因素教学。前者是指专为外国学习者编写的文化通识类教材，后者则意指在各级各类以语言技能和语言要素为主要教学内容的教材中的文化要素的教学。应该说，两种教材所涉及的文化教学观念均有含混不清之处。但这一问题的解决绝非易事。本文暂不对两类教材在文化教学方面分别应该采取何种策略进行详尽分析。仅从总体上看，目前教材中普遍存在的问题也比较大，其中最为突出的是各自为战，缺乏总体的原则和思路。在文化因素（要素）的选择方面表现出了较大的随意性。张英（2009）提出建立文化等级大纲，隋哲（2009）认为应该对不同文化圈的学生进行不同的文化内容教学，同时也认为应该加大现代中国文化的比重，俞烨（2008）认为在对外汉语文化教学中应该尽量体现主流文化、现代文化和影响交际的文化。李铭建（1990）、赵金铭（1997）等都提出应该以介绍当代中国社会文化为主。

我们以为，要解决这一问题，首先要完成的是对中国文化的梳理工作，其次则要对汉语学习者进行足够的调研。

我们的文化教学首先应该是区别性文化教学。也就是说，我们要告诉学生的，应该是中国独有的文化现象和文化观念，但目前中国社会所体现出的各种社会现象和文化现象，却很难说具有区别性特点。中国社会进入现代化进程以来，首先受到西方思潮的巨大影响，抛弃传统、学习西方是中国社会很长一段时间的主旋律。1949 年后，中国社会又长期遵循以意识形态为指导的社会行为准则，对传统文化的抛弃也愈发彻底。改革开放至今的 30 多年来，中国社会又一次走向了迎合西方价值观的道路，以至于我们的传统文化已经几乎走上了绝路。我们反复强调传统文化，并非意在实行民粹，更没有任何觉得中国传统文化优于西方价值观念之意。之所以如此，是因为我们哪怕仅仅从经验出发也能想到，对于外国的汉语学习者而言，真正对他们构成吸引力的，正是中国传统的文化观念。试想，谁会对自己已经耳熟能详、司空见惯的事物再提起浓厚的兴趣呢？我们学习异族文化，从起因来讲，是因为差异引起的好奇，由此种好奇而引发学习和研究的动力。从这一点出发，我们认为，在对外汉语文化教学方面，对传统文化的教学不能忽视，同时，中国当代社会现状、国情等内容，也应占有一定比例，但如果两相比较，前者应占有更大比例。应该说，在目前这个互联网时代，海量资讯能在极短时间内满足人们对后者的关注和疑问方面的需求，而我们要吸引和培养的，是会在未来相当长时间内对中国社会、文化保持关注和兴趣的人。对这一类人来讲，只有与西方文化观念呈现出巨大差异的中国传统文化才具有足够的吸引力。

需要强调指出的是，我们并不想否定中国当代文化、国情等内容的重要意义，但比较而言，我们认为中国传统文化在对外汉语教学中应该占据更为显眼的位置。除了上面讨论的理由外，我们还应该看到，所谓当代文化，其最重要的源头还是中国传统文化。也就是说，我们认为，在对外汉语教学中，传统文化和当代国情社会都很重要，不应有所偏废，要根据不同的教学目标决定教学内容到底应该偏重中国传统文化，还是偏重中国当代社会生活、国情政策等内容。

但是，同时也应该看到，传统文化的梳理工作目前还远不能尽如人意。尤其是我们从来没有过针对外国学生介绍中国传统文化的经验，从这一点来讲，我们应该尽快整理出对外汉语教学所需要的传统文化内容，对传统文化中的精华与糟粕进行区别，有所侧重地进行介绍。另一方面，传统文化的很多内容已经与我们现在所使用的语言和社会生活方式距离较远，因此，采用何种方式介绍中国传统文化，也是需要认真思考的问题。

人们学习异族文化，并不必然意味着对该文化的接受，更直接和一般的状况是通过学习文化，试图理解异族人的行为方式，以使双方交流更为顺畅高效，避免文化冲突带来的误解和隔阂。因此在介绍和推广中国传统文化的问题上，应该保持平和的心态，以不卑不亢的态度对待学习者对中国文化的好奇，要对比，不要比较，因为在文化层面上，没有优劣，只有不同的理念。

文化虽然是看不见、摸不着的，但其力量不容小觑，正如前文所指出的那样，我们所生存的社会上的一切个人乃至组织行为，无不与其所受文化熏陶、所处文化环境息息相关。对外国人来说，观察到中国独有的社会现象或者个人行为较为容易，找到造成此种现象的原因却较为困难。而目前的现状是，我们的教材和教学，对这一问题都采取了规避的态度，大部分教材都列举了大量中国文化现象，却没有从中国传统文化的核心价值观出发，为这些现象做出合情合理的解释，这就难免令学习者感到有所不足。而事实上，我们认为生活中所见的绝大部分行为方式，都可以从我们的文化传统中找到其来源，或者说，价值观决定了具体的行为方式。问题是，我们的价值观是什么，这种价值观又是如何影响人们的行为方式的。限于篇幅，本文仅举一例来说明这一问题的研究思路。

很多学生对中国人打招呼的方式感到迷惑："吃了吗""出去啊""去哪儿啊"等词语，在西方人看来似乎不应该算是打招呼，但在中国人之间却似乎非常常见。有一些教材从语法、语用或者使用条件等角度说明这种打招呼的方式并不适用于所有人，也不是放之四海而皆准，而是针对特定对象、在特定场合和时间使用的，并且在使用时也受到严格的限制等。但这样的解释显然还不够深入，因为我们还是无法说清楚为什么中国社会熟人之间不用"你好"之类的词语来彼此招呼。但如果我们能从中国传统农耕文明的特点出发，指出中国长期自给自足的农业生产方式决定中国人彼此间必须保持比西方海洋文明和游牧文明更为紧密的合作关系这一文化特点（儒家文化所提倡的人与人之间的和谐关系的观点也同样源于此），就可以得出结论：对于中国人来说，在交往中尽量拉近彼此关系，以此维系社会正常运转，是一种非常重要的价值观念。而最为重要的拉近关系的方式就是对对方的关心，这种关心越细致入微，越深入到对方生活最为私密的角落，彼此的关系自然也就显得越亲近和紧密。而对对方每一个日常生活细节的关注，正是这种关心的表现形式之一。这才是产生这一类问候语的根源。了解了这一点，对中国人为什么相对于西方人缺少隐私概念，经常询问他人年龄、婚姻状况及收入等非常私人的问题，而中国人对此却不以为意等现象，就都可以得到一个比较合理的解释了。相信所有学生在听到上述解释后，都会有一种豁然开朗之感，再面对类似问题时，就不会觉得奇怪甚至产生厌恶之感了。

从上面的讨论我们不难看出，要成为一名合格的对外汉语教师，仅仅具备汉语本体知识和第二语言习得知识以及课堂教学技能是远远不够的，甚至仅仅了解和掌握中国文化常识也还是不够，对于一名对外汉语教师来说，必须深入了解中国传统文化的核心价值观以及其来龙去脉，了解这些核心价值观念对中国社会生活产生影响的方式，同时对西方、日韩、阿拉伯（穆斯林）、基督教、古希腊和罗马乃至印度文化、佛教文化，均应有所涉猎甚至一定程度的熟稔。只有如此，才能在教学中对各种文化冲突和文化差异现象给出令人信服的解释和说明。

当然，任何一个人也不可能真正对上述所有问题都深研精熟，在每一个方面都有独到的见解。但充分了解和学习各学科已有的研究成果，广泛涉猎各学科、门类的相关知识，则是作为一个对外汉语教师所必须做足的功课。

限于篇幅，本文无法对对外汉语文化教学的各种问题一一进行讨论，有关不同文化内容在教学中所占比例，专门的文化教学和常规教学中文化因素的教学策略，语言要素与文化要素在教材及教学中的结合方式，教材编写过程中文化因素的引入方式，文化教学的层次，文化教学大纲的编写原则和实践，跨文化交际与对外汉语教学如何结合等问题，都需要后续研究的支持。

参考文献

1. 李铭建 . 中国文化介绍的取向 . 语言教学与研究，1990(2):14-19.
2. 卢　伟 . 对外汉语教学中的文化因素研究述评 . 世界汉语教学，1996(2):41-45.
3. 隋　哲 . 在对外汉语教学中关于文化教学的几点思考 . 考试周刊，2009(12):198-199.
4. 俞　烨 . 论对外汉语教学中的文化教学 . 教育探究，2008(2):58-60.
5. 张　英 .“对外汉语文化大纲”基础研究 . 汉语学习，2009(5):93-100.
6. 朱瑞平 . 汉语国际推广中的文化问题 . 语言文字应用，2006(6):111-116.

对外汉语教学中文化差异问题

高兰芳

中华语文研习所北京燕莎校

一、外国留学生在中国遇到的问题

在对外汉语的教学过程中，我们接触到的外国学生，大都对中国文化充满了热情和兴趣，喜欢中国的文化，对中国有一定的了解，所以抱着积极开放的心态面对各种文化上的不同。他们往往会交到很多中国朋友，在中国的生活丰富多彩。

同时我们也注意到一部分外国学生在中国的学习和生活并不开心，经常听到他们对汉语学习以及在中国生活的种种抱怨，他们来到中国以后，不习惯中国的各种文化，不愿意跟中国人来往，所以朋友的圈子也只局限于他们本国人，使其在中国的生活少了很多色彩和异国文化的体验，也给他们在中国的留学生活留下了些许的遗憾！

其实这些主要是文化差异带来的后果。初次进入到一个不熟悉的文化环境，习惯性地按照自己国家的文化思维去看待一个不同国家的语言或者现象，很容易产生反感、不满，甚至排斥的情绪，以至于对汉语学习失去信心并且讨厌中国的生活。

二、文化差异的体现

笔者根据多年跟外国留学生打交道以及授课的经验，可以把外国留学生在中国遇到的水土不服，因文化差异而产生误解的情况归结为以下几种：

2.1 个人隐私

在留学生眼里，中国人太爱打听别人的隐私，各种私密问题让人觉得不舒服。比如初次跟中国人见面的时候，总是会听到以下问题：

1. 你多大了？
2. 结婚了没有？
3. 这么大了，为什么还不结婚？
4. 有女（男）朋友吗？为什么没有？
5. 做什么工作？工资多少？

这一系列的问题让外国学生应接不暇，心生反感，因为在西方文化中，这都属于个人隐私，是大家不愿在公开场合讨论的涉及个人隐私的问题。尤其是女人的年龄，是没有人愿意回答的问题。但是在中国，这些问题都代表了问话人的关心，尤其是长辈，如果很久不见，这些都是他们最常问的问题，如果他们不问，反而表示不关心。在了解了中国人的思维之后，针对这样的问题，就会消除怀疑对方想要刺探隐私的偏见。如果你不愿意直接回答，就直接给出一个模糊的回答便可以了，而不需要认真回答。

2.2 招呼语用语

因与留学生国家的文化不同，留学生常常会产生误解和情绪上的抵触。

中国人打招呼的时候会常常问“你吃了吗”“你上哪儿去啊”，有的外国学生刚来中国的时候，听到这样的问题，很不舒服，他们以为对方是要跟他们一起吃饭，或者很好奇他们要去什么地方，其实这只不过是中国文化里的普通的问候语。这些问候语已经失去了字面的意思，并不是用来询问信息，而是打招呼的一种方式罢了。因为食文化在中国文化中占有很重要的地位，所以连打招呼都会跟“吃”有一定的关系，这样问的时候，对中国人来讲，很有亲切感。因此在吃饭时间见面的时候可以问“你吃了吗”，你只需回答“吃了”或者“还没呢”就可以了。没有人会继续追问下去。在路上见面的时候，可以问“你上哪儿去”，你可以回答去什么地方或者只需模糊地回答“出去一下”就可以了，是不会有人打破砂锅问到底的。

在教学中，我们应该让学生了解这些常用问候语，告诉他们这些问题其实跟他们在英语中常说的“今天天气怎么样？今天天气不错”等招呼语是一样的，目的不是讨论天气，而是打招呼。通过对比方式，会比较容易帮助学生理解和接受，这样以后就不会出现误解了。

2.3 中国人的谦虚

有些外国学生把中国人过度的谦虚理解为不够真诚或者不自信。

对于对方的表扬或者赞美，中国人一般会先谦虚一番，即使他们同意对方的赞美，心里非常高兴，也不会坦然接受。然而西方人在受到赞扬的时候，他们会愉快地接受对方的赞美并表示感谢。

比如说，当一个人夸奖你英文好的时候，中式的回答是：“哪里，哪里，我的英语不好，还需要提高。”西式的回答则是“谢谢”。所以外国学生觉得，你的英文真的非常好，为什么你说“不好”呢，不可理解，太虚伪了。

又比如，当一个人夸奖你太太漂亮时，中式的回答是：“哪里，哪里”，西方人会觉得先生是不是不喜欢自己的太太。而西式的回答是“谢谢”。在我们了解了中西方在回答赞美时的差异以后，就再不会觉得中国人的回答不可理解，没有诚意了。

这其实都是根源于中西文化差异。传统中国文化受到儒家思想的深刻影响，儒家思想提倡虚心为本，谦虚为荣，所以中国人崇尚谦虚，面对赞美，都要自我否定，故意说几句反话来表示谦虚。而西方文化则比较张扬，乐意直接接受对方的赞扬。

如果他们了解了中国文化中宣扬的谦虚文化，就会理解中国人的反应了。

2.4 中国人的含蓄

一些留学生认为，中国人从来不会对家人说“谢谢”，家人的付出都是理所当然的。

外国学生 Mike 看到中国朋友小王的哥哥给小王带来很多东西，帮了他很多忙，可是小王直接告诉哥哥放在那儿吧，连一句谢谢都没说。Mike 觉得小王不懂得感谢家人，太不客气了。

因为在西方文化中，“thank you”几乎用于所有场合、所有人之间，即使父母与子女、兄弟姐妹之间也不例外。可是中国家庭成员之间很少用“谢谢”，因为这样听起来会觉得相互之间关系比较生疏，如果说了，会觉得非常奇怪，所以家人之间一般是不会说“谢谢”的。同样，中国父母一般也不会对孩子说“I love you”这样的话。因为中国传统文化是比较含蓄的，这些情感是不会通过语言直接表达出来，而是通过行为来表达对家人的爱和关心。而西方文化坦白、直率，总是把“thank you”挂在嘴边，从不吝啬地把对他人的感谢随时表达出来。

2.5 词汇文化内涵

由于不同语言的人们受到不同的价值观念、民族传统、哲学、宗教、道德标准、风俗习惯等的影响，因此，不同的词汇在不同的文化中被赋予不同的意义和内涵。

有一位外国学者在中国交流访问时因为被称为“某老”而愤怒不已。这是因为他不了解这是文化上的一种差异。

“老”字在中国文化里表达的是尊敬的概念，像“老前辈”“老爷爷”“老先生”“老张”“老王”等，都表达了对别人的尊敬和亲热，“张老”“王老”更是倍加尊崇。中国人往往以年龄大为荣。和别人谈话时，年龄越大，资格越老，经历和经验越多，也就越会得到别人的尊敬。在中国人看来，长者代表的不但是智慧，而且也代表着威望。然而，西方国家极少有人愿意倚老卖老而自称“old”。在他们看来，“old”是“不中用”的代名词，是和“不合潮流”“老而无用”的含义连在一起的。英美人不喜欢别人说自己老，更不会倚老卖老。在西方文化中，他们把年龄作为个人极为重要的隐私看待。尤其是女士，更忌讳别人问自己的年龄，即使愿意谈论自己的年龄，也要别人猜测其年龄，而此时，她们的真正目的是期望别人恭维她们看上去比实际年龄小，是多么年轻。

另外，“胖”这个词是西方文化里最为忌讳的一个词，如果有人说你 fat，听者一定会非常难过、不开心甚至反感。然而在中国文化中，“胖”大部分的时候有着积极的意义。比如中国人见了小孩子说“胖娃娃”“胖乎乎”，表示对孩子的喜爱，对成年男子说 fat 有“发福”之义，对成年女子讲 fat 有“丰满”之义，都有赞美恭维之意。日常生活工作中，也经常听到人们说某种东西是块“肥肉”或某差使是个“肥缺”的话语，言下之意是不可多得的东西或是求之不得的位置。中国人不但不讨厌 fat，而且对其赞美有加。当然这个词在中文中也有消极的意义，比如“胖子”。现在的年轻人，尤其是年轻女孩儿以瘦为美，跟西方人一样，不希望别人说他们胖，听到有人说他们胖，会失望沮丧。

除了形容词之外，有的动物因为文化差异也被赋予了不同的看法。比如狗、猫、龙这几种动物。

狗在西方人看来是忠诚可爱的，他们把狗视为朋友、伙伴。人们欣赏狗的勇敢和忠诚，对狗的赞誉也屡见不鲜，并把人比作狗，如 a luck dog（幸运儿），love me, love my dog（爱屋及乌），Every dog has his day（凡人皆有得意日）。形容人“病得厉害”用 sick as a dog，“累极了”是 dog-tired。与此相反，汉语中也有很多和狗有关的成语，不过大都含有贬义，如“狗仗人势”“狼心狗肺”“走狗”“狗腿子”“狗东西”“赖皮狗”“狗急跳墙”“狗眼看人低”等说法，对于“落水狗”(lost dog)，西方人持非常同情的态度，而中国人则不然。在中国人眼中，“落水狗”和“丧家犬”非但不值得同情，反而应当痛打。

中国人十分喜爱猫，用“馋猫”比喻人贪嘴，常有亲昵的成分，而在西方文化中，“猫”被用来比喻“包藏祸心的女人”。中西方的文化差异除了表现在价值观、习俗等外，还与生存环境、宗教信仰、历史典故的不同有关。

同样的，龙在中国人心中是神圣的、高贵的，中华民族被称为“龙的传人”，古代帝王是“真龙天子”，平民百姓都“望子成龙”。“龙”是吉祥、高贵、权力和繁荣的象征。然而，西方人向来认为龙是凶险邪恶的象征，是吐火伤人的怪物。可见，在学习英语词汇时，注意对其文化内涵进行分析和比较，不但可以深刻理解词语的含义，正确掌握它的用法，而且可以使学习变得很有趣味。

三、如何克服文化差异

以上这些例子都说明，文化教学在对外汉语中是非常重要的，不同文化之间的差异是因历史文化背景不同，并受到各民族的宗教、价值观念、风俗习惯等影响而形成的，它不但体现在人们的行为中，同时也体现在语言里面，只有在学习的过程中不断的跟自己的母语进行对比，体会这种文化差异，才能正确地学习掌握这门语言，并正确地在生活中运用它，从而避免不必要的误解。

面对各种文化差异问题，作为对外汉语教师，应该如何帮助学生克服 culture shock，更好地面对文化冲击带来的负面影响，使他们主动、积极地适应和融入中国文化环境呢？个人认为可以从以下几个方面着手：

1. 首先培养学生的跨文化意识，在教学中注意适当介绍文化背景和文化差异，进行文化差异对比教学，把文化差异渗透到教学中。

比如在讲解生词或者对话的时候，引入相关的文化因素，从而自然地把中国人在表达感谢、赞扬、关心、谦虚等思维方式方面跟其他文化存在的差异自然地传达给学生。比如中国传统文化中会问一些个人的问题来表示对其的关心，另外，“吃了吗”“去哪儿”都是典型的失去字面意思的中国式问候语。这样会使得外国学生对两种文化存在较大差异的地方有更清楚的了解和把握，或者根据以往经验，列出留学生来中国后感觉水土不服的各个方面，使他们及早意识到这种差异。这样以后他们在跟中国人沟通时，如果遇到类似的情况，也不会因过于惊讶而产生反感和抵触等不良情绪。

2. 激发学生对汉语以及中国文化的兴趣，更多地看到汉语学习中积极、有意思的一面。

在教学中可以采用灵活多样的教学手段和方法，使得学生增加汉语学习的兴趣。比如可用动画来引入汉字的学习，生动、形象的汉字教学方式容易激发学生的兴趣，克服对汉字的畏惧，使学生觉得汉字奇妙无穷。

在教学中也可以插入中国音乐、电影的介绍，帮助学生增加文化知识，还可以教给学生如何使用筷子，并请学生比赛谁使用得最好，也可以举行汉字书写比赛，看谁的汉字写得最漂亮、标准。这种轻松、愉快的氛围会很容易使学生对汉语以及中国文化产生好感和兴趣。

3. 鼓励学生多看一些中国的电影、电视剧等。

对于有一定汉语水平的学生，通过看一些地道的中国电影、电视剧，可以帮助他们观察中国传统家庭的想法、做法、语言习惯和文化差异，了解真正的中国社会，同时又可以使学生增加语感，说出真正地道的标准汉语。

4. 鼓励学生更多接触中国人，多交一些中国朋友。

在跟中国人接触的过程中，他们会对中国文化有更直接的感受，对于他困惑的问题，可以直接从中国朋友那里得到答案。比如去中国朋友的家，中国朋友的家人一定会劝他多吃菜，甚至父母会帮助他夹菜，或者谦虚地说自己没准备几个菜，做的菜不好吃等等。他们的困惑会从朋友那儿得到回答，朋友热情的招待也会更容易让他们积极地接受这种文化差异。

5. 多组织学生参加文化实践活动。

老师通过组织各种文化实践活动帮助学生感受中国文化，如带领外国学生去名胜古迹感受中国传统文化，地位、尊卑差异以及不同颜色的含义是如何在服装、建筑中体现和反映的，这会帮助学生们有更深刻的认识和理解。

比如在参观故宫时，就可以感受到黄色和红色这两种颜色在中国文化中的重要地位。黄色是帝王之色，象征着权力和尊严，为皇族专用之色，代表着皇权，所以黄色为故宫的主色调。另外故宫的门窗、柱子均为红色，这是因为红色在中国文化里代表着喜庆、幸福、吉祥，所以在中国的喜事与节日中，红色是必不可少的，像红色的盖头、红色的“喜”字、红色的礼品包装、红色旗袍、红灯笼等。得到老板赏识的人称作“红人”；人的境遇很好被称为“走红”“红极一时”。这跟外国人对红色的看法是不一样的。外国人认为红色是危险的信号，所有的交通信号灯的红灯都是警告行人及车辆亮灯时不能穿越马路，例如，“be red with anger”（愤怒），“red alert”（紧急警报）。

此外，跟传统的中国家庭一起生活、交流的时候也会发现中国人的谦虚和热情恰恰是中国人低调和真诚的一种表现。

总之，中西方的文化存在着很多差异，我们在对外汉语的教学中不能只单纯地注意语言教学，而必须加强语言与文化的结合，重视文化差异对语言的影响，这样才能在实际中正确运用语言，并且避免不必要的歧义和误解。

参考文献

1. 胡文仲 . 跨文化交际学概论 . 外语教学与研究出版社，1999.
2. 吕必松 . 汉语和汉语作为第二语言教学 . 北京大学出版社，2007.

试论非目的语环境下汉语词汇教学的文化导入

——以饮食词汇教学为例

田　鑫

北京语言大学汉语国际教育学部孔子学院事业部

词汇是对外汉语教学的重要内容。语言是文化的载体，词汇中蕴涵着丰厚的文化信息。因此，词汇教学并不只是单纯意义上的语言教学，而更应该关注词汇中所承载的文化信息，学生习得词汇的过程实际是一个“文化认知—文化碰撞—文化认同—文化习得”的跨文化交际过程。只有了解不同文化的差异，从而在词汇教学中开展针对性教学，才能真正帮助学生克服词汇习得过程中遇到的问题。“民以食为天”是中国重要的传统文化之一，在这种文化思维影响下形成的汉语，也在词汇中记录与反映这一文化特质。本文拟以中外饮食文化词汇为例，探讨目的语环境中汉语词汇教学的文化导入。

一、中外饮食文化的差异

饮食文化包含的范围很广，我们将主要从饮食理念、烹调方法、烹调用具及烹调的味道来分析中外饮食文化的差异。

1.1 中外饮食理念的差异

中国的饮食理念是在儒家“和”理念的影响下形成的，因此，其核心为“和”，即讲究“色、香、味、形、美”的和谐与“五味调和”，讲究奇正互变的烹调法及用餐时的畅神怡情，采用聚餐制等；西方饮食则体现了重“别”“享受”及“艺术”的理念，主要表现为注重搭配及就餐礼仪，按道上菜，重视每道菜的次序性及餐具的使用。

1.2 中外烹调方法的差异

由于中国饮食追求“色、香、味”俱全，因此特别讲究刀工、火候、烹调时间等的配合，注重不同烹调方法的结合使用。因此，也决定了同一种食材可以有“煮”“炸”“熬”“炒”“炖”“汆”等丰富多样的烹调方法；西方菜重视食材的鲜嫩及营养价值，因此，西式菜比较讲究吃半熟或生食与原汁原味，尤其是法国菜，在这方面更为讲究，如：做牛肉菜肴用牛骨汤汁，做鱼类菜肴用鱼骨汤汁，做清汤用葡萄酒，做火鸡用香槟。

1.3 中外饮食食材的差异

在食材选择上的差异是：西方人认为菜肴是充饥的，重视享受与艺术性，所以专吃大块肉、整块鸡等“硬菜”。中国的菜肴是“吃味”的，所以中国烹调在用料上也显出极大的随意性：许多西方饮食里不使用的食材，在中国都是可用的食材。

二、中外饮食文化影响下的中外饮食文化词汇差异

中外饮食文化也在中外语言的词汇中留下了深刻的印记，而这些词汇也鲜明地映射出饮食文化的差异。我们可以从以下方面分析：

2.1 与食味有关的词汇差异

无论是中国或是西方，由于都重视饮食，因此，人们也常常将味觉通过比喻或引申，构成表达心理感受的词汇。但不同的是，人们对于味觉的选择存在较大的差异。“酸”给会给人带来些许刺激感，因此，其表达的多为贬义：用来表达内心的难受，如“酸痛”“酸楚”，或书生气过重、穷困潦倒，如“酸秀才”“穷酸”，同时由于“醋”是酸的，“醋”也可以表示“嫉妒”的意思，如“吃醋”“醋酝子”等，“酸”表示的均为贬义；“甘、甜”给人的是美好的感觉，因此，多表

达的褒义：表达“美好”“幸福”的意义，如“甜蜜”“心甘情愿”“甘之如饴”等；“苦”使人感到的是不适应且难以适应，因此，常用来表达人生的痛苦、磨难与挫折，如“贫苦”“苦笑”“苦闷”“吃得苦中苦，方为人上人”等；“辣”给人强烈的刺激，给人以火热的感觉，因此，常常比喻人性格、脾气刚烈或狠毒，如“泼辣”“心狠手辣”等。英语中的“酸”则引申为尖钻刻薄的意思，而“醋”也是表示情况不妙或尖钻、刻薄等贬义；英语的“甜”与汉语的“甜”的引申义差不多，都表示甜蜜的意思；英语中的“苦”则有三个不同方向的引申，一是使人痛苦、悲痛、不开心，二是引申为仇恨、怨恨，三是与“醋”的意义相近，引申为尖钻、刻薄；英语的“辣”有多个词汇，但主要有两种意义的引申，一是贬义，形容人“狠毒”，二是表示热情的意思。

2.2 与餐具有关的词汇差异

由于餐具与人们的日常生活相关，因此，在词汇中也有很多与餐具有关的词汇，或是这类词汇通过比喻或引申等途径用来表达别的意义，如汉语中用“铁饭碗”表示有保障的工作，“背黑锅”表示背负不好的名声，“揭不开锅”表示生活极其困难，“吃着碗里的，看着锅里的”表示人的贪婪；法语中用“Avoir du bol（有碗）”表示运气好，用“Tourner autour du pot(围着罐子走)”表示顾左右而言他、兜圈子，用“Ce n’ est pas ma tasse de thé.(这不是我的那杯茶)”表示不喜欢的意思等。

2.3 与调料及选材有关的词汇差异

中外饮食调料及选材的偏好也体现在词汇上。如对于颜色的表达，中国人常常用水果、食物的颜色来描述事物的颜色，如“橙色”“咖啡色”“苹果绿”“柠檬黄”。法国常用调料的颜色来描述事物的颜色，如“Poivre et sel(胡椒和盐)”表示头发花白这一颜色，用“Jaune moutarde（芥末）”表示一种“黄”的颜色。

西方人喜欢蛋糕、黄油，因此，也会用它们来表达一些生活类词，中国人说“小菜一碟”，英语中为“这是蛋糕”等。

三、非目的语环境下学生习得饮食文化词汇的障碍及对策

3.1 非目的语环境下学生习得饮食文化词汇的障碍

非目的语环境下学生习得饮食文化词汇的障碍主要有以下三个方面：一是文

化陌生感；二是文化误解；三是文化冲突。具体如下：

第一，文化陌生感主要是指受中西文化差异的影响，导致外语学习者学习他民族文化时，遇到不熟悉、不相识或生疏的事物所产生的陌生感。对于饮食文化类词汇来说便是遇到“炖、烧”等烹饪方式的词汇、“瓢、灶、碟”等餐具等词汇。

第二，文化障碍对汉语学习另一个突出影响是文化误读。这里所谓的“文化误读”主要是指一种与原本意义有出入的文化解析。如“小菜一碟”“落汤鸡”“铁饭碗”“吃软饭”“炒鱿鱼”等具有深层文化含义的词汇。

第三，文化误读的进一步延伸就会导致文化冲突，这里所谓的“文化冲突”主要是指“不同形态的文化或者文化要素之间相互对立、相互排斥的过程”。最明显的体现就是中外用餐形式及对食物选材的误读。中国人吃饭时是“合餐”，大家共同享用所有的菜，并且基本不使用公筷与公勺，而西餐则为“分餐”，每个人有独立的餐具，食用自己所点的菜，法国学生在初接触时的感觉是惊奇，认为不卫生，甚至不接受，他们并不了解这是中国“和”理念的产物，这就产生了文化的误读，这样的例子还有很多，这里就不一一赘述了。

词汇教学中的文化信息输入也输出，是贯穿于听、说、读、写各个环节中，因此，非目的语环境下学生饮食文化类词汇的教学也必须贯穿于这些环节之中，从而帮助学生克服该类词汇习得中的问题。同时，教学策略的使用也要依照教学目的、教学层次、教学对象和教学阶段的不同而有所区别。

3.2 非目的语环境下学生习得饮食文化词汇的对策

3.2.1 开展饮食文化类讲座

讲座作为传授知识的一种有效手段，对于词汇文化教学来说也是必不可少的。跨文化交际能力的培养需要学习者了解和掌握相关文化知识，如词汇中所蕴涵的饮食文化观念及习俗等，都可以通过讲座的形式传授给学习者，同时也可以展开以饮食词汇中的文化为主题的文化知识讲座，帮助学生进行系统的文化知识的学习。但是词汇文化讲座提供给学习者的大都是间接的经验，而且对于学生的汉语水平要求较高，所以我们在设计讲座时应该力求简单扼要，生动有趣，还要辅之以其他方法来强化讲授内容。

3.2.2 重视三维教学

改变传统的“结构主义”教学法，将语言形式及文化内涵融为一体，将单词讲练与系统化操练相融合，即在对语言材料的内容进行语言知识讲授和言语技能训练的同时，适度地阐释其蕴藏的文化意义，并适度展示类似文化意义的词汇，以促使学生从更深更广的意义上全面领会和掌握所学知识，并能举一反三。如以食物的颜色来描述事物颜色的饮食词汇教学。

3.2.3 词汇背景阐释法

对语言材料涉及的文化内容从背景知识的角度或直接进行阐述和说解，或说明其文化含义，或指明其运用的文化规约和使用的不同情景场合。阐释可用“揭示”“注释”和“联想”为主要手段。（曲文吉，2009）揭示——对母语与外语概念上对应的词语，尽可能揭示其不等值的文化信息；注释——对母语与外语语义上不对应的词语进行必要的注释性讲解；联想——对两种语言概念上相同但文化背景不同或不完全相同的词语进行“信息联想”，可以是“同类联想”，也可以是“对比联想”，更可以是“情境联想”和“主题联想”。

3.2.4 词汇差异对比法

教学中对中外饮食文化进行对比，使学生了解和掌握饮食文化词汇中的差异，减少语言习得中文化负迁移的影响，并帮助学生克服跨文化交际中的文化陌生、文化误读及文化冲突等文化障碍。如对比中外在“酸、甜、苦、辣”味道上文化内涵的差异。

3.2.5 语境操练法

教学中尽量为学生提供真实的语言环境，或设计一些饮食文化体验的活动，使学生有意识地置身于所学语言典型的现实生活中，也可以利用现代化教学手段，如多媒体、网络等，或通过真实、生动的媒体资料，给学生的操练提供相关的文化背景材料，帮助学生更好地理解词汇的文化内涵。

饮食文化词汇在汉语词汇中是非常丰富的，本文所提及的也只是其中的一部分。词汇文化教学，不仅要注重文化的讲解与展示，更要考虑学生的背景与水平，既要展示词汇的文化内涵，同时也要注意其系统性，文化词汇的教学不应该是片段式与灌输式的，而更应该是一种系统的、互动式的教学，让学生系统认知中国的饮食文化，并能通过一些词汇的学习，达到举一反三的效果。

参考文献

1. 方仁杰 . 法语社会语言学 . 吉林人民出版社，2003.
2. 郭隅楠 . 浅谈法国饮食文化 . 青年文学家，2012(6):173.
3. 郭玉梅 . 浅论法语教学中的法国文化因素 . 天津外国语学院学报，1998(4):2.
4. 曲文吉 . 国际汉语词汇文化内涵教学策略的思考 . 吉林华桥外国语学院学报，2009(1):28.
5. 徐文苑 . 中国饮食文化概论 . 清华大学出版社，2006.

《国际汉语教师标准》指导下的书法文化教学模式探究 *

玄　玥

北京语言大学汉语国际教育学部国际汉语教学研究基地

一、书法文化教学研究与书法课的现状

在汉语作为第二语言的教学中，文化因素一直是教学的重要部分。1988 年写入《汉语水平等级标准和等级大纲》并形成被广泛认同的“结构—功能—文化相结合”的教学原则。国家汉语国际推广领导小组办公室 2007 年发布的《国际汉语教师标准》中“文化与交际”模块的标准 3.3 指出“教师应了解中国文学与艺术的基本知识，并运用于教学”，其中包括中国书法艺术。

书法艺术作为文化课具有独特的地位，有别于其他单纯的文化传播形式，书法不仅仅是一种中华传统文化形式，更重要的是它还与汉语的语素教学结合在一起（本文第三节将详细分析），在汉语学习中发挥重要的作用。

汉语教学中的文化教学研究有很多，对文化教学模式、策略、原则、教材编写原则、注意事项等有很多有益的阐述。近两年，文化教学中的书法教学越来越引起重视，童子漫（2012）研究用书法形式进行汉字教学，任晓明（2012）、谈

* 本研究得到国家社会科学基金项目（13CYY066）和北京高等学校青年英才计划项目（YETP0875）的资助，谨致谢忱。

少华（2012）谈书法的文化价值，不是具体的教学；田佳（2009）、曾昭聪、朱华（2009）、郑博仁（2012a、2012b）探讨了相关理论、原则的问题；崔维艳（2012）、王伟（2013）、焦小玲（2013）进行了具体的书法教学设计，但都设计了多次（一个学期、甚至一个学年）的教学，时间过长、内容过细，不适用于书法文化教学的实际情况。

再看书法文化教学的实践层面。在汉语国际推广工作中，书法艺术一直是传播中华文化的一个有效的途径，但是目前的书法文化课存在几种效果欠佳的方式。一种是书法讲座形式，由于缺乏书法技能教师，或无法设置书法教室，只好用书法文化讲座等方式介绍这一艺术形式，这种教学方法过于简单，而且这样复杂的文化讲座为了照顾留学生的汉语水平也往往采用英语讲解，留学生对书法文化的理解只停留在知识层面。一种是描红等摹写方式，没有教师的讲解，学生只描红，虽然学习者最后可以写出“像模像样”的毛笔字，但绝不是书法，更不能体验到书法的真正意义和乐趣所在。还有一种是学生自行书写，教师或认为书法课就是换毛笔写字，或认为短期内难以教授出结果，从而放弃教学，单纯让学生用毛笔体验。

本文从书法文化课的具体模式入手，从微观上解决书法课的基本内容、教学设计模式等具体问题，并指出这种教学策略的意义作用。另外，基于对新版汉语教师标准和学生汉语能力标准的理解，书法课应该适用于文化体验，而不是长期的书法技能学习，所以本文探讨的书法文化课也不是长时间的书法练习学习，而是以介绍书法知识和体验书法文化为主、适合短期教学和孔子学院教学中的文化体验课，也适合于留学生长期书法技能课的入门引导。

二、书法课的教学模式

普通的书法教学内容主要包括：训练书写技法，即临摹法帖，掌握用笔、结字及章法布局的规律和要领；学习书法知识和理论、书法史；鉴赏书法名作；研习书法美学等。这些都是互相渗透、互相依存的。但是对留学生的书法文化课不能面面俱到，而应是轻理论、重体验，在书法的学习中增加对中国文化、历史、汉字的了解，从而促进汉语学习。

2.1 教学形式

书法文化体验课，适宜采取小班授课，保证学生人手一份笔墨纸，可以边听教师讲解、边看演示、边练习体验。

教学中，为了让学生看到书写过程，教师可以采取立式演示，把纸放在黑板上，教师边书写边讲解起笔、运笔、收笔的注意事项。为方便留学生学习，尽量教授简单的书写方式，如基本笔画的起笔选用露锋方式，而不是相对复杂的藏锋方式。也可以用现代教育技术予以辅助展示。

2.2 教学基本内容

首先，是文房四宝介绍。文房四宝是笔、墨、纸、砚，在书法文化课上，每个学生都会亲自体验，依据不同文化体验室的书写条件，至少每位学生会接触到毛笔、墨和纸。

教学设计：可以提问“写字需要什么东西”，引导学生思考并回答。并以实物展示的方式进行。板书要用毛笔写出“笔、墨、纸、砚”四个字，作为学生要掌握的书法知识。

其次，是书体介绍。书法体验课应通过介绍篆书、隶书、楷书、行书、草书等五种书体的演变过程，让留学生直观了解书法文字发展的主要脉络。这样学生既可以简要了解中国书法发展史，还可以进而了解一定的中国历史知识。

教学设计：为了展现不同书体之间的演变关系，教师应书写同一例字的不同书体，逐一展示汉字的发展过程。如可以写“十、水、子、心”等字的篆书写法，让学生猜测是什么字，辨识不出来的时候就作为伏笔，吸引学生了解汉字的发展。

板书：

篆书：3000 年前 

隶书：2000 年前 

楷书：1500 年前 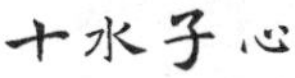

行书 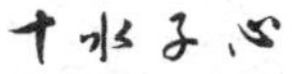

草书 （正、事、明、红）

由于例字比较简单，草书写法和行书写法差异不明显，所以这里教师写几个有特点的草书字，如“正、事、明、红”引导学生猜测，由于草书和楷书的字形相距太悬殊，教师揭秘后，会引起学生们很大的兴趣。

再次，鉴赏书法名作。研习书法美学本来是书法教学中的中高级阶段，但本模式却可以将书法作品欣赏与书体学习相结合。

教学设计：五种书体（或前三种书体）介绍后，教师可以帮助学生总结篆书、隶书、楷书字形的特点。展示不同书体的代表碑帖或作品，让学生回答书体。这样一方面可以检验学生是否掌握了书体的特征，加强其辨析书体的能力；另一方面还对作品进行了赏析，潜移默化地体会了书法作品的魅力。

2.3 教学方案

学习了以上书法知识后，学生已经对书法有了基本的了解，并产生了兴趣。教师分发纸笔，演示执笔姿势、书写姿势。

本文提供几种教学方案，首先都要先教授基本笔画。前人的教学设计中有多节课的笔画学习，我们认为这种方式枯燥无趣，学生也不容易集中精力，而直接教授传统的书写入门“永”字八法，难度也过大。根据经验，我们建议应该以简单的字引出笔画，如“二、十、人、太、中、子”等，这些字符合笔画的难易规律，不仅每次加入新的笔画，还能复习刚学过的笔画，最后逐步掌握基本笔画。

以上基本的内容，用时大概为 20 分钟，根据不同学时的情况，本文设计不同的教学方案，供教学时参考。

方案一：体验一学时，学生已经掌握了基本笔画，接下来可以在教师的示范下写“我爱汉语 / 中文……”，或者如果是某国的团体班，可以写“我爱你，（国名）”。

方案二：体验二学时，第一学时可参考方案一，第二学时学生可以在教师的示范下写简短的词句，如“心平气和”“马到成功”“天下为公”“尊师重教”或其他成语，学生可以经过适当练习，最后落款形成一幅作品。

方案三：体验四学时，前两个学时可以参考方案一、二，学生已经初步掌握楷书书写，可以在教师的示范下创作更长一些的作品，如一些汉字简单的古代诗歌。

方案四：对于有书法基础的汉文化圈的留学生，如日本或韩国留学生的团体，在中国进行汉语培训的时候也会涉及书法文化体验课。如果楷书基础较好，教师也可以教授中国书法艺术的其他形式，如隶书、篆书都比较容易入手。或者与中国水墨画结合，如配合国画“荷花蜻蜓”，可以练习写“小荷才露尖尖角，早有蜻蜓立上头”的诗句；配合国画“梅花”，可以练习写“梅花香自苦寒来”的诗句，国画图案简单易学，意境优美。

三、教育目标——书法在汉语国际推广中的作用

书法文化课的教学目标是了解书法的基本知识和书法发展简史，掌握书法某种书体的基本技法，能够模仿着创作书法作品，达到形似。但是本节讨论的是基于我们设定的书法短时体验课内容会带来怎样的深层的文化传播作用，而不是简单的课堂教学目标。

3.1 对汉字教学的促进

《国际汉语教师标准》教学模块中标准 6.6 指出“在汉字教学中，教师能了解有关汉字的基本知识，具备将汉字知识传授给学习者的能力和技巧”，并提出“重视实用性、趣味性”的基本原则。

汉字教学是汉语教学的重要组成部分，不掌握汉字就不能深入掌握汉语。然而汉字是学习汉语最大的困难所在，非汉字文化圈的学生对汉字很有畏惧感。但是在书法课上，当学生了解到汉字的历史，尤其在猜测了篆书、隶书和草书的一些字后，很多学生表现出对汉字的兴趣。虽然一两堂书法课，不能让学生学会更多的汉字，但是学生却对汉字有了更多的了解和认识，尤其知道了汉字的发展后，产生兴趣，在情感上更易于接受汉字。笔者进行过 80 余个班级的书法文化课的体验式教学，课堂上学生们都对汉字的演变很感兴趣。有的曾经拒绝学习汉字、只肯书写拼音的学生，在书法课后，对汉字的抵触情绪有所缓解，逐渐接受汉字这样的文字形式。

3.2 对中国历史文化的了解

《国际汉语教师标准》也有对中国历史文化教学的要求，标准 3.1 指出教师应了解中国历史文化的基本知识，并运用于教学，能将中国历史文化教学与语言教学恰当地结合起来，并能根据具体教学环境、教学材料有选择地讲授中国历史文化知识。

中国有五千年的历史，汉字是当今世界上使用面最广、历史最悠久的文字，并仍具有旺盛的生命力。留学生们虽然知道中国历史悠久，但是在学习汉语的初中级阶段，还没有涉及中国历史，学生们也只是有概念，但无感性认识。在书法文化课上，学生通过书体的变化，可以感受到中国历史变迁的一个方面，对中国历史也会有一定了解。

而且，传统中国文化在中国人平时的生活中缺乏特别的显现，通过书法

课，留学生可以了解古代中国人的传情达意的书写情况，对中国文化有更深刻的体会。

另外，汉字文化圈的学生对汉字本身很了解，童年时也进行过基础的书法教育。有些学者或教师可能认为书法课对于这些学生的作用不大。其实不然，日韩等学生，尤其日本学生，虽然熟练掌握汉字书写，但是有些青年学生并不了解他们所使用的汉字的来源，甚至以为汉字是他们自己原有的文字。平时的语言教学中为照顾民族自尊心，不便指出汉字传播以及汉文化影响等问题，此时书法课就可以起到良好的作用。我们知道日文的“平假名”是由汉字的草书简化得来的，“片假名”是由楷书的偏旁概括得来。在介绍草书书体时，教师也可以写出ふ（不）、ま（末）、め（女）、も（毛）、や（也）等字，这些草书汉字与日文的平假名一样，日本留学生就可以据此了解他们的文字与中国汉字的密切关系，进一步加强对中国历史文化的了解，并从世界历史的角度和汉字文化圈的角度认识他们的文化。

3.3 对中国情感的培养

学习汉语的留学生一般抱着两种心态：一是想了解现代中国，掌握一定程度的汉语，为今后自己从事的政治、经济、文化事业服务；二是喜爱东方文化，尤其是中国文化。而两种心态也不是一成不变的，初学者可能是第一种比较功利的心态在起作用，在学习达到一定程度时，很可能会逐渐产生对中国文化的喜爱，并继续学习下去。

文化包括认知、行为和情感三个层面，它是一个群体共享的思想、信仰、情感和行为的方式。基于此，文化学习也必然包括认知、行为和情感三个方面的过程。中国书法承载着丰厚的民族文化积淀，书法文化是中华民族特色文化的集中表现，书法文化几乎与中华民族的文明与进步相伴始终。现行的某些书法课形式，讲座的方式只强调认知层面，描摹和自行书写的方式只强调行为层面。而本文设计的书法文化课模式中既有认知层面，即对书法知识的掌握；也有行为层面，即体验毛笔书写。这都是表层可见的，以上的形式会一定程度地转化到深层情感层面，感受到汉字的字形美，体会到书法审美价值的同时加深对中国文化的理解。

在我们进行教学的诸多班级中，几乎每个班都有学生表现出对书法的兴趣，询问购买书写用具的方法，希望继续学习，相信在这样的兴趣中他们以后会成为中华文化传播的使者。

3.4 对简化字的认知和接受

有些留学生，尤其是亚洲汉文化背景的留学生或华裔留学生都习惯于用繁体字，又由于受到某些宣传的影响，他们对简体字有些抵触，认为是对中华传统文化的篡改，他们虽然可以识别，但是情感上不接受。我们在一般的汉语教学中，要求尊重学生的习惯，不强求使用简体字，在平时的教学中为避免说教，也不刻意解释说明简体字的来历。正因如此，书法文化课可以发挥巧妙解释简体字的作用。

汉字一直处于不断的变化中，简化一直是主要倾向，甲骨文、篆书、隶书、楷书都有简体字。汉字在历史发展中之所以出现这些区别于正体字（繁体字）的异体字，是为了快速书写、节省时间，所以简略了一些笔画，形成了简化字，因此草书是简化字的重要来源，有 80% 的简体字是从历代的草书中挑选而出。教师在介绍草书书体时，可以融入这部分内容（如 3.2 节教学设计）。对于熟悉繁体字的学生，可以先认读楷书"書（书）、長（长）、語（语）、東（东）"，然后写出相应的草书写法"书长语东"，对比中教师指出现在的简化字大多数都是从草书等书体中总结出来的字形，是古人一直使用的，只是使用的场合有所区别，学生们自然就对简体字有了新的认识，不会被误导。

四、余论

书法课作为汉语教学中的文化体验课，在汉语文化传播中起着不可替代的作用，通过本文所探讨的教学方式，书法能巧妙地传播中国历史文化、帮助汉字教学、对现行的简化汉字有正确的认识等。所以书法绝不仅仅是一种文字的艺术形式，应该是国际汉语教师必须掌握的技能，并使之在汉语国际教育中发挥更大的作用。

参考文献

1. 崔维艳．对外汉语教学中汉字书法教学构想．吉林大学，2012.
2. 焦小玲．对外书法教学课程教学研究——以菲律宾怡朗中山中学为例．暨南大学，2013.
3. 吕必松．对外汉语教学发展概要．北京语言学院出版社，1990.

4. 吕必松．对外汉语教学概论．国家教委对外汉语教师资格审查办公室，1996.
5. 欧阳中石，徐无闻．书法教程．高等教育出版社，1994.
6. 任晓明．对外汉语教学中汉字书法的文化价值刍议．三峡大学学报（人文社会科学版），2012(6):113-116.
7. 谈少华．汉语国际教育中的书法艺术教学．兰州大学，2012.
8. 田　佳. 在对外汉语教学中推广书法之我见. 康定民族师范高等专科学校学报，2009(5):99-101.
9. 童子漫．对外汉语教学中的汉字书法教学研究．湖北工业大学，2012.
10. 王　伟．汉语国际传播背景下汉字书法教学研究．中央民族大学，2013.
11. 曾昭聪，朱　华．面向留学生的汉字书法教学刍议．吉林师范大学学报（人文社会科学版），2009(2):81-84.
12. 郑博仁．对外汉语教学中构建书法课程模式刍议．华西语文学刊，2012(7):184-191.
13. 郑博仁. 试论对外汉语书法课程教学与实践. 西南交通大学学报(社会科学版)，2012(4):87-92.
14. Kramsch Claire. Context and Culture in Language Teaching. Shanghai: Shanghai Foreign Language Education Press, 1999.

在对外汉语短期强化班开设体验式中国茶文化讲座的探索与实践 *

徐雨隽

北京语言大学汉语国际教育学部汉语速成学院

一、语言与文化

语言是文化的载体，文化教学是语言教学中不可分割的一部分。对外汉语教学工作者们在对语言和文化的教学探讨中达成共识：对外汉语教学不应局限于言语技能训练的层面，而应与文化知识的导入相结合。“使学习者在学习汉语言的同时更多地了解中国文化，并能在中国文化环境中有效地交际，是对外汉语教学的最终目标。”(李晓琪，2006)

在对外汉语教学中，研究者把文化的教学形式分为两种：交际文化教学和知识文化教学，即在语言课中导入文化因素和以语言为媒介的专门介绍文化知识的课程。国家对外汉语教学领导小组办公室针对短期强化班编订的《高等学校外国留学生汉语教学大纲》中，也把介绍中国文化与历史等知识的讲座和太极拳、书法等文化技能课列为课程体系中的补充课程，在大纲中明确指出“说明品茶的习俗及文化含义”是饮食文化类中重要的交际任务。

---

* 本课题为北京语言大学院级科研项目（中央高校基本科研业务费专项资金资助），项目编号为 14YJ150310。

茶是气味芬芳的饮料，了解作为中国人开门七件事“柴米油盐酱醋茶”之一的茶，有助于留学生理解和融入中国人的生活；茶也是高雅的艺术品，引导学生品鉴和沏泡中国茶的过程，也是培养学生中国式的生活方式和审美情趣、了解中国人的价值观念的过程。在此过程中产生的对中国良好的情感和态度有利于学习者的语言学习。正如美国俄亥俄州立大学东亚语言文学系教授吴伟克所说，对外汉语教学的理想是“培养能够理解中国的学生，特别是和中国人意见观点不同的时候，即使我们不同意他们的想法，也应该设法理解为什么中国人会这么想，尽量了解他们的文化源泉、文化视角和世界观”。茶更是一门综合的艺术，由于茶与历史、陶瓷、香道、花道、琴学、书画、中医等科学艺术都紧密相关，能满足短期学习者对中国文化的入门学习需求。

二、体验式文化教学模式

体验式学习模式由 Kolb 于 20 世纪 80 年代提出，根据这个模式，有效的学习包括活动（体验）—发表—反思—理论—应用—活动（体验）。他认为有效的学习通过这个模式依次循环。Moran（2009）在英语教学中的文化教学中极力推崇这一理念，他提出了体验式文化学习模式，认为要帮助学生学习和理解文化，应该从文化体验、文化知识、体验式学习循环这三方面入手。在对外汉语界，研究者们尝试将体验式教学法与任务教学法相结合，陈作宏和田艳（2008）提出以任务为中心的体验式对外汉语教学模式的概念。他们认为，结合了任务和体验式教学的课堂环节由准备—活动—追踪构成。学习者在任务环节完成需要的准备工作，在活动中合作完成真实任务并在追踪环节汇报和归纳。在任务链中，语言形式仅是完成任务的必要条件，而不是最终目标。(Richards & Rodgers, 2001) 吴伟克（2003）提出“体验文化”教学法，主张教师创造机会，指导学生体验另一种文化。

三、中国茶文化讲座教学设计

3.1 教学目标

讲座利用一次课堂时间，时长以 1 个半小时到 2 个小时为宜。在这短短的两个小时内，向学生简要介绍中国茶的历史、现代中国茶的基础分类，指导学生辨别当代代表性的名茶，并且体验简单的功夫茶沏泡和茶汤品鉴方式，最重要的是，学生通过这次活动，感受并理解一杯茶中承载的中国茶道精神和中国式的健康生活方式。讲座属于文化知识类教学，语言知识并不是教学的主要目的，但是教师可以根据学习者水平引导学生复习或学习一些重点词汇。

3.2 教学内容与教学模式

茶学是一个综合的学科。就广义的“茶艺”而言，就包括了有关茶叶的产、制、销、用等一系列的过程，以及如何选购茶叶、如何泡好一壶茶、如何享用一杯茶、茶与壶的关系、茶文化史、茶艺美学等（郑春英，2006）。在讲座中，按照学生的兴趣度与茶艺的核心内容，讲座的内容重点包括中国茶的历史、茶叶的分类和辨识以及茶叶沏泡与品鉴。对外汉语教学中的茶文化教学应与面向母语者的茶课教学区别开来，除了茶的本体、中国人饮茶习惯、茶具、茶道精神等相关内容外，更应该根据学习者水平，最大限度地把语言学习和茶文化教学联系起来。

茶品的选择主要考虑茶品的知名度和普及性。每种基础茶类选择一种茶叶来展示，绿茶常用西湖龙井，白茶常用白毫银针或白牡丹，黄茶选择霍山黄芽，乌龙茶选择香气和口感都富有特色的安溪铁观音，红茶多用滇红，黑茶多用熟普，此外，也准备学生熟悉的茉莉花茶和菊花茶，以区别再加工茶与花草茶。

展示的沏泡方式常用盖碗沏泡法。这是因为盖碗富有浓郁的文化内涵，盖碗茶艺是最有代表性的茶艺表现形式之一。同时，拿盖碗的技巧富有挑战性，容易激发学生的学习兴趣。而且盖碗相对于其他的器皿，如紫砂壶，价格比较低廉，适合作为教学耗材添置。

结合体验式的教学模式和教学内容，我们提出以下体验式茶文化课教学模式：

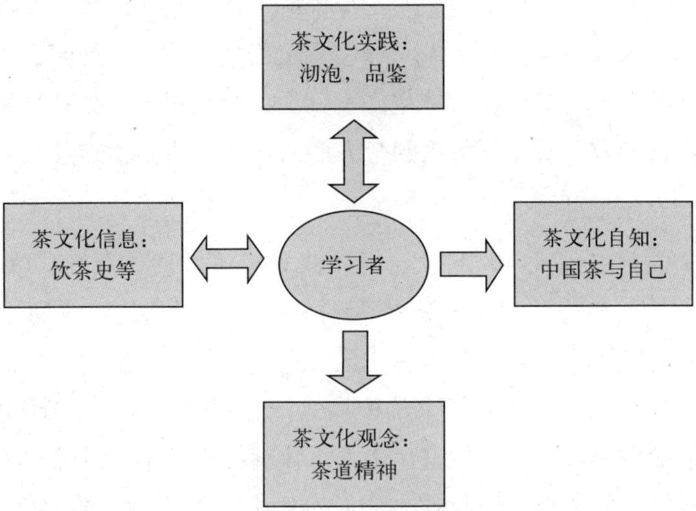

（改编自 Moran，2009）

在我们的教学模式中，讲座的内容被划分为几个重要的文化体验活动，每一个茶文化体验都包括文化信息（Knowing about)、文化实践 (knowing how)、文化观念 (knowing why) 和文化自知 (knowing oneself) 这四个阶段。在文化信息阶段，学习者收集教师介绍的文化信息，并最终转化为文化知识，比如记住一些茶文化的相关知识；在文化实践阶段，学习者发展自己的文化技能，并转换为自己的文化行为，比如掌握功夫茶的沏泡方法；在文化观念阶段，学习者通过体验，产生自己对中国茶文化的理解；在以上三个阶段，学习者注重文化知识，而在文化自知阶段，学习者的重心转向自我，侧重自己对茶文化知识的理解和反馈。 对于教师而言，在以上阶段，都必须以学习者为中心，课堂用语要生动简练，中级班能达到全中文教学，初级班语言水平有限，主要使用英文，但是考虑到学生的英文水平，都宜使用简单的英文词汇，便于学生理解讲座内容；教师的展示要简洁有效，便于模仿，设计的体验活动要注重趣味性和任务难度，引导学习者高质量地完成每个阶段的输出。比如专业的茶叶沏泡其实是个复杂的过程，为便于初学者掌握，我们总结了功夫茶三步沏泡法，学生通过观察和自我体验，都能顺利地泡出第一杯功夫茶。

3.3 茶艺美学空间

自古茶人就重视品茗环境，体验式茶文化讲座的特点是必须要为学习者营造美好的学习空间。一个传达着传统中国文化艺术精神的空间能陶冶情志，净化心灵，最大程度地激发学习者的学习兴趣。由于每次讲座都只能在平时上课的普通教室进行，饮茶空间的打造是教学工作中的重点。早在宋代，焚香、挂画、插花、点茶便被追求精致生活的士大夫和文人阶层视为茶事中的四艺。由于传统的沉香并不能被所有人接受，在教室空间设计中，我们主要从教室桌椅排列、茶席设计、背景音乐和教师茶艺形象这四个方面来打造清静祥和的茶境。

3.3.1 桌椅排列

教室桌椅的常见形式有传统式、马蹄式和模块式（毕继万，1999）。调查显示，上必修课的学生喜欢桌椅整齐排列的传统式，因为传统式便于教师控制课堂，而马蹄式和模块式便于学生进行交谈。在体验式茶讲座中，我们一改传统的课堂桌椅排列，采用呈马蹄状排列的模块式，这样学习者便于分组交流和讨论，更能确保每组学生分组在自己的茶席上深度体验沏泡环节。马蹄式桌椅会在教室中间留出充裕的空间，也便于教师与学生的互动和交流。经过比较，我们发现马蹄模块式桌椅排列比传统式的容纳力更强。

马蹄模块式

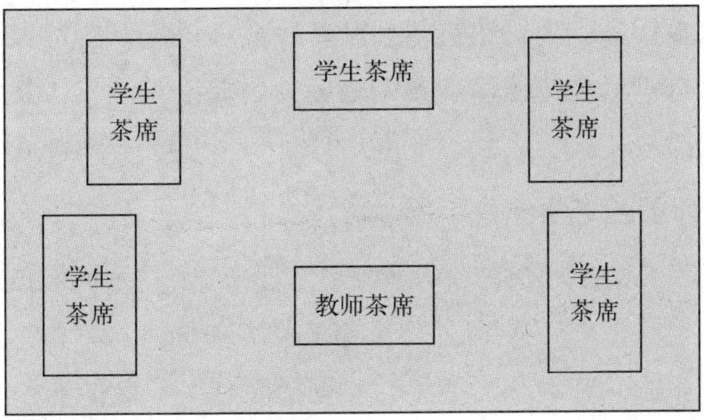

3.3.2 茶席设计

著名台湾茶人解致璋（2008）认为："布置一个宁静优美的茶席来招待客人，可以使客人在享用茶汤之前，先浸润在舒服的氛围里。"可见茶席设计的重要性。体验式茶文化讲座会安排学生自己体验沏泡茶叶的环节，因此教学茶席布置包括了教师茶席布置和学生茶席布置。

由于教师一般背向黑板而坐，我们一般用物美价廉的芦苇帘作为教师茶席背景，并在帘上张贴配合茶境的字画，不但达到了遮挡黑板的目的，还创造了简单质朴的环境。在学生茶席后面的墙面上也可以贴一些传统山水画和书法，这样不但使环境雅致，也便于拍出美观的教学照片。

新中国成立后，由于国际之间还有两岸茶事交流频繁，如今中国的茶席呈百花齐放的状态，茶席上的器皿更是丰富多彩，教学茶具的选择力求简洁，并重点保留文化意味强烈的器皿，比如代表了"天人合一"思想的盖碗，多以传统瑞兽形象出现的茶宠等。根据是否使用茶船，现代茶席分为使用茶船的"湿泡法"和受台湾茶席影响、最近越来越流行的"干泡法"，在教学中，为便于展示茶宠，我们一般采用"湿泡法"。常用的茶具有：茶艺六用、茶垫、茶船、茶巾、品茗杯、闻香杯、公道杯、盖碗、紫砂壶、玻璃杯、滤网、随手泡和用来展示茶品的茶荷。盖碗多选用青花瓷或青瓷，品茗杯为便于观赏汤色的白瓷小杯。配合不同的季节和茶具，茶席上也插有不同的插花，且都以清新雅致的绿萝或小菊花为主，避免枝繁叶茂的花束。学生茶席配合体验沏泡的茶品而设，我们一般用物美价廉的民间蜡染布来做桌布，然后把木制的小茶船配合其他的器皿摆放在上面，也很有拙朴之趣。

3.3.3 背景音乐

讲座一般人数较多，为避免喧嚣杂乱，一般在讲座开场前和沏泡过程中播放古筝或古琴曲，特别是韵味虚静高雅的古琴曲，既淳和淡雅，又清亮绵远，特别适合在茶讲座中播放。

3.3.4 教师茶艺形象

茶人茶艺形象以洁净质朴为美，茶文化课堂上，教师要配合自己的茶席风格打造自己的茶艺师形象。当代文人茶道喜着棉麻质地的布衣，但民间茶艺师也喜好旗袍等传统服饰。在教学实践中，学习者更偏好精致的旗袍类服饰。因此我们在教学实践中多选用丝绸质地、整体淡雅的旗袍或者有传统元素的棉麻质地服装。按照国家茶艺师实际操作考试标准，教师的头发应盘起，避免发丝凌乱，指甲不宜留长，妆容要淡雅，以免影响茶席的整洁感。

四、茶文化教学成果及意义

在讲座结束后，学生普遍认为在语言教学中开展茶文化讲座是十分必要的，一部分学生还提出了深入学习茶文化的要求，我们也组织了茶文化知识竞赛，学生参与积极性很高。从答题情况看，通过仅仅两个小时的体验式茶讲座，学生很好地掌握了教师输出的信息，并且对中国文化产生了一定的兴趣。竞赛的试卷也趁机收集了学生对茶文化课程的意见和建议，由于数据太小，我们将继续试验我们的体验式茶文化讲座课，并收集更多的数据，不断完善我们的教学模式。

体验式的茶文化讲座课对别的文化课程也具有一定的借鉴意义，我们也陆续开展了体验式的书法讲座、剪纸讲座等，进一步丰富了我们的体验式文化讲座内容。

我们的茶文化课程也培养出了传播中国茶文化的使者。我院美国学生唐鹭迪代表北京语言大学参加了老舍茶馆举办的重要茶会，她对中国茶文化的理解和曼妙的茶艺表演得到了业内人士的好评。

值得一提的是，为了给学生提供更专业的茶文化课程，我院已有国家级高级茶艺师两名，中级茶艺师两名，还有许多的同事都对中国茶道产生了浓厚的兴趣，陆续加入到我们的团队中。在满足学生文化学习需求的同时实现教师的自身发展，也许是我们发展文化类课程的重要意义之一。

参考文献

1. 毕继万．跨文化非语言交际．外语教学与研究出版社，1999.
2. 陈作宏，田　艳．探索以任务为中心的体验式对外汉语课堂教学模式．民族教育研究，2008(4):93-97.
3. 国家对外汉语教学领导小组办公室．高等学校外国留学生汉语教学大纲．北京语言大学出版社，2002.
4. 解致璋．清香流动．台北：远流出版事业股份有限公司，2008.
5. 李晓琪．对外汉语文化教学研究．商务印书馆，2006.
6. 郑春英．茶艺概论．高等教育出版社，2006.
7. Moran. Teaching Culture: Perspectives In Practices. Beijing: Foreign Language Teaching And Research Press, 2009.
8. Richards, Rodgers. Approaches and Methods in Language Teaching. Cambridge: Cambridge University Press, 2001.

语言习得篇

Understanding How to Help Language Learners Overcome Learning Barriers

石明理

中华语文研习所

This paper aims to look at certain cognitive and affective factors and talks about how to help language learners who may be struggling in these areas understand their problems and how possibly to overcome them.

COGNITIVE	AFFECTIVE
age	attitude
intelligence	motivation
aptitude (= inherent ability to learn [language])	personality - self-confident - introvert/extrovert
previous language learning experiences	- shy/inhibited - nervous/anxious - flexible & creative - perfectionist - analytical vs. intuitive - impulsive vs. reflective - visual/auditory/tactile - coping strategies

1. COGNITIVE FACTORS

1.1 Aptitude

When a language learner shows weakness in all the three areas of pronunciation, tones and grammatical accuracy, even though they may put out tremendous effort in learning Chinese, their language will often lack beauty and accuracy.

What goes on in our mind when we want to communicate something verbally, e.g., reply to someone's question? The answer is that our mind processes through three stages:

a) Conceptualization stage: this stage is in the *thought* realm, related to what *ideas* you want to communicate. You are not thinking about what language to use at this stage.

b) Formulation stage: in this stage you are working on the verbal message you want to communicate, checking that the words are appropriate, tones and pronunciation are correct, and the grammar is right.

c) Articulation stage: the mouth then verbalizes the message.

It seems that those with lower aptitude may expend a great deal of their attention on lower level processes such as retrieving appropriate words from their mental storeroom, determining the correct grammar and tones, etc., so it might be better to first get these basic and lower level processes more automatic so that the students don't have to spend so much focused energy on these but can use their mental energy on higher level processes as more successful learners do.

How can you get these basic level processes more automatic, yet accurate? Maybe slowing yourself down for a while and first "monitoring" (i.e., thinking carefully through what you want to communicate by putting the sentence you want to say on the "monitor" or "screen" of your brain) before saying it out aloud could help.

Individualized instruction where the teacher can focus about the learner's specific problems should also help the learner improve. However, the fact of their low aptitude resulting in oft-repeated mistakes tends to lead the learner to feel discouraged and want to give up. Encouraging the learner by focusing on attitude and motivation will often enable the learner to be willing to press on in spite of daily setbacks and failures.

1.2 Age

Especially for the over-50s, problems with decline in hearing leading to incorrect pronunciation and inaccurate tones, failing memory leading to inability to retain vocabulary, and loss of self-esteem leading to raising psychological defences to protect their ego all mitigate against acquiring Chinese well. From my experience, the biggest problem the older language learners have is continually sending negative messages to themselves on a daily basis, hence eating away at their self-confidence.

How can we help older learners compensate for their decline in hearing and memory, as well as the daily assaults on their self-esteem?

a) Help them discover more about themselves as a language learner: from their previous language learning experiences, discover their preferred learning style, language learning personality, and learning strengths & weaknesses.

b) Try to individualize the learning program by hiring a personal tutor who suits their learning style and personality (and avoid large classes). Ensure that the content of the course is relevant and motivating because it is directly in line with their learning goals, taught at a pace they can handle (appropriate number of class hours per textbook lesson so they have sufficient time to imbibe it), and a daily load which is not too overwhelming (appropriate number of class hours per day which leaves sufficient time for preparation and review).

c) The pronunciation and tones must be taught thoroughly, using diagrams and mirrors so as to be able to visualize the sounds. Focus on problem sounds one at a time, at the same time reminding them that most of the sounds they are already saying correctly. Record their teacher's pronunciation and tones followed by their own pronunciation and tones, then play back and compare the two. Use colored flashcards as a helpful aid to remembering the tones.

d) Learning strategies: discover and use a wide variety of memory and practice strategies. Find out which ones suit them best and then encourage them to use them. Create safe places for practicing the language by finding friendly local shopkeepers, or talkers who come to their home. Right throughout the course, keep searching for strategies that will help them focus on their strengths, hence building up their self-confidence.

e) Memory improvement techniques: their memory *can* improve through:

• physical exercise, e.g., brisk walking, swimming.

• right-brain activities, e.g., pictures of the vocabulary and colored cards (as an aid to remembering the tones) to complement left-brain activities.

• hands-on: handling the objects as well as getting out and doing the activity.

• integrating new material with what they already knew.

f) Visual + Tactile: involve as many of the senses as possible, especially visual and tactile, in order to compensate for their weak auditory ability.

g) A pace that is comfortable, not overwhelming or frustrating, so that the limited capacity of their working memory doesn't become overloaded.

h) Manageable bytes—break down the content of each lesson into easily digestible chunks.

i) Topics: first cover those topics that they most frequently talk about: e.g., Introducing Yourself, Buying Things, Ordering a Meal, Giving & Asking Directions. These four topics cover approximately 80% of what they talk about in China every day. Rewrite the dialogues in the textbook on each of these four topics so that the dialogues apply to the student's own situation, then you, the teacher, correct and record them, finally practice them in class for 10 minutes each lesson. When students are fluent in these four topics, gradually add more to their repertoire. So, while slowly moving on to new lessons in the textbook, all the while keep practicing these four (and then gradually more) key topics.

j) Maintain a classroom atmosphere which is fun and friendly, the teacher being patient and enthusiastic, and they, the students, experiencing regular successes. Avoid teaching methods which raise the student's affective defences (e.g., creating humiliation, fear and feelings of incompetence). Instead, they need a teacher who shows them where they have improved by, for instance, spending the first few minutes of each lesson revisiting previous lessons, hence providing students with opportunities to be successful, sense progress and therefore gain a greater degree of self-confidence.

Older learners are continually learning new skills and acquiring new knowledge. The key question is: Why? and How?—and the answer is because they are interested, determined, and sense that these newly acquired skills are useful and immediately applicable, and they put them to immediate use on a regular basis.

2. AFFECTIVE FACTORS

2.1 Motivation & Attitude

Especially in the early days of learning Chinese while living in China, language learners are bombarded with experiences which can cause them to lose heart. So it is key that they surround themselves with people who are natural encouragers.

External motivating influencers: these include other motivated language learners, good teachers, friendly local people and those foreigners who have lived in China for some time, speak the language well and have formed close friendships with Chinese people.

These external motivators will keep our learner's internal motivating "battery" fully charged: other motivated language learners and good teachers encourage intrinsic motivation (i.e., the joy and fascination of learning Chinese); friendly local people and those foreigners who have lived in China for some time will encourage integrative motivation (i.e., the desire to be integrated and become accepted by Chinese people). As teachers, we should try and help our learners locate these people as well as encourage them to try and discover on their own.

2.2 Introvert, Shy, Inhibited, Nervous & Anxious

The student who is somewhat of an *introvert* does not have too much of a disadvantage. Obviously the extravert student has the huge advantage of being willing to take risks as well as having a wide circle of friends. However, the introvert, given time will find their few friends. The *shy* person needs to be taken by the hand and introduced to friendly local people. Once they know where it is "safe" , they are happy to visit these people and chat on a regular basis. The *inhibited* and easily *anxious* or *nervous* student is a bigger challenge. They find it difficult to go out and practice for fear of breakdown in communication or people laughing at their attempts to communicate in Chinese. What they need are warm, friendly and empathetic Chinese people who go to their home to help them practice where it is *safe*. This will gradually strengthen their confidence to begin to face the real world.

2.3 Analytical, Visual, Perfectionist

The strongly analytical, visual and perfectionist student often suffers from weak listening comprehension. Let us look further into this:

a) When dealing with a problem, do I think through the issues in a logical order step-by-step, or do I trust my intuition and flashes of insight?

b) When being given instructions on how to perform a task, do I prefer to see these instructions written down or am I happy with just being told orally?

c) In unfamiliar situations, would I describe myself as a fairly self-confident person, or am I easily anxious, nervous or somewhat inhibited?

d) Is the language that I'm hearing around me close to my present level in Chinese, or is it way above my head?

A language learner who is analytical, strongly visual and easily nervous or somewhat inhibited will have greater problems understanding what is being said to them in Chinese (even if it is at their present level) compared with someone who is intuitive, strongly auditory and full of self-confidence. So let's now look at each of these in more detail.

Analytical vs. Intuitive

What's the major difference between analytical types and intuitive types when it comes to *listening*? Intuitive types listen to the sentence as a whole and hence grasp the general overall message, while analytical types, by contrast, focus hard on each word in the sentence, and so must understand the meaning of *every* word before feeling confident about giving a reply.

Visual vs. Auditory

The strongly visual (and weakly auditory) language learner is obviously at a severe disadvantage when learning Chinese because, unless they see it written down, they don't feel comfortable. However, it is important that they be willing to gradually move out of their comfort zone if their listening is to improve.

Nervous vs. Anxious

What is going on in the mind of the language student who is easily nervous or generally anxious? Some language learners are naturally confident, while others are easily nervous or anxious and so tend to panic or totally shut down, hence losing all ability to concentrate on what's being said. "I'm not going to understand what they're going to say to me" , they subconsciously say to themselves, and so it happens just as they predicted!

Inhibited

The inhibited language learner is constantly concerned about what others are thinking of them. So, in order to protect their self-esteem and avoid being thought incompetent, they *avoid* potentially embarrassing situations, e.g., answering difficult questions in class or going outside to practice.

So, how can we help the learner who is an analytical, visual, perfectionist and also possibly easily nervous or somewhat inhibited? The answer lies in three key areas:

a) Seek out content that is more readily comprehensible.

b) Practice communicating in "safe" places which are low-anxiety producing and non-threatening.

c) Only talk with warm and empathetic Chinese people.

But how can we create this environment? We must first be clear of two important aspects:

Firstly, when considering how to improve our listening, we need to distinguish between "Interactive" (= active communicating) versus "Non-Interactive" (= passive listening—which although is called "passive" actually needs to be very "active" in order to gain the most benefit).

Secondly, we need to find input which is at a level of what a linguist calls "i+1" , i.e., "i" = our present level in Chinese, and "+1" = a level just slightly higher. But where can we find this kind of input?

Non-Interactive: get hold of recordings of other beginner-level textbooks. Most beginner-level textbooks cover roughly the same kind of content, but the variety of presentation and order of topics will give sufficient variety to avoid feeling bored.

Interactive: Because we find that, when we understand so little when talking with people on the street we easily begin to feel panicky and hence want to avoid going outside to practice, it is best to *hire someone for talking* (or exchange English for Chinese) who *comes to our home*. Whereas self-confident people are happy relating to a wider range of personality types, language learners who are shy, easily nervous or anxious, as well as those who are inhibited need someone who speaks Chinese clearly, is warm, friendly and empathetic, and who therefore readily puts you at your ease. But where are these people? A teacher at the Chinese language school—who can temporarily cease being a "teacher" and simply be a friendly "talker"—is probably ideal because they know what the student knows and (more importantly) know what the student doesn't know. Someone else's tutor may also be a good choice—but *the student* must be the one who makes the final choice as to who the right person is for them.

At each talking session, *the students* must be in charge of selecting the topics so that they can maintain the conversation at an "i+1" level. Topics from their textbook will be best because the topics will all be familiar and relevant. Before they start conversing with their talker, first run through the vocabulary related to that topic so that they can predict which vocabulary is likely to be used and what aspects will likely to be talked about.

<u>Perfectionist</u>

It is important to note that a perfectionist tendency can be good or bad, depending on how one uses it. The student who says, "I will press on until I say it right" , shows a good attitude, e.g., their goal is to achieve as near native-like pronunciation as possible. They therefore continue to work on their pronunciation, and are willing to be corrected repeatedly. However, the student who says, "Until I have mastered this lesson perfectly, I will not begin studying the next lesson" , does not understand that languages are not mastered in this way. Once they have understood the grammar pattern of a lesson, they should begin studying the next lesson, because when they hear others using the grammar structures already learned, they themselves will better comprehend how to use it.

Teachers should tell the perfectionist student that their errors are a valuable source of information about the language. You learn through making mistakes—even if it hurts your pride! Teachers should therefore encourage the perfectionist student to keep moving ahead.

<u>Inflexible</u>

Learning Chinese needs flexibility and the willingness to try out different ways to learn the language. Especially during the early months when much is unclear, there is also a need for *tolerance of ambiguity*. When a student insists, "I must use my method" , and is unwilling to accept the suggestions of others, they will find their progress extremely slow. Teachers need to give the *inflexible* students different methods of learning Chinese and encourage them to try them out to see which ones suit their learning style best. The person who easily gets frustrated with *ambiguity* — "There ought to be a teacher or textbook who can explain this grammar pattern clearly" — and allows their frustration to continually upset them, will find that this will have a negative effect on their progress. Teachers must tell the student that continually asking "Why?" is of little use, but rather ask "How to say it?" , and at the same time being willing to wait patiently for things to clarify.

2.4 Coping Strategies

Frustration can lead to depression. One person sees the task of learning Chinese as a challenge to be grasped, whereas someone else, because of the long time it takes to learn Chinese, is quickly overwhelmed. The main thing is not whether students are able to cope with how much is to be studied—because slowing down one's speed a little is no problem. The important thing is: are they able to *cope with their feelings* of "How am I doing?" (—especially when compared to other students), or is being frustrated too much to handle? Teachers can help the students, for whom mastering Chinese is so overwhelming that they find it difficult to cope, hence becoming frustrated, by helping them divide the whole language course into smaller sections, e.g., the average time to complete a lesson or textbook. Then the students will regularly feel the excitement and satisfaction of having completed yet another lesson or textbook, thereby knowing that they *are* making progress, even though they sometimes might not feel so.

3. CONCLUSION

My recommendation is that, when you meet students who have some of the above problems, show them the chart and let them first try to analyze for themselves where their problem might lay. Then, go through it with them, offering advice as appropriate.

对外汉语教学中 OPI 的实践应用及交际性改进研究*

郭修敏

北京语言大学汉语国际教育学部汉语速成学院

一、问题的提出

1.1 解题

课程考试是对外汉语教学的一大环节，而作为课程考试之一的口语成绩测验，往往是以学生和教师“一对一”面试的方法进行施测，这种口语面试简称 OPI（Oral Proficiency Interview），是直接型口试的典型形式。这种口试形式被认为更有利于面对面 (face to face) 地观察和评估考生的口语能力。然而，直接型口试更为高效准确的特质是建立在试题和施测过程的交际（communicative）和互动 (interactive) 基础上的。因此，如何改善和提高我们口语成绩测试的交际性和互动性，以期在尽量真实的交际口试过程中更好地实现直接型口试的优势，正是本文研究的着眼点。

---

* 本课题为北京语言大学院级科研项目（中央高校基本科研业务费专项资金资助），项目编号为 14YJ60301。

1.2 研究价值

口试是近年来语言测试领域的研究热点之一，口试的试题研发、评分方式、测验模式、组织形式等无不得到了研究者的重视。而令人遗憾的是，关于口试的研究基本集中在一些标准化水平测试上，如国内的HSK口试、国外的托福(TOEFL)、雅思(IELTS)等，对于教学领域内的口语成绩测验关注不够，尤其是对于国内各对外汉语教学单位在口语课程考试的施测过程中，是否真正实现了其面试型直接口试的特点和优势，几乎没有相关的研究。因此，我们有必要在口语测试的基础理论以及口语课程考试的实际操作这两个层面上去探讨和分析问题，以提高口语成绩测验题型设计和具体施测过程的科学性。

二、相关理论研究与探讨

2.1 语言测试用途的分类

从测试用途的角度，可以将语言测试分为水平测试(proficiency tests)、成绩测试(achievement tests)、分级测试(placement tests)、潜能测试(aptitude tests)和诊断性测试(diagnostic tests)（刘润清、韩宝成，2000）。成绩测试的最大特点就是“学什么（或教什么）就考什么”(张凯，2002)，其测试内容应该是教学内容的一个样本，这也就要求我们在编写口语成绩测验的试题时，应以教材和教学大纲为依据；在实际的测试过程中，也应将口试中使用的话题、词汇和语法限制在教学内容的范畴内，这些都与标准化水平测试有着很大的差异。

我们知道，语言测试的效度是指“测验在何种程度上测出了它宣称要测的东西”(张凯，2002)，因此，如果说标准化水平测试的效度是它评估考生综合运用语言能力的有效程度，那么成绩测验的效度则更多关注于它在多大程度上考察到了考生在本学习阶段对教学内容的掌握情况。

2.2 口语测试的组织形式

Clark（1975）最早将口试的形式分为直接型口试和间接型口试，而目前，研究者们一般把口语测试“大致分为三大类：直接型口试(Direct Oral Test)、间接型口试(Paper-pencil Based Test)和半直接型口试(Semi-direct Oral Test)”(黄素华，1998:95)。其中，由于间接型口试不能直接考察到考生待测的口语能力，已经被大多数测试开发者和使用者淘汰，而有关直接型口试和半直接型口试的研究与探讨，则是当前研究者普遍关注的。

半直接型口试多采用口试录音的形式，如HSK高等口试就是对口头报告的言语样本进行录音，考官听取录音后进行评分，其考试程序、考试材料、考官水平、评估过程等都能得到适当的控制，尤其是在实际操作上有明显的优势。因此，“半直接型口试更适用于大规模标准化考试”，而“直接型口试更适用于分级考试和课程评估测试”（Stansfield et al., 1990）。直接型口试是指考官直接面对考生进行交谈以考察其口语能力并即时评分。它比间接型口试具有更高的卷面效度(face validity)，比半直接型口试能更准确有效地评估考生的口语能力。其中，面试型口试 (Oral Interview Test) 被很多研究者认为是最能代表直接型口试特点的形式（Clark, 1975; Raatz, 1981; Wikinson, 1968）。目前，绝大多数对外汉语教学机构的口语课程考试，都采用教师每次单独面试一位学生的考试方法，我们可以称之为直接型口语成绩测试。那么，从理论层面来看，直接型口试形式究竟具有怎样的特质和优势？本文所研究的直接型口语成绩测试，是否充分体现了这些特质、真正发挥了直接型口试的优势？下面，我们将从口语测试模式的发展来进行分析和探讨。

2.3 口语测试的模式及题型

外语测试理论的发展历程“分为三代不同的测试体系：科学前测试体系、结构主义测试体系、交际测试体系”(李筱菊，1997)。而目前的外语口试则主要经历了结构主义口语测试 (Structural Oral Testing) 和交际口语测试 (Communicative Oral Testing) 两个阶段。结构主义口试考察考生口语形式的正确性和口语技能的熟练性，但是不考虑是否能完成交际任务，其典型的题型为朗读、复述、补全对话、看图说话、口头报告和问答。随着 Hymes(1972) 提出交际理论的概念，以及之后 Canale 和 Bachman 等人对交际理论的发展，大大推动了交际性测试的应用与推广。“交际法口语测试以真实性、交互性、功能性、情景性和综合性为特点”(文秋芳,1999)，交际口试题型有大约20种(Underhill, 1994)，典型的有三种：角色扮演、面谈和讨论。

学界已经普遍认同了交际性口试在测试效度等方面要明显优于结构性口试，而正是由于直接型口试很好地体现了交际性口试的真实性、交互性、功能性等特点，面试被认为是测试口语交流最为理想的形式（Hughes, 2000:104），因此才会有越来越多的大型标准化考试（如雅思和C.TEST）宁可接受其在大规模施测中的种种操作性不便，也要推行面试型的口语考试。然而，现在国内大部分对外汉语教学单位所采用的口语成绩测验，其形式是面试型的直接口语测验，其内核与本质却偏离了交际性、真实性的特点。我们可以从题型和施测过程两个维度来看。目前，汉语口语成绩测验的题型一般为朗读、复述、回答问题、话题表达等，实质上这些题型都是非交际型的试题。朗读、复述、口头报告都属于单向表达模式，考官不参与交际，只是一个聆听者，考生进行单向的输出表达；回答问题属于双向单回合模式，考官与考生一问一答，但往往只有一个回合，没有多个话轮，也不是交际活动。我们知道，口语交际一个基本的特征是交互性或者说互动性，交流双方既是信息的接收者又是语言的产出者。口试过程中应该突出交互性，考生和考官之间，要围绕某个话题进行多个回合的交流，双方不停地交换听和说的角色，尽量根据对方需求提供信息，达到交流的目的。显而易见，从施测实际过程的维度来看，我们的口语成绩测验并未实现考官与考生间的交际与互动。事实上，我们这种非交际化的口语成绩测试，完全可以用现场录音后进行评分的半直接型口试的方法来实施，几乎完全丧失了直接型口试的优势。

三、口语成绩测验实际操作中的问题

很多有经验的对外汉语教师都遇到过以下的一些问题，这些问题无不让老师们感受到我们的口语成绩测验并未真实有效地诊断出学生对本阶段学习内容的掌握程度。下面，我们将对这些问题进行逐一探讨。

3.1 现行口语成绩测试的区分度（Discrimination）问题

两个水平原本相差悬殊的学生，在口试中的表现却相差无几，最后的口试成绩也大致相当，甚至全班的口试成绩也可能基本集中在一个分数区间里。换句话说，我们的口语成绩测试的区分度比较低，导致不同水平的被试对试题的反应差异不大。甚至其原本口语水平高的学生却表现得远不如水平较低的学生。这主要是因为我们的口语成绩测试缺乏交际性，在考生进行单向表达或者单回合模式的应答时，完全可以通过利用应试策略（Techniques for Taking Examination）回避自己不熟悉的语言形式，而尽量展现自己较为熟练的词汇和语法。例如常见的“话题表达”试题《我的爱好》，其中包括了考察考生是否掌握了“对……有兴趣”这一语言点，但是如果采用以往口头报告的单向表达模式，考生即使无法正确输出带有这个语言点的句子，也完全可以选用“喜欢”来进行回避与替代，而我们根本无法获知他究竟是否习得了这个语言点的用法，也无法将他与掌握了这一语言点的其他考生区分开。因此，我们应当对现行的口语成绩测试进行改进，用交际性、互动化的试题和施测过程规避以上问题。

3.2 现行口语成绩测试的效度（Validity）问题

一个平时不爱学习、很少来上课的学生，如果直接问他课文中学过的重点词汇、语法，他多半答不上来，但是却能在口试中取得很好的成绩，尤其是占分值最多的口头报告（individual presentation）题型得分较高。这是因为在这种完全开放式的单向表达过程中，考生输出的言语样本（sample of speech）是不可控的，他完全可以选用自己熟悉的、而非本学习阶段内要求掌握的词汇和语法形式进行表达，而考官在即时评分的模式下或许根本意识不到，很有可能仅凭所获取到的言语样本给出高分。而我们知道，成绩测试不同于水平测试，我们要考察的就是考生是否学会了课本上的相关语言知识并能进行实际运用。这样一来，即使我们的测验结果比较真实地反映了考生的口语能力，但是却没有切实地考察到他是否掌握了相关的教学内容，无疑也会影响到利用成绩测验评价学习情况的效度。而以上这种问题的出现，正是因为我们偏离了成绩测验的本质，因此，我们必须考虑对这种口头报告式的题型进行调整。

3.3 话题表达的长度与内容问题

一个我们认为口语水平不错的学生，在朗读、回答问题等环节都表现得不错，却在最后一个分值权重最高的话题表达中表现令人失望，可能是寥寥几句就说完了。口语评分时考官一般会综合考虑言语样本的准确性、流利性和内容的丰富性，而现行的由考生随机抽取一个话题进行口头报告的口试形式，无疑会加大学生因不熟悉或者不喜欢某一话题而无话可说的风险性。应该说，口试中最理想的考官是任课教师，这样会减少学生在考试中的焦虑（anxiety）；同时教师可以通过与学生在考试中的互动，根据学生的表现对测试做出调整和干预，进行合理有效的引导。事实上，语言产出包括两个层面的问题，一个是“怎么说”，主要是语言形式的选用与表达问题；另一个是“说什么”，主要是语言内容的问题。而现行的口语成绩测验尤其是口头报告等题型，考生抽取到某一话题后开始单向的输出表达，考官只是被动地接受信息，对于考生该“说什么”缺乏基本的引导。如果要更好地帮助考生挖掘话题内容，获取更多有效的言语样本和相关信息，则应当实现测试过程的信息交流与互动。

四、试题和施测过程的改进

4.1 改进的必要性

越来越多的研究者已经意识到交际性和互动性在口试中的重要性，认为类似于“汉语水平考试中的高级口语考试，采用的是非互动性的 (non-interactive) 形式”(林柏松，2005)，测试中考生单向表达的、非互动性的应答方式跟日常交际的实际情况相去甚远，很难准确有效地考察应试者的口语交际能力。我们知道，HSK 等大型标准化考试选用半直接型的口试形式，以非交际口语的模式进行测试，有着受到大规模施测实际操作条件限制的无奈，然而现行的直接型口语成绩测试对交际性口试的背离，却亟待我们进行改进。

4.2 改进的相关建议

首先，建议剔除口语成绩测试中的“朗读”部分。如上文所述，这是完全单向表达式的题型。我们“不否认语音和语调是衡量一个人口语水平的一个方面，可是，语音语调必须放在语言交际这个框架里考察”(林柏松，2005)，以朗读的形式孤立地考察考生的语音是不可取的。

其次，建议增加“角色扮演”的题型，这种题型是交际性口试的三大典型题型之一，尤其适用于初中等级的口语课程考试，可以通过考官与考生的互动与信息交互，直接有效地测量到学生实际应用语言的能力。

至于“回答问题”的题型，我们建议保留。这种题型虽属结构口试的题型，但是现代口试实践中并不绝对排斥结构性口试，“往往在整个口试过程中既有交际口试又有结构主义口试”(张月琴，2002)，例如问答式的题型就是直接考察应试者语言形式准确性的有效方式。

最后也是最重要的，以往占口语成绩测试权重最大的“话题表达”题型，因为几乎全程都没有考官的参与，只是让考生随即抽取话题，然后进行单向表达，丧失了直接型口试可以通过考官参与交际更准确有效地评估考生口语能力的优势。我们认为，这一部分应从试题设计到实际施测都实现互动性和交际性，其改进与调整应包括以下几个方面的内容：第一，在话题的选择上，可以不局限于一课的内容，把不同课文中话题相关的内容放到一起，设计综合性的话题，让话题内容覆盖更广，这样既能减少考生对某话题“无话可说”的情况，也能在更大的范围内全面考察应试者。如教材中有《你喜欢逛商店吗？》和《大手大脚还是精打细算》两篇课文，我们可以设计一个“购物与消费观念”的综合性话题。第二，话题的展开和深入应该是有步骤、有层次的，大致为“热身、施测、评估”三大环节。其中的施测是一个由简入繁的过程，考官对考生的提问和引导、考生在互动性会话中就话题的某个方面进行表达，都要体现出难度的层级性，一般是从较为简单的叙述性任务到难度较大的议论性任务，如以“你最近买过东西吗？买什么了？”作为热身，将考生带入到“购物与消费观念”的交际话题，然后展开叙述性话题任务——“请介绍一次购物经历”，接着深入到议论性话题任务——“有人为了买奢侈品努力省钱，你怎么看”。同时，评估环节也是一个渐进的过程，考官可以根据考生在简单话题内容上的表现大致确定其口语能力的下限，进而在互动化交际过程中逐步给考生水平定位，最后则是对其口语水平探顶的过程。以往的单向输出型的话题表达不容易探知被试者最高的水平，考官并不清楚考生能不能表现得更好，因此我们现在的探顶过程显得尤为重要，它可以帮助考官更准确地判断出考生所能达到的最高水平，从而也大大提高了口语成绩测试对考生口语能力的区分度。第三，在整个测试过程中，考官的参与和交际不仅起着引导的作用，还能通过这些精心设计的提问考察到应试者对本阶段具体教学内容的掌握情况。如考生在介绍购物经历时，考官会有如下的备用问题：“买衣服你最**在乎**哪个方面？**款式**、**质地**还是**做工**？如果你**拿不定主意**，会不会请人帮你**参谋**？”(其中的黑体字都是课文中的重点词汇和句式。）我们可以通过这种直指教学内容的提问，规避考生的回避策略，直接考察到他是否掌握了所学的知识并能正确运用，也能更好地体现成绩测试应紧扣教材和教学大纲的宗旨。

五、结语

我们认为，无论是从测试理论上分析，还是从口语课程考试的实际应用上来看，对现行的直接型口语成绩测试进行交际性和互动性的改进都势在必行。但是，这种真正面试型的交际性口试虽然具有更高的效度，但对考官的要求比较高，需要考官“懂得面试引导技术、能有效控制考试程序、能准确评分”(*C.TEST Interview Test*)，此外也容易受到不同考官和同一考官的不同状态造成的测试不稳定性的影响，因而可能在测试的信度（Reliability）上出现问题。因此我们应该注意把考官在测试过程中的互动性输入限制到可控和稳定的范围，提高测试的信度。这就需要我们对交际性口语成绩测试的考官进行必备的培训，设计相关的考官手册，将测试的互动交际过程尽量地标准化，提高可控性。这将是我们后续研究的一个重要方向。

参考文献

1. 郭晓梅．论英语口语测试中的交际性．西南民族大学学报（人文社科版），2005(10).
2. 黄素华．科学公正地测试学生的口语能力．上海外语教育出版社，1998.
3. 汲传波，刘芳芳．对目前汉语口语评价体系的思考．暨南大学华文学院学报（华文教学与研究），2009(3).
4. 李筱菊．语言测试科学与艺术．湖南教育出版社，1997.
5. 林柏松．谈谈汉语水平考试．第八届国际汉语教学讨论会论文选．高等教育出版社，2007.
6. 刘润清，韩宝成．语言测试和它的方法．外语教学与研究出版社，2000.
7. 孙湘生．交际性测试理论的应用．湖南大学社会科学学报，1995(2).
8. 文秋芳．英语口语测试与教学．上海外语教育出版社，1999.
9. 徐　强．关于交际法英语测试．现代外语，1992(1).
10. 张　凯．语言测验理论与实践．北京语言大学出版社，2002.
11. 张月琴．口语测试理论的发展与应用．安徽工业大学学报（社会科学版），2002(2).
12. 周大军，高兰生．交际性语言测试理论述评．外语教学与研究，1998(2).
13. 邹　申．试论口语测试的真实性．外语界，2001(3).
14. Clark J. Theoretical and Technical Considerations in Oral Proficiency Testing// Jones R L, Spolsky H(eds.) . Testing Language Proficiency. Arlington, VA: Center for Applied Linguistics, 1975.
15. Carroll B J. Testing Communicative Performance. Oxford: Pergamen Press, 1980.
16. Hughes A. Testing for Language Teachers. Beijing: Foreign Language Teaching and Research Press, 2000.
17. Oller J W. Language Tests at School. London: Longrnan Group, 1979.
18. Raatz U. Are oral tests tests?// Klein-Braley C, Stevenson D K (eds.). Practice and Problems in Language Testing I. Bern:Verlag Peter D Lang, 1981.

19. Stansfield C W, Kenyon D M, Paiva R, et al. The Development and Validation of the Portuguese Speaking Test. Hispania, 1990.
20. Swain M. Large Scale Communicative Language Testing: A Case Study// Lee Y P, Fok CY Y, Lord R, et al (eds.). New Directions in Language Testing. Oxford: Pergamen Press, 1985.
21. Underhill N. Testing Spoken Language. Cambridge: Cambridge University Press, 1995.

儿向语语音研究对华语文教学研究的启示

郑明中

中华语文研习所

一、前言

本文旨在从儿向语语音研究的成果来探讨其对华语文教学研究的启示。儿向语（infant-directed speech）是第一语言习得研究的一个重要范畴，它在语言习得过程中的角色不容忽视（Brown, 1973；Snow, 1994）。儿向语是成人与婴孩进行言语互动时自然采用的一种易于理解的特殊语体，是儿童语言习得初期最主要的语言输入来源，且几乎所有的言语小区都可发现儿向语的存在（Ferguson, 1977；王哲媛，2010）。儿向语的议题自从20世纪70年代起即受到学界的广泛关注，相关研究也如雨后春笋般涌现，形成这股研究潮流的主因有两方面：第一，当时的主流学派Chomsky（1965）的"天赋论"(innativism）认为，儿童无法单靠杂乱、残缺的语言输入来习得复杂的语言系统，并主张儿童天生就具备一种受遗传因素决定的语言习得装置（Language Acquisition Device, LAD），能协助儿童迅速掌握母语。在这种观点下，语言输入的功能就仅是触发儿童与生俱来的LAD，语言习得的环境因素因而受到严重忽略（Fletcher, 1985）。然而，Snow（1972）及其后的儿向语相关研究则对这个观点提出反驳，他们发现成人对婴孩所说的话并非如Chomsky所言那样的杂乱残缺，反倒是具有结构简单明了的特征。再者，Snow（1979:365）也曾说到："语言结构的信息来源于语言输入，先天的语言能力因素仅确保儿童注意到语言输入，把无关的语言区别开来，而且把语言输入进行结构化。"（转引自苑馨蕊，2011:24）换句话说，语言习得机制与语言输入是相辅相成的（Bruner, 1983），特别是对LAD未必包含的语言特定结构，语言输入的角色尤为重要。第二，语言习得研究随着"相互作用论"(interaction theory）的兴起，学界开始对语言环境与语言习得之间的关系进行重新认识。这个观点主张，儿童语言发展是先天（遗传）与后天（环境）因素相互作用的结果，这当中又以"社会互动说"(social interaction）最为重要。"社会互动说"认为，儿童语言发展不但需要先天的语言能力及后天的生理、认知发展，更需要实际的语言互动交际，所以特别强调"儿童与成人语言交往的实践，并认为儿童和成人的语言互动实践活动，对儿童的语言发展起着决定性的作用"(李宇明，2004:53)。总的来说，对旧观念的反驳与对新观念的探求，促使大量研究开始针对儿童与成人之间的言语互动展开深入的观察、记录与探讨，藉以增进对语言输入本质的认识(Soderstrom, 2007)。儿向语研究在近二、三十年来大量出现，且各个语言层面的研究皆有，以下本文将关注点放在儿向语语音层面的研究上，最后说明这些研究成果如何启发华语文教学研究。

二、儿向语的语音特征

儿向语在超语言（paralinguistic）及语言（linguistic）层面上具备其特殊功用。从超语言角度来看，儿向语是一种愉悦言语（happy speech），它既可表达积极情感、传递沟通意图、强化成人与婴孩之间的亲密关系与社会互动（Fernald, 1989；Garnica, 1977; Kitamura & Burnham, 2003），亦可吸引婴孩的注意力，使其专注于对话中所使用的语言及其形式，提升婴孩语言产制与感知的能力（Cristiá, 2009；Fernald &Mazzie, 1991；Liu et al., 2003；Snow, 1972）。就语言角度而言，儿向语是一种简化言语（simplified speech），是成人为配合孩童的认知发展及语言能力而做出的一种顺应性调整，这种简化现象在各个语言层面里均可观察到。例如，儿向语的赘词较多、实词多功能词少、具体概念词较多（Ferguson, 1977；Phillips, 1973；Snow, 1972）。又如，儿向语的语速慢、语句短、语法简单、句构明显、语意简明，而且对话主题总是局限于婴孩们当下的语境与具体事物，这些特征有利于婴孩对语言的学习与理解（de Villiers & de Villiers, 1978）。

若从语音的角度看，儿向语是一种"清晰言语"(clear speech）或"过度发音言语"(hyper-articulated speech)(Lindblom, 1990)。一般而言，儿向语中的语音区别性会扩张或夸大，语音范畴（categories）的对比度会增加，因此提高了语音的可学性（learnability），而且这种语音强化（phonetic enhancement）似乎是泛语言共通的，已广获许多元音（Andruski & Kuhl, 1996；Englund & Benhe, 2005；Kuhl et al., 1997；Liu et al., 2003；Uther et al., 2007）、声调及语调（Grieser & Kuhl, 1998；Kitamura et al., 2002；Liu et al., 2007；Xu, 2008；Xu & Burnham, 2008）、辅音（Cristiá, 2009；Englund, 2005；Englund & Benhe, 2006；Malsheen, 1980；Sundberg, 2001；Sundberg & Lacerda, 1999）等相关语音研究的证实。例如，Kuhl et al.（1997）探讨英语、俄语及瑞典语顶点元音 [i, a, u] 在儿向语及成人语之间的差异，结果显示儿向语中的元音舌位较为极端，彼此之间的声学距离较长，所占的三角空间面积亦较大，如（1）所示。Liu et al.（2003）对比台湾国语元音 [i, a, u] 在两种语体的差异，发现儿向语中的元音因扩张而显清晰（clear）、显著（prominent），因而有益于婴儿的元音区别表现。

（1）英语、俄语、瑞典语 [i, a, u] 在儿向语（实线）及成人语（虚线）的比较（Kuhl et al., 1997:685）

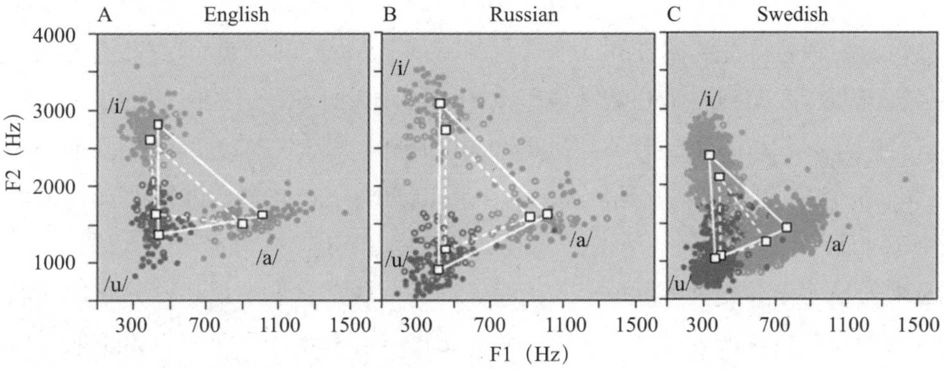

语音扩张亦见于儿向语中的声调及语调。Kitamura et al.(2002）探讨泰语（声调）及澳洲英语（语调）的音高变化，发现两个语言的儿向语中均有音高提升的现象。Liu et al.（2007）研究台湾国语的四个声调，发现儿向语里各个声调都有调形夸大、调值提升、调域变宽、声调升降急遽及声调差异扩大的情形，如（2）所示，这些语音特点让婴儿更易区分不同的声调，但是声调的夸大并未造成声调的曲解（tonal distortion）。Xu（2008）研究粤语儿向语与成人语的元音与声调差异时，发现音高的扩大从婴儿 3 个月大开始，6 到 9 个月为高峰，12 个月以后开始下降。以上研究都说明了儿向语里音高有扩大、提升的情形。

（2）台湾国语四个声调在儿向语及成人语之间的比较（Liu et al., 2007:914）

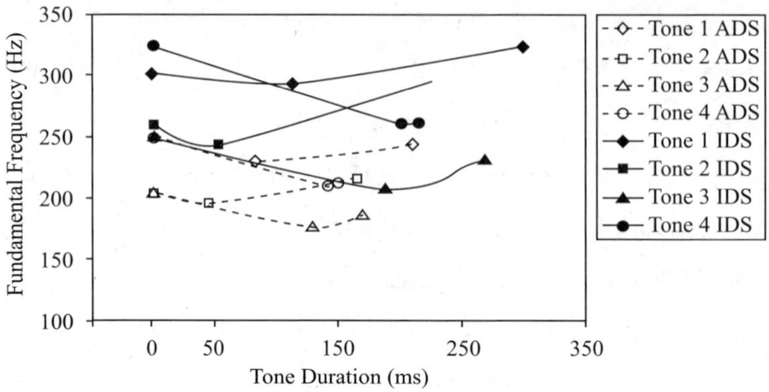

与元音、声调/语调的研究相比，儿向语在辅音方面的研究数量比较少，其原因不外乎辅音的声学特征不如元音与韵律（prosody）来得明确，这给实验操作与数据测量造成一定程度的困难（Sundberg, 1998）。此外，辅音的主要功能是在婴儿语言发展晚期形成语音对比（signal linguistic contrasts）以促进字汇学习与词汇处理（Cutler et al., 2000；Nazzi, 2005），它在传情达意方面的功能远远不如声调、语调等韵律特征，因此吸引的研究关注必然较少。尽管如此，现存的少量研究在某种程度上也增进我们对于儿向语辅音特性的了解。目前，儿向语中最常被讨论的辅音特征为塞音的“浊音起始时间”(voice onset time)，即塞音从口腔除阻气流冲出开始到声带开始规律振动为止的一段时间，这段时间的正负、长短与塞音的清浊、送不送气有关。Malsheen（1980）曾对三个不同年龄段的两名婴孩（6—8 个月、15—16 个月、2.5—5 岁）的英语儿向语塞音进行调查，发现母亲对 15—16 个月大的婴孩所说的儿向语，其塞音 VOT 显著大于成人语，而另外两组则无显著差异。Sundberg&Lacerda（1999）调查六名说瑞典语的妈妈对其三个月大的婴儿所说的儿向语，发现 VOT 在儿向语中反而比在成人语里明显来得短。Sundberg（2001）检视三名说瑞典语的妈妈对其一岁大的婴儿所说的儿向语，结果却指出 VOT 在儿向语中比在成人语里明显来得长。Cristia（2009）也研究英语的 s 与 sh 在两个年龄段（4—6 个月及 12—14 个月）的儿向语，考察这两个擦音的第一能量高峰及摩擦噪音时长后发现，擦音在儿向语中也有类似的表现，对年龄较大的婴儿所说的儿向语，其擦音的对比性及扩张性较大。另外，Cristia（2009）同时也发现，当 s 与 sh 在 IDS 中的对比性较大时，婴儿对这两个音的区别感知能力也相对较好。Sundberg（1998, 2001）根据自身及前贤以往的研究，提出“母婴语音互动模式”(Mother-Infant Phonetic Interaction Model)，如（3）所示，透过标明不同语音范畴的发展轨迹来说明儿向语的语音内容调整与婴儿年龄之间的关系。

（3）母婴语音互动模式（Sundberg, 2001:149）

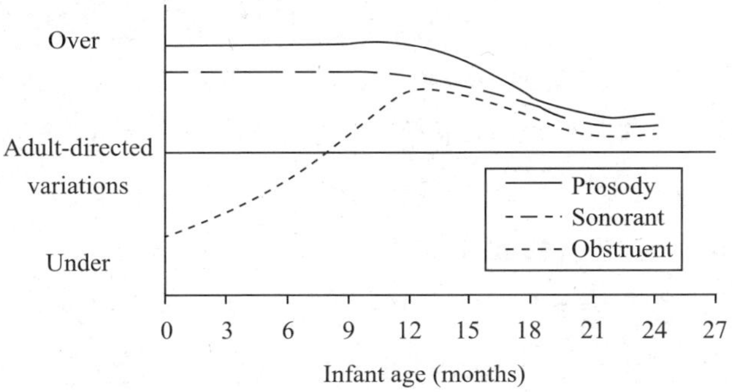

这个模式将语音分成三个范畴：韵律（prosody）、响音（sonorant）与阻音（obstruent），这些范畴在婴儿不同的年龄段的表现略有不同。就韵律（声调、语调、重音等）及响音（元音）范畴而言，儿向语的"语音过度明确"(phonetic over-specification）从婴儿出生开始到 12 个月大时都维持在高峰，远远高于成人语的水平，约 1 岁之后就缓步地朝成人语靠近，直到婴儿 2 岁左右则趋近于成人语的水平。就阻音（塞音、擦音、塞擦音）而言，婴儿出生后九个月前属于"语音不够明确"(phonetic under-specification）阶段，随后由于阻音在语言中词汇学习与语汇处理的作用慢慢显现，阻音的语音特征便开始被强化，并超越成人语的水平（即进入"语音过度明确"阶段），婴儿 12 个月大时发展至高峰，随后就与韵律与响音范畴一样慢慢地往成人语水平接近。

由以上的文献回顾可知，儿向语在语音层面上的共同特征是"扩张、夸大"，尽管辅音与元音、声调在时间点上略有些微差异，这可以从"母婴语音互动模式"清楚得知。儿向语"扩张、夸大"的语音特征增加语音范畴（linguistic categories）的对比度，因此提高了语音的可学性（learnability）。

三、结论：对华语文教学研究的启示

本研究虽然专注于儿向语语音研究的回顾，但对此类议题的探究可以延伸至"华语儿向语"及"外国人导向语"(foreigner-directed speech, FDS)。先就华语儿向语来谈，目前这方面的相关文献并不多（见第 2 节），有些文献针对元音、声调进行探讨（如 Liu et al., 2003；Liu et al., 2007），有些则仅对华语儿向语做些简要的介绍（如王哲媛，2010；苑馨蕊，2011 等）。这些研究虽然为我们对华语儿向语提供了一个大概的了解，然而也都有其局限性存在，首先，华语儿向语辅音的研究受到严重的忽略；其次，参与的人数不够多，时间和跨距不算长；第三，除少数几篇之外，华语儿向语的研究与国语（普通话）的习得研究连结甚少。再者，除了语音之外，华语儿向语的词汇、语法、语意、语用等议题所受到的关注就更少了。因此，对于华语儿向语的研究值得学界投以关注，特别是儿向语所呈现的语言各个层面的特质，及其与语言习得既存发现的关系，这些不论是对对内或对外华语教学都必将有所帮助。

另外，再就外国人导向语而论，所谓的“外国人导向语”系指母语者（如说华语的人）对外国人（如华语学习者）所说的话。目前已有其他语言的研究（Scarborough et al., 2007；Snow et al., 1981）显示，外国人导向语与儿向语具有相似的语言特征，因而有助于语言的学习，然而其间仍有些许的不同。例如，儿向语与外国人导向语均有元音空间扩张，但仅有儿向语有音高的提升（Uther et al., 2007)。虽然目前华语文教学的热潮在华人世界中发光发热，国内华语文教学系所与教学单位大量成立，因而对于华语文教学相关议题的研究讨论与华语文教学丛书的出版如雨后春笋般涌现，但对于华语文教学中外国人导向语的议题却鲜少被提及。在华语教学或华语学习的环境中，母语说话者或华语教师如何对华语学习者说话？这种言语与儿向语、成人语的差异为何？这些差异是否真有促进华语学习的功能？自然语境与教室语境里的外国人导向语有何差异？两者如何提升或阻碍外国人的华语文学习？以上这些议题都一直未获关注，因此值得进一步探索以增加对华语教学的了解，而且这样的讨论也可扩及语音之外的其他领域（如词汇、语法、语意、语用等），并可同时将学习者的年龄、目标语（target language）的学习经验等相关因素列入考虑范围。

参考文献

1. 李宇明．儿童语言的发展．华中师范大学出版社，2004.
2. 王哲媛．跨文化背景下儿向语的普遍性特征，山西大同大学学报（社会科学版），2010，24(3):71-74。
3. 苑馨蕊．母亲语言如何辅助儿童的语言习得，黑河学刊，2011(164):24-26。
4. Andruski, Jean E, Patricia K Kuhl. The Acoustic Structure of Vowels in Mothers' Speech to Infants and Adults // H Timothy Bunnell, William Idsardi (eds.).

Proceedings of the Fourth International Conference on Spoken Language Processing, 1996, 3:1545-1548.

5. Brown, Roger. A First Language: The Early Stages. Cambridge, Mass: Harvard University Press, 1973.
6. Bruner, Jerome. Child’ Talk: Learning to Use Language. New York: Norton, 1983.
7. Chomsky, Noam. Aspects of the Theory of Syntax. Cambridge, Mass: MIT Press, 1965.
8. Cristiá, Alejandrina. Individual Variation in Infant Speech Processing: Implications for Language Acquisition Theories. West Lafayette, Indiana: Purdue University Ph. D. Dissertation, 2009.
9. Cutler, Anne, NuriaSebastián-Gallés, et al. Constraints of Vowels and Consonants on Lexical Selection. Memory and Cognition, 2000, 28:746-755.
10. De Villiers, Peter A, Jill G de Villiers. Language Acquisition. Cambridge, Mass: Harvard, 1978.
11. Englund, Kjellrun. Voice Onset Time in Infant Directed Speech over the First Six Months. First Language, 2005, 25(2):219-234.
12. Englund, Kjellrun, Dawn M Behne. Changes in Infant Directed Speech in the First Six Months. Infant and Child Development, 2006, 15(2):139-160.
13. Ferguson, Charles A. Baby Talk as a Simplified Register // Catherine E Snow, Charles A Ferguson (eds.). Talking to Children: Language Input and Acquisition. Cambridge, Mass: Cambridge University Press, 1977:209-235.
14. Fernald, Anne. Intonation and Communicative Intent in Mothers’ Speech to Infants: Is the Melody the Message?. Child Development, 1989, 60(6):1497-1510.
15. Fernald, Anne, Claudia Mazzie. Prosody and Focus in Speech to Infants and Adults. Developmental Psychology, 1991, 27(2):209-221.
16. Fletcher, Paul. A Child’s Learning of English. London: Basil Blackwell, 1985.
17. Garnica, Olga K. Some Prosodic and Paralinguistic Features of Speech to Young Children // Catherine E. Snow, Charles A. Ferguson (eds.). Talking to Children: Language Input and Acquisition. Cambridge, Mass: Cambridge University Press, 1977:63-88.
18. Grieser, DiAnne L, Patricia K Kuhl. Maternal Speech to Infants in a Tonal Lnguage:

Support for Universal Prosodic Fatures in Mtherese. Developmental Psychology, 1998, 24(1):14-20.

19. Kitamura, Christine, C Thanavishuth, et al. Universality and Secificity in Infant-Drected Speech: Pitch Modifications as a Function of Infant Age and Sex in a Tonal and non-Tonal Language. Infant Behavior and Development, 2002, 24:372-392.
20. Lindblom, Björn. Explaining Phonetic Variation: A Sketch of the H and H Theory // William J Hardcastle, Alain Marchal (eds.). Speech Production and Speech Modeling. Dordrecht: Kluwer , 1990:403-439.
21. Liu, Hui-mei, Patricia K Kuhl, et al. An Association between Mothers' Speech Clarity and Infants' Speech Discrimination Skills. Developmental Science, 2003, 6(3):F1-F10.
22. Liu, Hui-mei, Feng-ming Tsao, et al. Acoustic Analysis of Lexical Tone in Mandarin Infant-Directed Speech. Developmental Psychology, 2007, 43(4):912-917.
23. Malsheen, Bathsheba J. Two Hypotheses for Phonetic Clarification in the Speech of Mothers to Children // Grace H Yeni-Komshian, James F Kavanagh, Charles A Ferguson (eds.). Child Phonology. San Diego: Academic Press, 1980, 2:173-184.
24. Nazzi, Thierry. Use of Phonetic Specificity during the Acquisition of New Words: Differences between Consonants and Vowels. Cognition, 2005, 98:13-30.
25. Phillips, Juliet R. Syntax and Vocabulary of Mothers' Speech to Young Children: Age and Sex Comparisons. Child Development, 1973, 44:182-185.
26. Scarborough, Rececca, Jason Brenier, et al. An Acoustic Study of Real and Imagined Foreigner-Directed Speech // Jürgen Trouvain, William J Barry (eds.). Proceedings of the Sixteenth International Congress of Phonetic Sciences. Saarbrücken, Germany: Saarland University, 2007:2165-2168.
27. Snow, Catherine E. Mother's Speech to Children Learning Language. Child Development, 1972, 43: 549-566.
28. Snow, Catherine E. Beginning from Baby Talk: Twenty Years of Research on Input in Interaction // Clare Gallaway, Brian J Richards (eds.). Input and Interaction in Language Acquisition. New York: Cambridge University Press, 1994:3-12.
29. Snow, Catherine E, Roos van Eeden, et al. The Interactional Origins of Foreigner Talk: Municipal Employees and Foreign Workers. International Journal of the Sociology of Language,1981, 28:81-91.

30. Soderstrom, Melanie. Beyond babytalk: Re-evaluating the Nature and Content of Speech Input to Preverbal Infants. Developmental Review, 2007, 27:501-532.
31. Sundberg, Ulla. Mother Tongue - Phonetic Aspects of Infant-Directed Speech. Stockholm: Stockholm University Ph. D. dissertation, 1998.
32. Sundberg, Ulla. Consonant Specification in Infant-Directed Speech: Some Preliminary Results from a Study of Voice Onset Time in Speech to One-Year-Olds. Working Papers,2001, 49:148-151.
33. Sundberg, Ulla, Francisco Lacerda. Voice Onset Time in Speech to Infants and Adults. Phonetica, 1999, 56:186-199.
34. Uther, Maria, Monja A. Knoll, et al. Do You Speak E-NG-L-I-SH? A Comparison of Foreigner- and Infant-Directed Speech. Speech Communication, 2007, 49:2-7.
35. Xu, Nan. Tones and Vowels in Cantonese Infant-Directed Speech: Hyperarticulation during the First 12 Months of Infancy. Sydney:University of Western Sydney Ph. D. dissertation, 2008.

初级汉语水平留学生汉字加工特点和影响因素研究及汉字教学建议

郝美玲

北京语言大学汉语国际教育学部汉语进修学院

一、引言

汉字是汉语的书写符号系统，是汉语学习的有机组成部分。但汉字是正字法极深的文字，缺乏规则的形音对应，再加上它闻名于世的视觉复杂性，所以是留学生学习汉语的一大挑战。很多留学生反映“见字不知音”是他们学习汉字的过程中遇到的主要困难之一（江新，2001；石定果、万业馨，1998）。虽然汉字不像德文、英文等拼音文字，根据字母或者字母组合与其发音之间的对应关系来获得词语的读音，但是汉字中存在大量形声字，形声字的声旁能够为整字的发音提供一定的语音线索。根据语言学家的统计，现代汉字中形声字占 82%（周有光，1978），而且绝大多数形声字中的声旁具有表音作用，那么学习者能否利用声旁所提供的语音线索来帮助他们学习汉字呢？

已有研究发现，汉语儿童在三年级左右逐渐发展起声旁意识来，并能利用声旁所提供的语音线索去推测生字的读音，而且声旁意识的发展得益于小学语文教材中生字的出现顺序（舒华、曾红梅，1996; Shu, Chen, Anderson, et al., 2003）。小学教材中大部分声旁字的频率高于整字频率，因此儿童遇到一个不熟悉的形声字时，很有可能它的声旁是儿童熟悉的。其次，从小学语文课本中引入生字的方式来看，低年级儿童学习的主要是大量的非形声字，这些非形声字中，有70%以上会成为儿童后来学习的形声字的声旁。因此，小学语文教材的编排方式有利于儿童认识到声旁与形声字读音上的联系。

但是初学汉语的留学生所用的教材中，形声字的出现并不像汉语儿童所使用的教材那样成系统。我们曾经分析过《汉语教程》中最初出现的800多个汉字中形声字的数量及其与声旁的关系，结果发现，这800多个汉字中形声字虽然占一半左右，但是其中有60%的形声字学了整字而未学声旁，也就是说在留学生所学的大部分形声字中，其声旁没能起到提示语音的作用。而且在声旁熟悉的形声字中，规则字的数量也少于其他类型的字（郝美玲、舒华，2005），因此我们预测这样的生词编排方式不利于留学生发现形声字声旁的表音规律。我们拟在实验一检验这一预测。

二、实验一

2.1 被试

参与本实验的被试一共89名，其中49名为初级汉语水平，40名为中级汉语水平学生。初级与中级的被试均来自德国、俄罗斯、古巴、韩国、美国、蒙古、日本、瑞士、泰国和印尼等国家。初级水平的学生所用的教材为杨寄洲主编的《汉语教程》，中级水平的学生用的是陈灼主编的《桥梁：实用汉语中级教程》。

2.2 实验材料

从初级汉语水平学习者所用的教材中选出48个汉字，其中规则字、不规则字、不知声旁字与独体字各12个。规则字与不规则字的声旁均为学习者熟悉的。不知声旁字的声旁是不能发音的，例如“场”。匹配了这四组字的构词数、出现频率、笔画数与部件数。

2.3 实验程序

将48个汉字随机排序后打印在A4纸上，要求被试给这些字注音并组一个词。实验为集体施测，由任课教师在课堂上进行。

2.4 实验结果与讨论

注音和组词分别计分，注音的计分比较宽松，声母和韵母正确即计1分，组对一个词也计1分，注音和组词满分都是48分。由于本研究拟考察留学生是否发展起了形声字声旁的规则性效应，因此我们只选择注音成绩进行统计分析。

89 名被试在各条件材料上的组词正确率见表 1。

表 1 不同汉语水平的被试在各条件材料上的注音正确率（标准差）

	规则字	不规则字	不知声旁字	独体字
初级	.58 (.26)	.71 (.21)	.71 (.22)	.66 (.21)
中级	.84 (.15)	.89 (.11)	.86 (.12)	.87 (.11)

对留学生的注音正确率进行 2（汉语水平：初级、中级）×4（汉字类型：规则字、不规则字、不知声旁字、独体字）两因素被试内方差分析。结果发现，汉语水平的主效应显著，$F(1, 87) = 29.41, p = .000$，表明汉语水平不同的学习者汉字注音的成绩是不同的，结合表 1 的平均数我们可以看出，中级汉语水平的学习者的汉字注音成绩显著高于初级水平的学习者；汉字类型的主效应显著，$F(3, 261) = 15.22, p = .000$，表明学习者在不同类型的汉字上的成绩是不同的；汉字类型与汉语水平的交互作用显著，$F(3, 261) = 6.18, p = .000$；进一步简单效应分析发现，在初级水平的汉语学习者上，这四类字的成绩之间的差异是显著的，$F(3, 144) = 18.76, p = .000$；进一步采用 Sidak 矫正的成对多重比较分析发现，规则字的注音成绩显著低于不规则字、不知声旁字与独体字（$ps < .01$），后三组字之间的注音成绩差异不显著（$ps \geq .1$）。在中级水平的汉语学习者上，这四类字的成绩之间的差异不显著，$F(3, 117) = 2.31, p > .05$。

这样的结果非常出乎我们的意料，因为在前人的研究中，发现初级汉语水平的学习者已经具备了一定的声旁规则性的意识（陈慧、王魁京，2001；江新，2001），而在我们的研究中，为什么未发现声旁规则性的效应？对于中级汉语水平被试的结果，我们可以认为是由于实验材料的熟悉性造成的，因为前人的研究发现声旁的规则性效应在不熟悉字上更明显，本研究的材料均来自初级水平的学习者所用的教材，因此对于中级水平的学习者来说是非常熟悉的，这一点从表 1 的平均数也可以看出，学习者在这四类字上的平均正确率为 86.5，因此可以说较高的熟悉性掩盖了可能出现的规则性效应。那么为什么初级汉语水平的学习者未出现规则性效应呢？

我们认为一种可能性是初级汉语水平的学习者所学的汉字数量还较少，不足以发现汉语形声字的声旁与整字之间在读音上的联系。规则性效应是随着学习者接触的形声字数量的增多而逐渐浮现出来的（Shu, Chen, Anderson, et al., 2003），而据我们之前分析的《汉语教程》前 45 课出现的生词的类型及分布，发现形声字所占的比例不仅较少，而且声旁的频率远低于形声字的频率（郝美玲、舒华，2005）。因此可能是教材中生词的出现顺序不利于学习者发现声旁的规则性。

另一种可能性与实验任务有关。我们的任务是 offline 的纸笔测验，学习者有足够的时间去检索汉字的字音与字义。因此规则性效应很可能在即时的任务上会体现出来。加之前人对于规则性效应的解释是，规则的汉字整字与声旁均能提供正确的发音，所以通达较快，而不规则的汉字，由于整字的读音与声旁的读音存在冲突，两种读音的冲突阻碍了汉字的顺利通达，因此在命名反应中不规则字的反应时间较长。本研究中未发现规则性效应是否与实验任务有关，我们拟在随后的实验中加以考察。

虽然陈慧、王魁京（2001）与江新（2001）所采用的也都是纸笔任务，但是这两个研究都只是要求被试为目标汉字注音，而我们的任务是不但要求被试给目标汉字注音，而且要求他们组一个词。只注音的任务没有要求被试通达目标汉字的字义，因此学习者对汉字的读音进行猜测的可能性比较大。事实上，这两项研究中，被试所犯的类推错误较多，即以同声旁的汉字的读音来类推目标汉字的读音。再者，本研究所用的汉字均为被试熟悉的，且包括了一部分独体字，这样被试使用策略的可能性较小，而在上述两个实验中，所有的实验材料均为形声字，所以被试有可能形成一种“秀才识字认半边”的策略。有可能这两个原因导致了规则性效应的出现。

还有一种可能性是与实验材料有关，因为汉字所代表的语素粘着与否会影响汉字的学习效果（郝美玲、刘友谊，2007），因此我们对实验材料进行了事后分析，结果发现，在规则汉字与不规则汉字中，都是 9 个汉字所代表的语素为粘着语素，3 个汉字所代表的语素为自由语素。因此未出现规则性效应可能与汉字是否对应自由语素的关系不大。

近些年，有些研究者提议进行大样本的实验材料与回归分析相结合来考察字词识别中的一些问题，因为严格的因素设计不仅不符合自然阅读，而且很多潜在的我们目前还认识不足的因素会对实验结果造成影响。我们认为这一点对于第二语言学习者来说尤其如此，对汉字进行注音，不仅受到声旁规则性本身的影响，还会受到汉字本身诸多属性的影响，因此我们在实验二采用大样本的实验材料来进一步考察影响初级阶段留学生汉字学习的因素。

三、实验二

3.1 被试

共有 76 名留学生参加了本实验，他们均来自汉语进修学院初级汉语班，参与实验的时候，他们已经完成了《初级汉语（上）》的学习，刚开始《初级汉语（下）》的学习，也就是完成了《汉语教程》前 45 课的学习。参与本实验的被试来自哈萨克斯坦、俄罗斯等说俄语的国家以及韩国、日本、泰国、土耳其、西班牙、英国、丹麦等国家。

由于 15 名被试未参加全部 4 次实验，因此在正式分析的时候共有 61 名学习者的数据。

3.2 实验材料

本研究的材料来自学习者上学期所使用的教材《汉语教程》第 1-45 课。我们从前 45 课出现的汉字中随机选取了一半，去掉了人名、地名等专有名词中出现的生词，以及“吧”“呢”等语气词和虚词中出现的汉字，最后所选定的目标汉字共有 240 个。我们又随机把这 240 个汉字分成 4 组，每组 60 个，每次实验完成其中的一组。

我们拟考察的预测变量包括：汉字笔画数、结构类型、出现频率、构词数、是否对应于自由语素、声旁规则性和形旁透明度。除了汉字的笔画数、结构类型和形旁透明度之外，其他变量的属性都是针对《汉语教程》前 45 课内容而言，并不是针对该教材所有的汉字或者整个汉语词汇体系来说的。构词数指某一汉字在 45 课以前构成的全部复合词的个数，实验材料的构词数从 0 个到 17 个不等。频率指某一汉字在前 45 课中出现的次数，实验材料的频率范围为 1—122 次。语素类型根据是否在前 45 课中单独使用过来确定，作为单字词使用过为自由语素；没有作为单字词使用过，仅在复合词中出现过，为粘着语素，例如“店”，虽然对母语者来说是自由语素，但是在前 45 课只在“商店”和“饭店”这两个复合词中出现过，因此对留学生来说，它是一个粘着语素。声旁的规则性是根据生词是否在前 45 课出现过来确定，规则字指的是声旁和整词都学过的，且声旁的发音与整字的发音一致；不规则字指的是声旁和整词都学过的，但声旁的发音与整字的发音不一致；不知声旁字指的是形声字的声旁被试未学过，即使这个字本身是一个规则字，例如“书架”的“架”。形旁透明度的确定来自小学语文教材汉字数据库（Shu, Chen, Anderson, et al., 2003）。

3.3 实验程序

将 60 个汉字随机排序后打印在 A4 纸上，要求被试给这些字注音并组一个词。实验为集体施测，由任课教师在课堂上进行。共完成了 4 次。

3.4 实验结果与讨论

注音和组词分别计分，注音的计分比较宽松，声母和韵母正确即计 1 分，组对一个词也计 1 分，注音和组词满分都是 240 分。

由于 6 个汉字的错误率过高，在统计分析之前被删除，因此实际参与分析的汉字数是 234 个。

我们分别以每个汉字的组词正确率与注音正确率为因变量，汉字笔画数、结构类型、出现频率、构词数、是否对应于自由语素、声旁规则性和形旁透明度为自变量进行回归分析。在进行回归分析之前，我们对其中的分类变量进行了编码，把四种结构类型的汉字进行了重新编码，从而产生了三个虚拟变量；对汉字对应的词素类型、汉字类型、形旁语义以及声旁规则性也进行了 0 和 1 编码。因此在进行回归分析的时候，自变量为 11 个。

Enter 法多重回归结果发现对初级阶段留学生汉字学习成绩（注音和组词）有显著贡献的变量为：汉字出现频率是否对应于自由语素。汉字的出现频率与是否对应于自由语素可以解释汉字注音成绩变异的 48.6%，回归方程为 $F\,(11, 222) = 20.99$, $p = .000$。这两个因素可以解释汉字组词成绩总变异的 48%，回归方程为 $F\,(11, 222) = 20.57$, $p = .000$。

四、综合讨论与教学建议

通过上述两个实验，我们初步得出以下结论：初级阶段的留学生还未发展起声旁意识，这可能与教材中生字的引入顺序有关（郝美玲、舒华，2005）；影响该阶段留学生汉字学习的主要是汉字—语素层面的一些因素，具体来说有汉字在教材中的出现频率以及是否对应于自由语素。

虽然本研究未发现学习了一学期汉语，掌握了 800 多个汉字的留学生发展起声旁的规则性意识来，但是我们鼓励教材编写者与教师重视形声字的教学，引导学习者发现声旁与形声字的读音联系，以及形旁与形声字的意义联系。我们的建议是通过归纳总结的办法来帮助学生发现汉字的规律。留学生在汉字学习的过程中，由于其成熟的认知推理能力，比较容易建立起部件的意识来，但是部件与功能没有真正结合起来以前，部件在汉字学习中的作用非常有限，只有将部件与其表音（声旁）表意（形旁）的功能结合起来，才能加速学习者的学习速度。我们的实验研究发现，在学完800多个汉字以后，留学生可以建立起部件的概念，但是这些部件往往是比较小的单位，例如“请”字的部件“月”对留学生来说很熟悉，声旁“青”却没学过，因此，在他们的意识里，“月”会有清晰的表征，而“青”的表征却比较模糊。事实上，在留学生的学习中，较大单位的部件（主要是形旁和声旁）比较小单位的部件（例如“请”字中的部件“月”）所起的作用更大。因此我们提议，在课堂教学中，教授笔画和常用的、组字频率很高的部件后，可以适当引入形旁和声旁的概念。教一个形声字时，不仅教形声字的读音，也要给学生出示该字声旁的读音，并提示声旁和整字的读音关系。而且在学习了若干声旁相同的字以后，总结一下声旁和整字的读音关系，以指导学生有意识地运用声旁提供的语音线索。由于现在的对外汉语教学或多或少地具有速成性质，因此留学生往往缺乏足够的时间来自己发现规律。通过声旁意识与形旁意识的训练，可以帮助留学生发现汉字的字形结构与字音之间的对应规律，促使他们运用这种规律去学习，缩短汉字学习的进程，提高学习的效率。

本研究还发现汉字的出现频率是影响汉字学习效果的一个非常重要的因素。汉字是记录汉语的书写符号，识字量也是衡量学生汉语水平高低的一个重要指标，因此汉字教学成为对外汉语教学的一个重要环节。如何提高汉字的教学质量呢？除了教学方法的改进外，在教材编写的过程中有计划地安排所学生字的复现也是非常必要的，所谓“温故而知新”。如何在教材中提高生字的复现率呢？最简单的办法是单纯增加生字生词的出现次数。事实上，在我们的研究以及前人的研究中，均发现了非常稳定的频率效应（Sergent & Eyerson, 1992）。这表明，汉字在教材中的出现次数会影响留学生学习汉字的效果。因为同一个汉字接触次数越多，学习者对该汉字的熟悉性就会提高，在心理词典中的表征就更精确，识别记忆所需的时间就越短。

那么是否单纯增加汉字的出现次数就是最好的复现方式呢？回答是否定的。我们在之前的研究中发现，在构词能力不同的两组汉字上，频率效应的强弱是不同的：对于构词数较少的汉字，频率效应较强，而对于构词数较多的汉字，频率效应较弱（郝美玲、刘友谊，2007）。说明对于构词能力较强的汉字，出现次数的多寡对其学习效果的影响甚微。因此对于构词数多的汉字，并不需要提高其复现率，只需增加包含该汉字的其他复合词的个数就能达到较好的学习效果，而对于构词数较少的汉字，要想让学生取得较好的学习效果，则需要增加该字或由该字组成的复合词的出现次数。这样做，不仅可以提高语素或汉字的复现率，而且将汉语的构词特点巧妙地呈现给学习者，有助于培养留学生的语素意识，从而进一步提高识字量和词汇量。

本研究还发现，汉字是否对应于自由语素对汉字学习效果有显著的影响，对应于自由语素的汉字的学习成绩更好一些。郝美玲、刘友谊（2007）也有类似的发现。这是因为两种汉字在语素意识的形成上是不同的，自由语素因为可以作为单字词在语言中自由使用，本身具有明确的意义，语素义的获得不需要通过大量复合词的积累，因此容易在学习者的心理词典中形成相对独立的表征；而粘着语素由于教材未给出意义，需要通过积累大量的复合词来抽取出合适的意义，因此需要更多的复现和练习才能在心理词典中建立表征。这一点已在汉语儿童身上和有汉语背景的熟练读者身上得到证实（郝美玲，2003；Shimomura, 1999; Taft & Zhu,1995）。

总言之，进行汉字教学的时候，需要考虑到汉字本身所具有的一些特征对留学生汉字学习效果的影响，同时也要尽可能地通过教材和教学活动把汉字的特征展现给学生，帮助学生认识到汉字的特征。这就需要教师要以系统的观点来看待汉字教学，切忌孤立地教课文中出现的单个汉字，而是要帮助学生认识到汉字与汉字之间的联系，这个联系可以是具有共同声旁的一系列汉字，也可以是具有共同形旁的一系列汉字，还可以引导学生认识到汉字与汉语词汇之间的联系，可以把由同一语素构成的透明度较高的词语联系起来展示给学生。

参考文献

1. 陈　慧，王魁京．外国学生识别形声字的实验研究．世界汉语教学，2001 (2).
2. 郝美玲，刘友谊．留学生教材汉字复现率的实验研究．语言文字应用，2007 (2).
3. 郝美玲，舒　华．声旁语音信息在留学生汉字学习中的作用．语言教学与研究，2005 (4).
4. 江　新．外国学生形声字表音线索意识的实验研究．世界汉语教学，2001 (2).
5. 石定果，万业馨．关于对外汉语教学的调查报告．语言教学与研究，1998 (1).
6. 舒　华，曾红梅．儿童对汉字结构中语音线索的意识及其发展．心理学报，1996 (2).

7. 周有光．现代汉字声旁的表音功能问题．中国语文，1978 (146)．

8. Schreuder R, Baayen R H. How Complex Simplex Words Can Be. Journal of Memory and Language, 1997 (37):118-139.

9. Sergent W K, Everson M E. The Effects of Frequency and Density on Character Recognition Speed and Accuracy by Elementary and Advanced L_2 Readers of Chinese. Journal of Chinese Language Teachers Association, 1992(27):29-44.

10. Shimomura M. Kanji Lexicality Effect in Partial Repetition Priming: The Relationship between Kanji Word and Kanji Character Processing. Brain and Language, 1999 (68):82-88.

11. Shu H, Chen X, Anderdson R C, et al. Properties of School Chinese: Implications for Learning to Read. Child Development, 2003 (74):22-47.

12. Taft M, Zhu X. The Representation of Bound Morphemes in the Lexicon: A Chinese Study // L B Feldman (ed.). Morphological Aspects of Language Processing, Hillsdale, NJ: Erlbaum, 1995.

绘本阅读对幼儿发展的重要性分析及教育之探讨

徐　赟

中华语文研习所台北罗斯福校

一、研究动机

现在，大部分的幼儿园不再进行纸笔作业的填鸭式教育，大量不同的教学方式被引进台湾的学前教育环境中，2005 年日本心理学家河合隼雄曾在媒体上说过："绘本，实在是很神奇的东西。从零岁到一百岁的人都喜爱，就算是小小的、薄薄的一本，里面所蕴含内容，也可以既深且广。只要看过一次，就可以留下深刻印象。"研究者本身除了喜欢听故事、说故事之外，更喜欢藉绘本与孩子一起讨论事物，因为绘本主题最易引起读者共鸣进而讨论，此为本论文研究动机之一。

此外，日本儿童绘本制作先驱松居直，一向强调念绘本给幼儿听，而这也是发挥绘本最大力量的方法。许多文献对"亲子共读"可以增进孩子与父母间的亲密关系亦持肯定看法。因为借着丰富多样的各式绘本，亲子间可以分享经验、开启对话，透过对话使彼此更加了解。

绘本是一种图文并茂且故事性强的图书，又称"图画故事书"。绘本与图画书二名词，大部分用语系义同词不同，本研究为统一，行文以"绘本"称之。

当我成为幼教老师后，我更能体会到绘本对幼儿的重要性，每当我与幼儿们相处时，只要有空余的时间，我总是喜欢待在图书区与他们分享绘本的内容，无论是我读给他们听或是他们说给我听，细细的品味着我们与绘本间无形的感动。对幼儿而言，他们从绘本中感受到阅读的快乐（松居直著，刘涤昭译，1995）。当一本绘本越有趣，它的内容越能深刻地留在幼儿的记忆里。

幼儿读物的蓬勃发展更能引起学者对幼儿读物内容研究的兴趣。自从1984年“第一次上街买东西”的中文版上市后，十多年来，世界各国的图画书就像汹涌的浪潮，一波波的涌入了台湾市场（郑明进，1995）。幼儿绘本已在儿童读物的市场中形成了一个独特的范畴。信谊基金会在1989年针对1979—1988年的幼儿读物出版状况进行调查后发现，故事类绘本占幼儿读物的比例为64%。1980年信谊幼儿阅读现况调查指出，3至6岁幼儿在家中最常接触的书籍类型是幼儿图书类，97%的幼儿表示都曾看过绘本，95%的幼儿表示喜欢看绘本。由此可知幼儿绘本广泛地存在于幼儿的生活中，并深得幼儿的喜爱。

我深信绘本的重要性在于——幼儿与绘本之间的阅读交流。读者反应理论的鼻祖 Louise Rosenblatt (1976) 认为一件文学作品的意义并不是一个独立自主事件，而是产生于读者与作者间相互传播交流的过程，作品未经读者想象力的重新建构与体验，只是一堆文字，而不是真正的美学客体，读者的投入应该被重视（张湘君，1995）。幼儿在阅读绘本时，绘本会传达给幼儿一些意涵，幼儿不一定会全盘理解与接受。但是幼儿可能会依兴趣去撷取绘本的部分内容，我试着从幼儿的角度去看：幼儿到底从友谊概念绘本中撷取到什么东西？诠释出何种概念？幼儿对周遭世界的各种事物、现象往往有主观的诠释，如同认知学派与社会建构者所认为的，幼儿对外界的知识乃是建构或社会共建所得的。幼儿的观点虽受成人世界之看法所影响，却又有自己的脉络性。既然幼儿具有主观的诠释能力，当幼儿在阅读了友谊概念的绘本后，他们对这些绘本赋予的意义为何呢？

2010年大陆教育部印发的《幼儿园教育指导纲要（试行）》中就把幼儿早期阅读教育纳入其中，明确指出要“引导幼儿接触优秀的儿童文学作品，使之感受语言的丰富和优美”，由此可见，早期阅读在幼儿教育和发展过程中有着极其重要的作用。

本文试从幼儿早期阅读的特点入手，分析和讨论绘本在幼儿早期阅读中的关键作用，进而对绘本选择、教学阅读、指导方法做进一步探讨。

二、绘本对幼儿发展的重要性

绘本是以图为主的书，其语言简洁、图画优美、故事有趣，能大大激发幼儿的阅读兴趣。优秀经典的绘本，只要看图就能读懂故事的主要情节，不认识字的幼儿能通过图画进入故事的世界，并乐在其中。

绘本的阅读能力的培养对幼儿发展乃至一生的成长都有着不可估量的作用，主要有以下几个方面：

2.1 有助于提高幼儿的语言表达能力

根据皮亚杰认知发展阶段理论，2 到 7 岁的幼儿认知发展的前运算阶段，是语言发展迅速的阶段。厄农（Ninio）和布鲁曼（Brumer）指出，母亲和儿童在图画书阅读过程中的相互作用，不仅是理解图画的基石，也是掌握语言的基石。由此可见，阅读绘本可以有效地提高儿童的语言表达能力。

对于语言发展尚不成熟的幼儿来说，如“爱”“高兴”“痛苦”等这些抽象的词，是很难理解掌握的，而绘本可以用图的方式传达这些概念，并以图文并茂的方式让孩子在生动的画面中建立起准确并富有形象的语言运用。

2.2 有助于促进幼儿品格的健康发展

著名教育家罗素认为，品格教育在孩子 6 岁前就已经基本完成，6 岁以后只是在以前的基础上加以巩固。中国有句话说“五岁成习，六十亦然”。对人的一生来说，很多知识是可以通过继续教育或是其他方式来弥补的，唯有人格的养成是从小塑造并基本定型的，且定型后是很难纠正的。

阅读关于优秀品德的绘本，幼儿与生俱来的模仿力会激发并促使幼儿向绘本中的人物学习。

2.3 有助于幼儿形成图像思维模式，丰富幼儿的想象力

日本松居直先生认为，对于图画书而言，读书就是读故事，通过图画懂故事……如果想象力丰富，人就能看到看不见的东西，图画书与想象力有很大的关系。幼儿的想象力不是与生俱来的，而是通过直接或是间接的体验获得的，体验越丰富想象力越丰富，但是我们传统教育的大部分都是文字思考、语言思考，很少有图像思考。

绘本为儿童养成图像思考的习惯提供一个平台，因为绘本最大的特点就是用一系列连贯图画组成一个完整的故事，以图为主，图文结合，所以阅读绘本可以养成幼儿良好的图像概念，提高思考连贯性，丰富想象力。

2.4 有助于培养幼儿的探究能力

幼儿都有好奇心，在阅读绘本时，总想从画面上得到故事发展的过程和结果，因此，幼儿阅读绘本的过程就是一个发现问题、提出问题并寻找答案的过程，也就是一个不断探究的过程。当幼儿在绘本中遨游时，其探究能力会随着日益增长的知识和丰富的想象力而得到发展。

2.5 有助于增进亲子感情，促进幼儿身心健康发展

0 到 6 岁是培养幼儿阅读兴趣和阅读习惯的关键期，该阶段的阅读方式应以亲子阅读为主，这不仅仅是幼儿吸收知识的主要途径，更是一种情感需求。阅读关于亲情的绘本，能让幼儿更加懂得亲情的深刻含义。心理学家西格曼博士提出："睡前 10 分钟的亲子共读除可帮助孩子入睡外，还可对孩子免疫系统、倾听技巧和想象力的发展都有益。"所以阅读绘本不仅促进亲子感情，且有助于幼儿的健康成长。

2.6 有助于培养幼儿的美感和审美能力

经典绘本都是由著名的艺术家、最了解幼儿心理的插画家画的图，他们出色地运用绘画技巧，通过优美的图画来诠释生动的故事，使得绘本既有色彩、线条、构图的美，又有语言、韵律和故事情节的美。有意识地让幼儿阅读这些优美的绘本，不仅能培养他们的色彩感知能力，帮助他们树立正确的审美观，提高欣赏水平，而且能激发幼儿创造美的热情，帮助他们步入艺术天堂，让幼儿终身受益。

综上所述，绘本阅读对幼儿发展来说是非常重要的，它是健康成长必备的书籍。家长们不仅要为幼儿创造轻松愉悦的阅读环境，以促使其热爱阅读，提高早期阅读的有效性，还应掌握正确的阅读指导方法。

三、绘本的选择

在此方面，可以着重考虑从适应性、观赏性、丰富性等方面筛选。

1. 根据年龄特点，选择适合幼儿看的模板。

对于幼儿来讲，选择的绘本应短小、精湛，符合幼儿的心理、发展需要及接受能力。相信孩子的眼光，孩子是天生的鉴赏者，所选择的绘本，一定要以满足

孩子的喜欢为首要因素。孩子感兴趣的、喜欢的，一般都是好绘本。家长、老师也要学会筛选。虽然孩子具备一定的鉴赏能力，但家长、老师也不能全部相信孩子的眼光，在选择的过程中，家长、老师要为孩子把好关，尽量把优秀的、有意义的绘本提供给孩子，也尽量去除一些绘本中的“糟粕”。

2. 根据教学进程，选择与教本相应的绘本。

在追求文化、审美等价值的同时，我们要尽可能地考虑与主题挂钩，使语言、情节、内涵等方便于孩子们模仿、借鉴与运用。

3. 根据不同需求，从丰富性出发选择绘本。

我们选择的绘本内容上、类型上、主题上力求丰富。涵盖孩子生活、成长等方方面面，积累相关的语言经验。不同的绘本故事中所蕴藏的教育价值不同，我们应抓住重点开展教学。利用绘本中的语言、情景来感化孩子，帮助孩子学习交往的技能。

总之，优秀绘本中的绘画一定不是对要学内容的简单图解，它是画家将故事中的意图进行创造性的再现，通过画家的简单语言，不仅传达文意，还显现着文学难以描绘的趣味和美感。绘本中的美术语言，我们可以从书的结构、书的构图、书的造型、书的色彩、书的笔触来鉴别。一个优秀绘本的学习过程是语言的学习，其次有健康、社会、教学等各方面的学习和认识。当我们拿到一个绘本的时候，要仔细阅读、发现、挖掘有价值的内容运用到教学中去，真正实现让绘本为教学服务的理念。这本书里，还有很多细节等待你和孩子去发现。相信在你和幼儿一页页阅读图画的过程中，都会感觉到发现每一个细微之处的乐趣。相信但不能迷信获奖作品。诚然，获奖的绘本作品大多都是优秀的，但毕竟获奖的作品只占所有绘本的极小部分，我们不能因为没获奖，就放弃它，这样孩子就会失去一些与优秀绘本接触的机会。也不能完全相信获奖作品，因为不是所有的获奖作品都适合孩子。

四、绘本的阅读指导方法

4.1 阅读指导的策略

选择与孩子生活经验连接的绘本，引导幼儿的身心健康成长。

根据题目或封面，大胆预测故事的内容。书的封面是最先映入读者眼帘的，多数图画书的封面取自正文里一幅插图。因此，从封面就可以大致猜测出书的故事内容，而在阅读前让孩子对故事进行猜测会激起他们强烈的阅读欲望。还有些图画书的封面与封底连在一起构成一幅图画，这就要求把封面与封底同时翻开。多数绘本还有扉页，就是环衬之后，正文之前的一页，绘本往往从扉页开始就有图画，这些图画的作用不容小视。

绘本阅读的目的是让幼儿在最初的阶段学习阅读，学会怎样阅读。只有将绘本阅读向幼儿自主阅读的方向引导，幼儿才能知道阅读的真正魅力。所以，作为老师要有目的的对自己的教学进行适当的调整，把自主权交给孩子，让孩子自己学习领会阅读的技巧，要把重点放在幼儿的情感培养、兴趣培养和习惯培养上来，明确故事教学和绘本教学的本质区别：绘本教学是通过画面的细微变化锻炼孩子的识别能力，从而使孩子掌握这种阅读的基本技能。故事教学是通过听觉让幼儿感受文本的语言魅力。绘本教学是让孩子通过对每一幅图的理解进而理解各个画面间的关系和整个故事，绘本教学最本质的是让幼儿学会理解。理解了以后再对内容进行口头的阐述。所以，作为老师要有效正确地了解绘本教学的目的，才能有效地避免教学走入误区。

4.2 积极开展开放式探讨，激发和尊重幼儿的创造性思维

创造性思维，是一种具有开创意义的思维活动，即开拓人类认识新领域、开创人类认识新成果的思维活动。创造性思维可以不断地提高人类的认识能力。孩子们要想获得对未知世界的认识，离不开创造性思维。所以，我们必须充分激发他们的创造性思维，为他们今后探索这个多姿多彩的世界打下坚实的基础。

利用故事悬念，合理地设疑想象。悬念是构成故事魅力重要的元素之一，绘本更体现了这一特点。看了这一页图，下一页究竟会发生什么事，往往跟预想的大相径庭，这种悬念是通过翻页来设置的；更重要的是，悬念的答案在最后才点破。绘本集体阅读活动需要教师利用故事的悬念，进行合理的设疑，引发阅读的兴趣，将绘本生动有趣地展示给孩子们，让孩子们能主动阅读绘本，喜爱绘本。

要尊重幼儿的阅读感受，要通过绘本阅读的教学让儿童学会想象、推理和认知发现，要让孩子感受文学语言的魅力，提高幼儿的美术修养和欣赏能力。要通过对画面的认知使孩子们情感产生共鸣，更好地展现儿童的情感体验，使孩子自主进行对绘本的理解从而联系实际的生活，对生活中的现象进行思考和发现。

迁移各种经验，施展合理的联想。幼儿期的孩子处在从具体形象思维到抽象思维转变的时期，他们的思维非常活跃。而绘本作为文学和视觉艺术的完美结

合，其展现的艺术和智慧能极大地激发读者想象的火花，其独特的叙述方式既为幼儿的想象力提供丰富的素材和美丽的平台，又对幼儿的想象力提出挑战。正是在应对挑战的过程中，幼儿的想象力得到飞速的发展。

4.3 采取多形式家园互动方式，提升绘本阅读质量

家园合作是指幼儿园和家庭都把自己当作促进幼儿发展的主体，双方积极主动地相互了解、相互配合、相互支持，通过双方的双向互动共同促进幼儿的身心发展。

感悟绘本内涵，享受阅读的快乐。在绘本阅读的过程中，要以绘本为感动与快乐的源泉，让孩子在类似游戏的活动中充分享受阅读的快乐，在笑声中心有所动、情有所感。对于文本内涵的感悟一定要把握好度，不必明确告诉孩子什么道理，而是要感动他们。

五、绘本应遵循的基本教学原则

要明确绘本教学的目标，知道绘本教学和看图讲故事的本质区别。绘本教学的目标包括：(1) 以培养幼儿的阅读兴趣为目的。因为幼儿只有通过自己的能力掌握绘本的知识才可能对书产生兴趣，形成内部动力最终养成喜欢读书的习惯；(2) 要有针对性地培养幼儿的阅读技能；(3) 让幼儿明白口语和书本的联系在生活中的运用。

通过绘本教学，孩子在愉快而且充满丰富创意的教学里，可以自主的掌握和学习阅读的基本技能，体验阅读乐趣，积累阅读经验。作为老师首先要自己理解和深入地解读文本，这是绘本教学的基本前提。老师要从读者、幼儿和教师教学的三个方向精心研究深入赏读感受绘本的形象美、艺术美、语言美等；其次，要站在幼儿的角度，思考他们可以从中学到什么，哪些内容是他们学习中的兴趣点，哪些是难度较大的点；最后，以教学的角度来设计和研究怎样教更贴切，更能使幼儿容易接受，最终达到教学的真正目的。必须了解的前提是幼儿现阶段的认知水平和幼儿已经掌握的知识，另一个就是明白教学纲要的要求。通过绘本的难易程度确定恰当的教学方式，使幼儿会自主阅读，掌握阅读技能，感受理解阅读魅力。

5.1 趣味性原则

“兴趣是最好的老师。”学前儿童的注意力持续性差，兴趣易变、不稳定，

如小班儿童注意力一般会持续15—20分钟，中班儿童注意力一般会持续20—25分钟，大班儿童注意力一般会持续25—30分钟。在学前教学中，教师要以多种多样的活动设计，吸引和保持儿童学习的兴趣。如绘本阅读前，教师可以设疑置悬，让儿童带着问题走入绘本。教师可以利用挂图、简笔画、现代教学媒体、实物教具等教学手段，运用头脑风暴、猜谜、free talk、闪卡、传话活动、绕口令练习、关键词猜故事等多种活动形式，引领儿童进入故事情景，为下一步了解和阅读故事内容做好铺垫。在教学实践中，教师要注意不同年龄段的儿童的认知特点，采用适合于各年龄段儿童的活动方式，比如在小班就可以采用先看故事表演再阅读故事的方式，这样儿童对故事就有了较为感性的认识，易于理解。小班儿童词汇量有限，教学中不适宜用关键词猜故事的活动形式，可以使用简笔画猜单词等活动；大班儿童有了一定的词汇积累，可以使用关键词猜故事的活动形式；中班、大班儿童的竞争意识较强，教学中可以采用小组竞赛的方式，以激发儿童学习的兴趣，比如分小组角色表演故事、听句子判断正误等。

5.2 重复性原则

学习要"学以致用"，教师在引导儿童听、读完故事后，可以设计多种多样的讲故事活动，给儿童提供相当数量口头表达的实践活动，这样才能以听促说，将儿童的语言习得落到实处，如角色扮演、儿童情景剧表演、续编故事、在故事中更新词汇、同类故事仿编等；教师在引导儿童讲述故事时，可以采用多种形式，如单人讲述、小组接龙讲述、分角色配音练习等形式，使他们愿意开口说、想开口说，促进幼儿的语言发展。幼儿在故事讲述过程中，实际上就是对故事的不断重复，这些活动使幼儿处于积极主动的学习状态中，增加了幼儿的自我效能感，增强了他们对学习的自信心。

5.3 激励性原则

在学前教学中，教师要注意培养和保护幼儿的自信心。教师在上课过程中要考虑不同幼儿之间的智慧差异，对待胆大、表现欲强的幼儿，应及时给予肯定；对于胆怯内向的幼儿，可以通过不同的方式方法，让其参与到课堂教学中。同时，在幼儿讲述故事时，教师对幼儿语言表达的错误，应持宽容的态度，多进行正强化，避免负强化。

最后，把多媒体作为教学中的辅助手段，不能霸占绘本教学的主要内容和思想。辅助手段应该应用在幼儿认知中情感的模糊处、经验的缺失处、思维的空白处。充分发挥课件的辅助作用。例如在“变色鸟”的绘本教学中，利用多媒体展示白鸟吃了各种颜色的果子，成了彩色鸟的这个画面，可以有效地引起幼儿的注意并引发孩子之间的互动交流聚焦话题，让孩子感受奇妙的色彩变化，在教学中要坚持为幼儿在“学”中进行服务，目的是激发孩子兴趣，突破绘本中的难点，起到启发、点拨的辅助功效，而不是让孩子所有的注意力只集中在好看生动的图片上。所以作为教师要有效和恰当地设计绘本的教案，不要让其反客为主，霸占了教学的整个内容，要让辅助和教学有机恰当地结合，提高课堂效率，优化课堂教学。

六、绘本对幼儿的教育价值

大脑皮层言语中枢机能的成熟理论告诉我们：人脑的信息有 80% 是通过视觉而获得的——视觉刺激能有效地促进儿童的大脑神经网络的发展。绘本阅读是积极自主的视觉刺激，图文并茂的图书材料给儿童以积极的刺激，加快大脑的发育与成熟，提高认识水平，而 3—8 岁正是人的阅读能力发展的关键期。教师应该深入地挖掘绘本的丰富内涵，在教学活动中多引导幼儿积极地接触优秀的绘本作品，促进幼儿视、听、语言、思维、想象、审美及人际交往等多种能力的发展。

6.1 语言活动中的绘本教育

首先，引导幼儿在活动的过程中，能够及时地抓住重心；随后，教师就可以根据故事的线索来设计相应的课件、Flash 动画等教具，但是教具只是起到一种辅助的作用，帮助幼儿梳理一些比较隐蔽的情节或者是幼儿思路容易堵塞的地方，幼儿主动的观察述说才是活动的重点；最后，在实际的教学过程中，教师应该根据绘本的需要，创设适当的活动情景，引导幼儿在宽松的活动氛围中，认真仔细地观察，充分地融入到故事情节中，大胆地猜测情节的发展，大方地表述，积极地用除了语言之外的其他方式来表达，将教学的主动权充分地交还到幼儿的手中。

6.2 美术活动中的绘本教育

《幼儿园教育指导纲要》指出“引导幼儿接触周围环境和生活中美好的人、事、物，丰富他们的感性经验和审美情趣，激发他们表现美、创造美的情趣”。艺术教育不应该仅仅是美术知识和美术技能的训练，而应该让幼儿感受到艺术中的生活之美，将情感教育融入到美术较为直接，对其文学素养、审美、感知、人格健全等方面，有着潜移默化的影响。首先，绘本符合孩子的认知过程以及思维特点，更能激发孩子的阅读兴趣。学前期幼儿处于形象思维时期，抽象思维能力还处于不断发展的过程中，绘本是文字和图画的结合体，但它却不是简单的"文字＋图画"，而是以"文字 × 图画"的模式存在，文字使图画更加具体，图画让文字更加生动。精美的画面本能地启动孩子的想象，留给幼儿大片的想象空间，有利于孩子创造力的培养；而文字则可以说明幼儿在观察的基础上，不断地丰富填充绘本的内容。其次，绘本的促进作用是多方面的。目前优秀的绘本多数是世界上知名插画家的作品，不仅绘画精美，而且内涵丰富，在幼儿阅读的过程中，不仅使幼儿得到情感上面的陶冶，而且还可以引导幼儿在观赏的过程中，感受到画面线条的流畅、色彩的美妙，提升其艺术审美能力。同时，透过文字与画面，孩子得以进入不同的世界：看图书、听故事，能够养成良好的阅读习惯；能够清楚地讲述自己的经验和需要。而绘本作为语言活动的有效素材，精美的图片可以快速地吸引幼儿的眼球，打开孩子想象的翅膀，引导其在已有经验的基础上愿意说、能够说，在主动的探索中获得进步。可是在实际的教学活动中，由于教学时间的限制，往往一堂课难以完整地讲述绘本的全部内容，为了确保幼儿在活动中获得完整的经验，首先就需要教师在课前充分地了解绘本的内容，抓住主旨，根据关键词来节选出最主要的画面，或整篇绘本故事的主要特征或结构特点，或找出能够牵动整篇绘本故事的人物表情、心理……从而有的放矢地设计绘本教学活动。教师所选取的内容，应是幼儿比较容易找到或理解的。

6.3 社会活动中的绘本教育

在幼儿社会化的过程中，"规则""关爱""尊重""分享"等词汇对于幼儿来说是比较模糊的，而绘本以其形象生动的画面以及精简凝练的句式，将这些复杂的词语，通过生动有趣的故事进行描述，引导幼儿在学习的过程中，通过情感的体验、亲身参与，知道这些抽象词汇的意思，实现灵魂的成长，培养良好的社会性质量。

总之，绘本对幼儿的价值有以下几点：与普通读物相比，可获得更多的阅读乐趣；绘本是最早的幼儿文学书面形式，历久不衰；对幼儿个性的养成以及人格、道德、性格的成长均有良好作用；使幼儿在玩乐中提高认知能力；在阅读绘本并与成人或同伴交流的同时，不断地进行语言练习；提供生活经验，快速地丰富幼儿的间接经验；涵养美学，寓教于乐，寓教于教；在快乐阅读和积极交流中培养想象力。

在认知方面，幼儿从绘本中学到丰富的知识增进生活阅历；在人格的成长方面，幼儿从绘本中获得人生意义与方向的启迪，学会自我接纳、自我认同和自我实现；从道德教养方面，幼儿从绘本中涵养心性，陶冶气质，学习善恶的判断，培养正义感与同情心等；从生活的成长来看，幼儿藉由绘本的阅读培养良好的生活习惯和正确的生活态度。

所以绘本的功能是全面的，不单单有助于教育中的认知学习与语言学习部分，还可以为幼儿提供不同于书本的学习经验，乃至于展现生活百态，塑造幼儿的性格，进而培养具有审美观念与丰富创造力的人。

参考文献

1. 冯小霞 . 幼儿园教育指导纲要解读 . 北京师范大学出版社，2002.
2. 康长运 . 幼儿图画书阅读过程研究 . 教育科学出版社，2007.
3. 松居直 . 我的图画书论 . 季颖译 . 湖南儿童出版社，1997.
4. 松居直 . 幸福的种子：亲子共读图画书 . 刘涤昭译 . 台北：台湾英文杂志社，1995.
5. 王立非 . 现代外语教学论 . 上海教育出版社，2001.
6. 杨　文 . 幼儿英语教学法 . 中国书籍出版社，2000.
7. 余　正，张明红 . 学前英语教学活动方法 . 上海教育出版社，2003.
8. 张湘君 . 敬老尊老乎——由儿童图画书中老人角色的刻画谈起 . 儿童文学学会会讯，1995，9(6):24-26.
9. 张湘君 . 英文绘本创意教学 . 台北：维京国际股份有限公司，2005.
10. 郑明进 . 怎样了解幼儿的画 . 台北：世界文物社，1995.
11. 周　兢 . 幼儿园语言文学教育活动 . 教育科学出版社，1997.
12. 周　兢 . 早期阅读发展与教育研究 . 教育科学出版社，2007.
13. L Rosenblatt. Literature as Exploration. New York: Modern Language Association, 1976.

留学生初级阶段口语语篇偏误分析研究*

司　甜

北京语言大学汉语国际教育学部汉语速成学院

一、引言

留学生学习汉语的最终目的是获得运用汉语进行口头或书面的交际能力。在实际生活中，交际能力的体现形式不仅仅是单个句子，还包括由句子有机组成的口头或书面语篇。随着对语言研究的深入以及语言学的发展，越来越多的语言学家认识到，语言研究不能只局限于句子层面，而应该着眼于实际交际中的语篇。可是目前对外汉语教学界在这一方面的研究还不深入。我们以“语篇”“偏误”为关键词在中国知网上检索到 52 篇与留学生语篇偏误相关的文章，从中发现：1. 对中、高级的语篇偏误研究比较多，共 40 篇，占 77%；初级的语篇偏误研究仅 6 篇。2. 以留学生写作为语料的语篇偏误研究共 45 篇，占 87%；以口语为语料的语篇偏误研究仅 6 篇，其中对初级阶段留学生口语语料进行考察的仅 3 篇。

总的来说，对于初级阶段语篇偏误的研究偏少，尤其是对初级口语语篇的研究更少。根据我们的研究发现，很多在中、高级发生的语篇偏误在初级阶段就已

* 本课题为北京语言大学院级科研项目（中央高校基本科研业务费专项资金资助），项目编号为 14YJ150308。

经形成，但并未得到初级阶段教师有效的重视。本文将通过对留学生初级阶段口语语篇偏误的分析，归纳其类型及分布，并尝试对教学提出建议。

二、研究设计

2.1 研究材料

语料来自北京语言大学汉语速成学院初级班18位学生的口头报告、课堂讨论和期末口语考试录音。经转录，共17262字。

2.2 研究方法

(1) 归纳法：对口语语篇偏误进行统计分析，归纳出留学生语篇偏误类型及分布。

(2) 描写和解释相结合：文章对留学生语篇中的语言运用情况进行了全面、细致、充分的描写，在充分描写的基础上得出结果，进行解释。

三、留学生初级阶段口语语篇偏误分析

3.1 偏误类型分析

留学生在初级口语中的偏误复杂多样，数量大，涉及面广，既有句子层面的偏误，又有语篇层面的偏误。句子层面的偏误包括语音、词汇、语法；语篇层面的偏误包括省略、照应、关联词语、时间词语、替代、句式、句序、词汇衔接等。

3.1.1 省略偏误

3.1.1.1 主语省略

1. 该省略主语的没省略

(1) a我起床，b我上课，c差不多12点半我看我的朋友，d3点有别的人给我辅导，e然后我在我的房间打工，f在上网我有一个小的工作，g我可以跟朋友聊天儿。

每个小句都有主语"我"，使句子显得啰嗦，其中b和g以及e中的第一个"我"都可以省略掉。

2. 不该省略主语而省略

（2）a 爸爸真是一个很喜欢开玩笑也对，对人很好，b 但是有时候，他是内向。c（　）跟我妈妈不一样，d 妈妈外向。

c 小句没有说清楚谁跟妈妈不一样，此时不该省略主语“爸爸”。

3.1.1.2　定语省略

（3）a我的哥哥已经结婚了，两年了，b我的哥哥的妻子，c她也是一个华侨，d 所以她看起来和中国人差不多。

在记叙一个与“我”有着某种特殊关系的人物时，一般只在开头交代一下这种领属关系，后文中表领属的代词可全部省略。上句的 c 和 d 小句都准确地用“她”来指代“哥哥的妻子”，但是 b 中的“哥哥的妻子”用代词“我”来体现领属关系，显得啰唆，应该把 b 小句里的“我的”删掉。

3.1.2　**照应偏误**

3.1.2.1　零形式照应误为代词照应或名词照应

零形式照应的原则：一是同一话题链内的小句之间，倾向于用零形式照应；二是如果语篇中出现的人物或事物是单一的，则仍倾向于用零形式；三是存现句中名词性成分做后文的小句主语时，倾向于用零形式。

（4）最后，a 我们爸爸，b 他们都批评我们：“c 不能这样，d 这会变成很大的问题。”

本句只由一个话题链构成，记叙我们的爸爸都批评我们，所以 b 的主语“他们”应改为零形式。

3.1.2.2　指示照应的偏误

（5）a 我想如果我们在房间里学，b 那种方法不好。

近指误用为远指，b 小句中采用指示词照应前文提到的事物、方式和程度，应用近指词“这种”。

3.1.2.3　照应不清

（6）a 然后我们要去加州，b 所以在加州我们要去旧金山，c 旧金山是 San Francisco。d mm 所以我们去旧金山的时候，e 可以看一看那个金门桥，金门桥，f 还有，啊，美国最大的唐人街，g 因为旧金山有美国的最大的唐人街。

这两句话中除了两个“所以”属于关联词冗余应该删除外，g 小句也由于指示照应不清而与前面的小句在语义上显得不够顺畅。g 小句是补充说明 f 小句的，所以应该把 g 小句中的“旧金山有”改为“那里的唐人街是”。

3.1.3 关联词语偏误

3.1.3.1 错用关联词语

分句间逻辑事理关系要用不同的关联词语来表达。留学生不能准确把握复杂而潜在的深层的语义逻辑关系，因而经常错用关联词语。

1. 表达同一语义关系的连接成分之间的误用

（7）a 我觉得如果你住在一个城市，嗯，b 工作还是学习很忙，嗯，c 去健身馆就是最好的最方便的……的方法。

b 小句中的“还是”在表示选择时常常用在问句中，而在这个陈述句中应该改为“或者”。

2. 误用了表达其他语义关系的连接成分

（8）a 但是，我和孟娜经常看电影，b 但是我的中文不好，c 所以，我们看的时候，d 她可以帮我。

b 和 c 小句是因果关系，所以应该把 b 中的“但是”改为“因为”或直接去掉“但是”。

3.1.3.2 省略关联词语

（9）a 啊……生活服务啊，让我们的生活比较方便，( )b 有裁缝店、美发店、休息店，修车，修车，啊……。

在 b 小句前应该加上表示举例的关联词“比如说”。

（10）a 日本人以前 / 给主人，给主人礼物的时候，b 常常说 um“这个不是，um 这个是很好的东西”或者“这个是不太好的东西”，c um 这个是……一种的 / 客气的话。( )d 在心里，e 这个是很好的东西。

d 和 e 句是对前面的修正，所以应该在 d 小句前加“其实”。

3.1.3.3 关联词语搭配不当

汉语有些关联词语要成双成对地前后搭配使用，留学生常常张冠李戴，搭配不当。如：

（11）a 我觉得对你的身体，b 健身很好。c 也有很多方法健身，d 所以 um 人人都能找到一个合适自己的方法。

c 和 d 之间是因果关系，所以应该把 c 小句中表示递进关系的“也”改成表示因果关系的“因为”。

（12）a 大家好，今天我的题目是“住的麻烦”。b 我住的麻烦不是跟，啊，不是邻居们的麻烦，c 但是是我自己的麻烦。

这个句子中没有转折的语义关系，所以 c 小句中的“但是”应该删掉，保留“不是……是……”的结构。

3.1.3.4　连接成分的冗余

在口语中，学生常常由于口语表达慢于思维而不得不使用重复等交际策略来填补口语表述时的空白，因为连接成分不直接表意，所以留学生常常为辅助表述而下意识的重复某个关联词，造成连接成分的冗余。如：

（13）大家好！啊……我要给你们说一下那个旅行计划！ a 所以，um，我准备的时候我想，我很喜欢自己旅游，因为有很多自由，但是我更喜欢跟朋友旅游，b 所以你们都是我的新的朋友，c 所以我们一起去旅游，好吧！好，d 所以我们要去美国。

上段表述中，学生连用了四个“所以”。其中只有 c 小句的“所以”表现出了转折关系。除了 c 小句的“所以”需要保留外，其他的应删除。

（14）Okay，a 一个东西是太阳眼镜，b 还应该有一些项链儿，c 还有穿短的衣服，d 还应该穿一个巴西的衫。

b、c 和 d 小句中连用了三个表示并列的“还”，其中 b 小句中的“还应该有”应改为“戴”，删掉 c 小句中的“还有”。保留 d 小句的“还应该”。

3.1.3.5　其他连接成分偏误

我们还发现了一些由于语义混乱而不容易化分为类的连接词偏误。如：

（15）a 我不喜欢运动，b 我看看运动比赛，c 但是我不喜欢。d 是因为我很喜欢跳舞，e 多长时间跳舞，f 是因为我真的不要运动。

d 和 f 小句中都出现了“是因为”，根据上下文语义关系，我们看出“我喜欢跳舞”的原因是“我不喜欢运动”，所以应该把 d 小句的“是因为”删掉。另外 c 小句表意重复，也可删掉。

（16）a 在日本，b 现在老师也很少，c 孩子很少，d 所以老师也很少，e 而且那个学校越来越少。

这个句子语义顺序不当，应该改为“在日本，现在老师也很少。因为孩子很少，学校越来越少，所以老师也很少”。

3.1.4 时间连接成分的偏误

3.1.4.1 时间连接成分的错用

留学生掌握的汉语时间连接成分比较有限，使用频率较高的依次是："先、以前、然后、那时候、以后"等。这些词出现的偏误也最为集中，如：

（17）a 所以别的邻居告诉服务员，b 以后服务员来旁边的房子，"c 你好，你的音乐的声音太大，d 所以大家不能睡觉，e 把声音小一点，可以吗？"

"以后"作为时间方位词指比现在或某一时间晚的时间。所以 b 小句中的"以后"应该为"后来"。

3.1.4.2 时间连接成分的省略

（18）a 日本人一般是大学三年级 9 月开始找工作，所以，b 我每天去大学学习，c 一边找工作。

b 小句句首缺少必要的时间词，前一句的时间词是"9 月"，b 小句强调现在的时间就是日本大学生找工作的时间，所以应该在 b 小句前加"现在"。

3.1.4.3 时间连接成分的冗余

（19）a 还有我给你看，b 我们老哈瓦那有一件跟美国的白宫，c 你们知道为什么？d 因为以前，e 美国人在古巴的时候，f 以后，g 他们建了一个那个美国的白宫一样，h 但是这个比美国的白宫大。

d、e、f 小句连续出现"以前""……的时候"和"以后"三个时间成分，过于冗赘，应删除表意含混的"以前"和"以后"，保留 e 小句。

3.1.4.4 时间连接成分的贫乏

（20）a 每年我们中国新年的时候，b 我们全部大家来到我的婆婆的家，c 在那边我们一起吃饭，一起聊天，d 后来，我们孩子对叔叔阿姨、伯父伯母，我们应该要有礼貌。e 所以我们第一次来到我们爷爷的家，f 不能先吃饭，g 你应该先见面你们的伯父伯母。h 第一次是你的爷爷和你的婆婆，i 你对他们说恭喜发财，g 后来他们会给你红包。k 后来你去找你的伯父伯母，l 找你们的叔叔阿姨，m 你每一个人应该先说恭喜发财，恭喜发财，n 然后他们会给你那个红包。

上句中连续出现了 3 个"后来"和一个"然后"，d 和 g 的"后来"可以删除，k 处的"后来"可改为"然后"，n 处的"然后"可保留。留学生使用连接成分单一的原因大概有两个：1. 留学生对时间连接成分掌握的比较少，所以常常选用比较常用的词，结果造成在某个段落中，同一个时间连接成分使用过于频繁。2.汉语里表示同一类逻辑关系的多个连接成分虽然基本意思相同，但也有细微差别，留学生不能区分这样的差别，所以在语篇表达中他们总是重复使用一两种简单、常用的逻辑连接成分，很少或从不尝试其他已经学习过的连接词语。

3.1.5 句式偏误

句式的选择在语篇中所受到的制约因素要比单句中多得多，在语料中，我们发现留学生因句式选择不当而产生的语篇偏误普遍存在。如：

(21)他的英语比我的汉语不好，对我有好处，所以我们总是说汉语。

(22)他的日语比我的汉语更好。所以有的时候，我不明白了他的说话。

(23)但是那儿的10度比这儿的10度不一样。

以上三个句子都是关于比较结构的偏误。分别应该为：“他的英语不如我的汉语好。”“他的日语比我的汉语好。”“但是，那儿的10度跟这儿的10度不一样。”

3.1.6 词汇衔接偏误

(24)a冬天太冷了，b但是我非常喜欢，c最好的是睡觉的时候。

c小句中的“最好的”应改为“特别”。

3.2 留学生初级阶段汉语口语语篇偏误分布特点

根据我们的研究发现，省略、照应、关联词语、时间连接成分、句式、词汇衔接为留学生初级阶段汉语口语语篇偏误中最突出的问题。其中，关联词语偏误出现的问题最多，占偏误总数的57%。

留学生初级阶段汉语口语语篇偏误分布一览表

<table>
<tr><th colspan="3">偏误类型</th><th>偏误数量</th><th>小类比例</th><th>大类比例</th></tr>
<tr><td rowspan="5">省略偏误</td><td rowspan="2">主语省略</td><td>该省略主语的没省略</td><td>3</td><td>50%</td><td rowspan="5">11%</td></tr>
<tr><td>不该省略主语而省略</td><td>2</td><td>33%</td></tr>
<tr><td colspan="2">定语省略</td><td>1</td><td>17%</td></tr>
<tr><td colspan="2">合　计</td><td>6</td><td>100%</td></tr>
<tr><td colspan="2"></td><td></td><td></td></tr>
<tr><td rowspan="3">照应偏误</td><td colspan="2">代词照应误为名词照应或零形式照应</td><td>0</td><td>—</td><td rowspan="3">8%</td></tr>
<tr><td colspan="2">零形式照应误为代词照应或名词照应</td><td>1</td><td>25%</td></tr>
<tr><td colspan="2">指示照应的偏误</td><td>1</td><td>25%</td></tr>
</table>

（续表）

偏误类型			偏误数量	小类比例	大类比例
照应偏误	照应不清		2	50%	8%
	合　计		4	100%	
关联词语偏误	错用关联词语	表达同一语义关系的连接成分之间的误用	2	7%	57%
		误用了表达其他语义关系的连接成分	5	17%	
	省略关联词语		6	20%	
	关联词语搭配不当		5	17%	
	连接词语的冗余		6	20%	
	其他关联词语偏误		6	20%	
	合　计		30	100%	
时间连接成分的偏误	时间连接成分的错用		1	25%	8%
	时间连接成分的省略		1	25%	
	时间连接成分的冗余		1	25%	
	时间连接成分的贫乏		1	25%	
	合　计		4	100%	
句式偏误			5	100%	9%
词汇衔接偏误			1	100%	2%
其他口语语篇偏误			3	100%	6%
项目合计			53	—	100%

四、教学对策

4.1 依照循序渐进的原则，分解难度，逐步加强初级阶段口语语篇训练

从初级就加强对留学生的“语篇”训练。这里的“语篇”训练指的是中、高级成段成篇表达训练的前奏——组段训练。语段作为在长度上小于段落、在结构和意义上相对独立的语言单位为学生跨越从单句到完整的语篇提供了一个恰当的

台阶。语篇不是小句间的简单相加，是通过衔接手段的有效衔接而成的。在日常教学中不要把连贯的语段拆成单句来教，要在学生掌握一定词汇、语法规则的基础上，按照汉语连贯表达的规律，进行充分的“组句成段”训练。

4.2 培养学生的语感，训练学生连贯表达“语篇”的能力

在传统的教学模式中，初级阶段的教学以单个的句子训练为主，缺少成段表达的环节。到了中高级阶段才强调成段表达的训练，并把这作为初级和中、高级教学的一个区分点。但是，人们在用语言进行交际时，不可能每次只说一句话。初级阶段学习的学生也不可能只用单句进行交际。他们在叙述一件事时，就需要把句子组成语段。在教学实践中，我们常常发现学生表述的单句都没有问题，但串在一起就特别别扭。这说明学生缺乏“语篇”意识。因此，教师不能只满足于初级阶段的学生说对单句就行，而应该把通过学习单个句子使学生在实际的汉语运用中恰当、得体地进行交流的能力作为教学目标，为中、高级阶段顺利通过“语篇”做好前期工作。教师要适当引导学生利用语篇知识进行表达。

4.3 改进教材，将“语篇”知识渗透到课文讲解、注释和练习中

要培养学生的语感，训练学生连贯表达的“语篇”能力，就要求我们改进现有的教材。目前的初级汉语教材多以会话体为主，叙述体少。教材编写者应尽快把汉语语篇知识和语篇训练项目融进教材，并保证其有操作性。我们建议：1. 不要一味迁就学生的语言水平，提供典型例句。2. 在初级汉语课文中增加一定比重的叙述体形式，将语言运用融入语言交际环境。3. 语法注释可适当介绍一些简单的语用规则，让学生较早地认识到单句和语篇中一些不同的表达形式，如省略、替代等。4. 课后练习在训练学生熟练掌握语法规则的基础上，考虑一些形式丰富的练习，如：连单句成复句、用人称代词改写下列句子、选择适当的连接词语、句段仿写等。

4.4 教学中全方位地体现“语篇”意识

教师可以利用课文，带动学生采用省略、变换语序、添加关联成分等方式重新组合原文的单句，使其成为连贯的语段，培养学生对汉语语篇的语感。特别是在讲解语篇衔接成分的用法时，应结合一个语段或语篇讲解，把整个语篇看作一个整体，从整个语篇所要表达的意思入手，先理清其中的逻辑语义关系，然后再谈衔接成分的运用。对于一些注解简单却又涉及其他语用规则的词语、词组，教师的讲解应补充相应的语用规则。

4.5 针对口语语篇的特点，培养学生适当的交际策略

在上文对连接词语偏误的分析中，我们发现了很多连接词语冗赘的偏误，如：连续使用“所以”“还有”“后来”。一方面这反映了学生连接词语贫乏的问题，另一方面也提醒教师应该教授学生一些实用的交际策略，化解语言单一的不足，让交际进行得更加顺畅。

参考文献

1. 曹秀玲．韩国留学生汉语语篇指称现象考察．世界汉语教学，2000(4):77-83.
2. 陈　晨．英语国家学生学习汉语在篇章连贯方面的常见偏误．四川大学学报（哲学社会科学版），2005(3):76-83.
3. 陈　晨．英语国家学生中高级汉语篇章衔接考察．汉语学习，2005(1):66-72.
4. 陈　萍．越南留学生口语句群偏误分析及（高等）口试的教学策略．红河学院学报，2007(3):68-72.
5. 陈如静，李　平．日本学生中介语口语偏误分析及教学对策．黑龙江教育（高教研究与评估），2006(1，2):137-138.
6. 高宁慧．留学生的代词偏误与代词在篇章中的使用原则．世界汉语教学，1996(2):60-70.
7. 何立荣．浅析留学生汉语写作中的篇章失误．汉语学习，1999(1):44-47.
8. 黄玉花．韩国留学生的语篇偏误分析．中央民族大学学报（哲学社会科学版），2005(5):100-106.
9. 刘建霞．韩国留学生叙事语篇中名词性词语省略的偏误分析．北京语言大学，2005.
10. 刘月华．关于叙述体的语篇教学——怎样教学生把句子连成段落．世界汉语教学，1998(1):1-77.
11. 马燕华．中级汉语水平日本留学生汉语语段衔接调查分析．语言文字应用，2001(4):1-35.
12. 彭小川．关于对外汉语语篇教学的新思考．汉语学习，2004(2):49-54.
13. 田　然．留学生语篇中NP省略习得顺序与偏误．云南师范大学学报，2005(1):31-34.
14. 田　然．外国学生在中高级阶段口语语段表达现象分析．汉语学习，1997(6):35-38.

15. 王红斌，李悲神．汉语篇章零形回指习得过程的分析．烟台师范学院（哲社版），1999(2):61-65.
16. 肖奚强．外国学生照应偏误分析——偏误分析丛论之三．汉语学习，2001(1):50-54.
17. 辛　平．对11篇留学生汉语作文中偏误的统计分析及对汉语写作课教学的思考．汉语学习，2001(4):67-71.
18. 杨　春．英语国家学生初级汉语语篇照应偏误考察．汉语学习，2004(3):62-66.
19. 杨　春．中介语语篇层面的偏误研究概况述评．玉溪师范学院学报，2007(9):61-65.
20. 赵成新．从中介语语篇偏误看母语对二语习得的影响——以英语为母语者的汉语语篇衔接偏误为例．内蒙古大学学报，2006(5):117-120.
21. 赵成新．留学生汉语语篇衔接偏误目的语因素考察．周口师范学院学报，2005(4):75-77.
22. 赵成新．外国留学生汉语语篇衔接方式偏误分析．台州学院学报，2005(2):49-53.